2012/13

世界经济运行报告

SHI JIE JING JI
YUN XING BAO GAO

国家统计局国际统计信息中心　编

中国统计出版社
China Statistics Press

(京)新登字041号

图书在版编目(CIP)数据

世界经济运行报告. 2012～2013 / 国家统计局国际统计信息中心编. -- 北京 : 中国统计出版社, 2013.5
ISBN 978-7-5037-6809-5

Ⅰ. ①世… Ⅱ. ①国… Ⅲ. ①世界经济-统计资料-研究报告-2012～2013 Ⅳ. ①F11-66

中国版本图书馆CIP数据核字(2013)第101665号

世界经济运行报告2012/13

作　　者/国家统计局国际统计信息中心
责任编辑/郭　栋
封面设计/李雪燕
出版发行/中国统计出版社
通信地址/北京市丰台区西三环南路甲6号　邮政编码/100073
电　　话/邮购(010)63376909　书店(010)68783171
网　　址/http://csp.stats.gov.cn
印　　刷/河北天普润印刷厂
经　　销/新华书店
开　　本/787×1092mm　1/16
字　　数/300千字
印　　张/20.5
版　　别/2013年6月第1版
版　　次/2013年6月第1次印刷
定　　价/65.00元

《世界经济运行报告 2012/13》

编 委 会

编者的话

2012年,是国际经济危机爆发后的第五个年头。四年多来,世界经济虽有多次短暂好转,但新的问题和矛盾不断出现,使复苏进程反复受挫,曲折乏力。时至今日,全球经济仍处于深度调整过程中,经济增长呈现波动、低速特征。全球特别是发达国家政府、非金融企业、金融企业和家庭去杠杆化过程远未结束,政府调控能力受到质疑,贸易保护以更加隐蔽多样的形式出现并从传统产业向新兴产业扩展,全球经济新的增长点仍未出现,世界经济新秩序的建立还需时日。

2012年,世界经济高开低走,波动起伏较大。实体经济仍然缺乏活力,失业状况没有根本好转,投资者、消费者信心低迷,消费市场疲弱,贸易保护加剧、摩擦增多,初级产品价格高位波动,国际金融市场波动剧烈。虽然9月份以来美国及主要新兴经济体出现局部回升迹象,但各国经济增长的动力不足。为促进中短期经济增长,各主要经济体陆续出台一系列应对政策措施,但刺激效果的边际效应递减,取得的效果不够明显。可见,世界经济还在蹒跚前行,国际经济危机还远未过去。

中国经济已经与世界经济深度融合。这次国际经济危机,对我国的经济社会发展带来了巨大挑战。世界经济史上的数次危机,还从没有像这次这样对我国造成如此严重的外部冲击,我国应对国际经济危机、促进国内经济增长的举措也从未像现在这样受到其他国家的强烈关注。国际统计信息中心作为国家统计局对外开展国际统计业务交流与合作的窗口，负有分析监测国际经济形势运行的重要职责。在马建堂局长和许宪春副局长的悉心指导和大力支持下，立足专业特长和资源优势，大力开发利用大量国际统计数据，系统描述世界经济的最新发展趋势，及时捕捉世界经济发展中的热点和焦点，并以国际视角定期开展了深入、系统的专题分析和中外对比研究。《世界经济运行报告2012/13》，汇集了国际统计信息中心一年来分析研究的主要成果，内容包括世界经济月度监测报告、世界经济年度分析、国际比较研究、热点问题探索和统计数据等五大部分。

需要说明的是，本书使用的数据均来自国际组织、有关国家政府统计部门及研究咨询机构。由于数据来源、汇总方法和时效性不同，加之数据修订等原因，同一指标在不同的出处可能不一致，敬请读者注意。有关国际组织公布的中国统计数据如果与我国官方统计数据有出入，我们在数据表中均注明了数据来源，以便于读者正确理解和使用。

受时间和研究水平所限，书中难免存在不足，恳请指正。

编　者

2013 年 4 月

目　录

三、国际比较研究

四、热点问题探索

五、统计数据

1. 世界经济和国际市场

六、专栏

一、世界经济月度监测

世界经济艰难转稳
减缓势头未见根本扭转

——2012 年 1-2 月份世界经济形势分析

释经组[①]

1-2 月份,全球景气持续回升,金融市场有所好转,通胀压力略有减轻。美国经济好转势头巩固,欧债危机有所缓解,世界经济艰难转稳。但全球贸易增长接近停滞,大宗商品价格回涨,欧元区经济持续下滑,发达国家失业率仍处于历史较高水平,全球经济增长减缓势头未得到根本扭转。

一、世界经济艰难转稳

(一)全球景气回升。1-2 月份,全球制造业和服务业 PMI 均在 51 以上,已连续三个月处于景气区间,美国近三个月回升幅度加大,日本在临界值附近波动;2 月份,全球服务业 PMI 为 56. 5,比 1 月回升 1. 2 个点,为去年 3 月份以来的新高;欧元区制造业 PMI 为 49,但比 1 月回升 0. 2 个点,近四个月连续小幅回升。据德国 IFO 世界经济景气调查显示,2012 年第一季度世界经济景气指数为 82. 4,比 2011 年第四季度回升 3. 7 个点。

(二)美国经济好转势头巩固

1. 就业市场持续好转。1-2 月份,美国失业率连续两个月保持在 8. 3% ,为 2009 年 3 月以来最低水平。2 月份,非农就业人数在上月增加 28. 4 万人的基础上,又净增了 22. 7 万人。1 月份,就业趋势指数环比上

---

① 赵云城　闫海琪　郑泽香　马岩　邹丽婷　陈璇璇　郭瑾

升 0.7%，同比上升 5.9%。

2. 房地产市场好转迹象增多。一是建筑市场继续回升。2 月份，建筑商信心升至 29，连续四个月上升；1 月份，新房开工量环比增长 9.3%，同比增长 9.9%；建筑许可证发放量环比增长 0.7%，同比增长 19%。二是住房库存持续回落。1 月份，现房库存环比下降 0.4%，连续七个月下降，同比下降 20.6%；新房库存环比下降 1.9%，连续六个月下降，同比下降 18.8%；待售现房可供销售月数降至 6.1 个月，连续六个月下降；待售新房可供销售月数降至 5.6 个月，连续六个月下降，并且是连续三个月降至市场正常水平 6 个月以下。

3. 汽车销售大幅增长。2 月份，汽车销售量为 48.7 万辆，高于 2007 年月平均 43.8 万辆的水平，环比在上月增长 18.9% 的基础上又增长了 9.5%；同比在上月大幅增长 28.5% 的基础上增长了 26.2%，连续 14 个月增长。

4. 消费者信心回升。2 月份，消费者信心指数由上月的 61.5 大幅升至 70.8，自去年 10 月以来已大幅上升 30 个基点，为 2011 年 3 月以来的最高值。

5. 股市明显上涨。美国道琼斯指数(2011 年年初 = 100)从 1 月 3 日的 106.04 升至 2 月 29 日的 110.78，累计涨幅 4.5%，比上年第四季度的低点 91.14 上涨了 21.6%。

(三)欧元区经济进一步恶化

1. 消费者信心指数和制造业、服务业 PMI 仍处于不景气区间。2 月份，欧元区消费者信心指数为 -20.3，制造业和服务业 PMI 分别为 49 和 49.4，均在景气临界点以下。

2. 新车登记数大幅下降。1 月份，欧元区新车登记数环比由正转负，下降 12.3%，2011 年 12 月为增长 3.6%。同比下降 13.3%，降幅比 2011 年 12 月大幅扩大 12.2 个百分点。

3. 失业率升至近 14 年来的高点。1 月份，欧元区失业率为 10.7%，为 1997 年 12 月以来最高值。失业人数达 1692.5 万人，比上月增加了 18.5 万人，比去年同月增加了 122.1 万人。

(四)全球通胀压力略有减轻。1 月份，发达国家 CPI 同比上涨 2.5%，涨幅与上月持平，但比去年 9 月份的高点回落 0.6 个百分点；发展中国家同比上涨6%，涨幅比上月回落0.4个百分点，比9月份的高点回落1.7个百分点。美国CPI同比上涨2.9%，涨幅比2011年12月回落0.1个百分点；英国、印度、马来西亚和印度尼西亚CPI同比分别上涨3.6%、5.3%、2.7%和3.7%，比2011年12月回落0.6、1.2、0.3和0.1个百分点。2月份，巴西、俄罗斯、韩国、墨西哥和中国台湾CPI同比分别上涨5.3%、3.7%、3.1%、3.9%和2.3%，比上月回落0.9、0.5、0.3、0.1和0.1个百分点。

（五）国际市场大宗商品价格回涨。一是石油价格持续大幅上涨。2月份，欧佩克一揽子石油平均价格为117.48美元/桶，环比上涨5.1%。1月份，北海布伦特石油价格为110.69美元/桶，环比上涨2.6%。纽约期货市场轻质原油期货价格升至100.32美元/桶，环比上涨1.8%。二是食品价格由降转升。2月份，粮农组织食品价格指数平均为215点，比1月份修订后的数据上升约1%。2月份指数上升，主要受到食糖、油料和谷物价格上涨的推动，而乳制品价格在1月份明显上涨之后略微回落。三是金属矿产价格大幅上涨。1-2月份，金属和矿产价格环比分别大幅上涨5.6%和3.6%。

（六）失业率仍居高位。2月份，美国失业率为8.3%，与1月份持平；欧元区失业率为10.7%，达1997年12月以来最高位，比2011年12月上升0.1个百分点；日本失业率为4.6%，比2011年12月上升0.1个百分点。其他主要经济体失业率升多降少。

（七）欧债危机有所缓和，国际金融市场紧张状况有所缓解。意大利、爱尔兰和西班牙等国家的五年期主权CDS利差有所下行；衡量信贷风险的3个月伦敦银行间美元拆借利率与3个月美国国债收益率的TED利差持续回落。国际金融市场紧张状况有所缓解，反映银行间借贷意愿的3个月美元伦敦同业拆借利率（Libor）与隔夜指数掉期（OIS）的利差也有所缩小；全球股市明显上涨，截止2月底，发达国家股市比2011年底上涨了10.8%，发展中国家大涨17.8%。发展中国家的资本流入有所恢复，1月份，发展中国家资本流入达到400亿美元，比2011年月平均流入（375亿美元）增长7%。

二、欧债危机缓解的主要原因及前景

(一)欧债危机得以缓解的主要原因。一是3月2日,欧盟25国领导人在布鲁塞尔正式签署"财政契约",欧盟在加强财政纪律的道路上迈出关键性的一步。其次,欧洲央行推出第二轮长期再融资操作,并扩大在二级市场主权债券的购买等加强救援措施。第三,希腊议会同意进一步紧缩财政,第二轮救援计划(1300 亿欧元)得以实施,其主权债务危机暂时得到缓解。

(二)欧债危机的根本解决还需要很长时间。一方面,相关国家主权及 EFSF 评级仍遭进一步下调;另一方面,欧洲经济疲弱,增加了财政整顿的难度,主权债务危机、信贷紧缩和实体经济衰退之间的恶性循环仍未打破。此外,欧债危机的根本解决依然存在一系列不确定因素。

三、世界主要国家为保增长而出台一系列政策措施

(一)为刺激经济增长而实施宽松货币政策。三大经济体进一步放松货币政策。美联储在1月末议息会议后表示,美国居民消费和零售业的数据差强人意,一旦外部形势尤其是欧洲债务危机急转直下,或受其他非经济因素的干扰,美联储也不排除出台第三轮量化宽松政策(QE3)或第二轮"卖短买长"扭转操作(TO2)的可能性;日本央行2月14日决定维持利率于0-0.1%不变,但将增加资产购买基金规模,扩大购买规模10万亿日元,担保性市场操作规模由55万亿日元提高至65万亿日元,将新增加购买的资产将全部集中在日本国债;欧洲央行资产负债表3月初增至破纪录的3.02万亿欧元,规模比欧元区第一大经济体德国的经济规模还大31%。欧洲央行3月8日连续第三个月将政策利率维持在当前的历史低点不变。

发展中国家纷纷放松货币政策。印度央行自1月28日起下调存准率50基点;1月18日和3月7日,巴西央行分别下调基准利率50个和75个基点至9.75%,这是该行连续第五次降息;2月9日,印尼央行降息25个基点至5.75%;1月和3月,菲律宾央行两次下调基准利率25个基点。2月3日宣布,把银行准备金率下调300个基点,将于4月6日生效。

(二)为确保中长期增长而总体收紧财政政策。与2012财年(截至

2012 年 9 月）相比，美国联邦政府 2013 财年的预算收入增加了 17.54%；预算支出仅增加了 0.18%，约 7 亿美元；预算赤字下降至 9010 亿美元，降幅达 32.1%。2011 年 11 月 6 日，法国政府宣布第二轮财政紧缩方案，以期实现削减预算目标，拟将预算赤字削减至国内生产总值的 3%。法国在不到 3 个月的时间里出台了第二份补充预算，其中包括 2012 年节省 70 亿欧元的新措施，五年期间将总共节省 650 亿欧元。此前，法国已在 8 月份公布节省方案，提出到 2016 年节省 480 亿欧元。2011 年 12 月 6 日，为实现到 2015 年将财政赤字占 GDP 的比例降到 3% 的减赤目标，爱尔兰将在 2012 年推行更为严厉的财政紧缩措施，政府在削减公共支出的同时，通过调高增值税等间接税税率以增加 16 亿欧元（约合 21.6 亿美元）财政收入。2011 年 11 月 18 日，希腊政府向议会提交了 2012 年预算草案，2012 年将在经济连续衰退四年后首次实现基本财政盈余，财政赤字占国内生产总值的比例将从今年的 9% 降低到 5.4%。2012 年 2 月 28 日，希腊议会通过了削减养老金和降低最低工资标准的法案，主要内容包括将养老金降低 12% 至 20%，将最低工资标准降低 22%，以满足启动第二轮救助计划的先决条件。2012 年 1 月 6 日，日本政府和执政党民主党就提高该国消费税问题达成一致，显示日本政府在削减政府财政赤字上的决心。

四、全球经济增长减缓势头未得到根本扭转

（一）欧债危机仍是世界经济面临的最大风险。从推出欧洲金融稳定基金到制定银行业资本重组计划，从重债国的贷款救助到督促重债国紧缩财政，欧盟频繁出台应对措施，拉开了欧盟机制改革的序幕。但当前如果不能很好地解决需求疲弱和失业问题，可能导致欧元大幅贬值和市场信心丧失，整个欧洲陷入类似希腊境地的可能性将会扩大。

（二）发达国家加强财政整顿虽然有利中长期经济增长，但也削弱了中短期经济增长。

（三）欧元区经济持续下滑，步入衰退（即继去年第四季度环比负增长之后今年第一季度再度出现负增长）的可能性较大，通过贸易和投资渠道对世界经济形成拖累。据国际货币基金组织近期估计，如果欧元区陷入严重经济衰退，中国经济增速将会回落 4 个百分点，回落幅度仅略低

于国际金融危机造成的5个百分点的降幅。

(四)发达国家失业率仍处于历史较高水平,实体经济缺乏活力,吸纳就业能力未能恢复。

(五)全球贸易低速增长。3月5日,波罗的海干散货运指数降至782,比年初的1624点回落51.8%。1月份,主要经济体贸易增速都有不同程度的回落;全球贸易保护有所强化,3月5日至6日,美国参、众两院分别通过《1930年关税法》修正案,扫清了对于所谓"非市场经济国家"商品征收惩罚性关系的法律障碍。

(六)作为当前世界经济增长主要驱动力量的新兴市场经济增长继续放缓。

(七)国际市场石油价格高位震荡制约着世界经济增长。

(执笔:释经组;成文于2012年3月)

世界经济回暖迹象增多
稳定回升仍然面临挑战

——2012年第一季度世界经济形势分析

今年第一季度，尽管欧元区经济陷入轻度衰退、发展中国家经济增长继续放缓，但全球主要景气指标回升，工业生产增长略有加快，世界贸易企稳，通货膨胀压力减轻，美国和日本的消费市场趋于活跃，欧债危机暂时得以缓解，国际金融市场转稳，世界经济回暖迹象增多。但近期能源等国际市场大宗商品价格明显高企、世界贸易低速增长、失业率仍然处于高位等因素，制约着世界经济的稳定回升。

一、世界经济回暖迹象增多

（一）全球景气回升。今年前三个月，全球制造业和服务业PMI平均值分别为51.2和55.6，较去年10-12月均值上升1.2和3个点，但尚未恢复到去年一季度的水平。美国消费者信心指数平均为67.8，比去年第四季度大幅回升14.1个点；欧元区1-3月份PMI平均为-20，比上年第四季度回升0.6个点；1-3月份，日本消费者信心均在39以上，明显高于去年第四季度。

一些权威国际组织近期上调了经济增长预期。英国共识公司4月份的最新预测，整体上调了美国和日本经济增速的年度预测值。将美国和日本的年度GDP增速分别上调0.1和0.2个百分点至2.3%和2.0%。国际货币基金组织(IMF)4月份的最新预测，将世界、发达和发展中经济体2012年的经济增速预测值均上调0.2个百分点，分别至3.5%、1.4%和5.7%；将美国、日本和欧元区的年度GDP增速上调0.3、0.2和0.4个百分点，至2.1%、-0.3%和2%；将俄罗斯和巴西的年度GDP增速分别上调0.7和0.1个百分点至4%和3%。

（二）工业生产增长略有加快。截至今年2月份，全球工业生产三个月移动平均增速为1.7%，比上月提高0.8个百分点，增速为去年2月以来最高。

（三）美国和日本零售市场趋于活跃。1-3月份，美国零售额同比分别增长6.3%、6.5%和6.2%；2月份，日本零售额同比在上个月增长1.8%的基础上，又增长了3.5%，增速比去年12月份加快了1个百分点，连续三个月增长。1-3月份，美国汽车销售量同比分别增长26.9%、25.4%和17.1%，已连续六个月保持两位数增速；日本新车登记数同比分别大幅增长38.4%、31.7%和76.3%，连续六个月增长。1、2月份，美国个人消费支出环比分别增长0.2%和0.5%，比去年12月份加快0.1和0.4个百分点；日本家庭消费支出环比分别增长0.4%和2.0%，比去年12月份加快0.2和1.8个百分点。

（四）世界贸易企稳。2月份，反映趋势变动的全球贸易量三个月移动平均环比增长1.5%，增速比上月加快0.8个百分点。一季度，波罗的海干散货运指数先降后升，从1月3日的1624点降至2月3日的历史低点（647点），3月30日升至934点（4月24日又升至1116点）。2月份，美国包括货物和服务在内的出口同比增长9.3%，增速比去年12月份加快0.6个百分点；进口同比增长7.6%，比去年12月份回落4.2个百分点。2月份，欧元区进、出口同比分别增长6.9%和11.2%，增速比去年12月份分别加快5.5和2.2个百分点。1-3月份，日本进口同比增长9.6%、9.2%和10.5%，增速比去年12月份分别加快1.4、1.0和2.3个百分点；3月份，日本出口同比增长5.9%，连续五个月下降后首次实现增长。

（五）全球通胀压力明显减轻。1-2月份，世界CPI同比分别上涨3.9%和3.5%，较去年四季度大幅回落。1-3月份，发达国家CPI同比分别上涨2.9%、2.9%和2.6%，较去年第四季度的3.2%明显回落。1月份，发展中国家CPI同比上涨4.6%，比上年四季度大幅回落0.9个百分点。

（六）美国和日本就业市场向好。美国失业率自去年9月份以来持续下降，3月份降至8.2%，为2009年2月份以来的最低值；2月份，日本失业率为4.5%，比1月份回落0.1个百分点。

(七)国际金融市场转稳。欧债危机暂时缓解。PIIGS 国家(葡萄牙、爱尔兰、意大利、希腊和西班牙)十年期国债收益率与同期限德国国债利差从去年 12 月初的高点明显回落。国际金融市场有所回暖。一季度,主要国家银行 CDS 利差下降;反映银行间借贷意愿的美元和欧元 3 个月伦敦同业拆借利率(Libor)与隔夜指数掉期(OIS)利差也明显回落;截至 3 月 26 日,美国高收益级(信用评级 BB+及以下)公司债券与 10 年期美国国债收益率利差从去年四季度的 6.1% 回落至 5% 左右,欧元区高收益级公司债券利差从去年四季度的 9% 回落至 6% 左右。全球股市明显上涨。截至 4 月 10 日,发达国家股市比去年底上涨了 10.9%,发展中国家上涨 11.3%。发展中国家的资本流入小幅增长。3 月份,发展中国家资本流入增加到 404 亿美元,比 2 月份增加了 54 亿美元。全球流动性继续扩大。一方面,发达国家通过非传统工具放松货币政策。美联储为了降低美国的长期利率水平,去年 9 月宣布对其资产负债表进行卖短买长的"扭转操作"计划,该计划于今年 6 月到期,总规模达 4000 亿美元;日本央行 2 月 14 日决定将资产收购基金规模从原先的 55 万亿日元增加至 65 万亿日元,继去年 10 月底以来再度加大了量化宽松力度;欧洲央行在去年 12 月和今年 2 月推出了两轮长期再融资操作(LTRO),两轮 LTRO 的三年期贷款总规模超过 1 万亿欧元,贷款利率仅为 1%。另一方面,发展中国家也纷纷放松货币政策。3 月 1 日,菲律宾央行分别下调基准借款利率和贷款利率各 25 个基点至 4.0% 和 6.0%;截至 4 月 18 日,巴西央行今年以来连续三次下调基准利率,累计下调 200 个基点至 9%;3 月 9 日,印度央行下调存准率 75 个基点至 4.75%;3 月 12 日,越南央行分别下调基准利率和贴现率各 100 个基点至 14% 和 12%。

二、制约世界经济稳定回升的主要问题

(一)欧债危机并未根本解决。近期国际市场对欧债危机的乐观情绪明显消退,西班牙已成为市场关注的焦点。4 月份是西班牙的偿债高峰,到期债务达 250 亿欧元。4 月 16 日,西班牙 10 年期国债收益率升至 6.07%,为去年 12 月 1 日以来最高点。相关国家可能陷入"主权债务危机-财政紧缩-信贷紧缩-经济衰退"的恶性循环而难以自拔。

(二)发展中国家经济体增长仍在放缓。今年第一季度,主要发展中

经济体经济增长预计将持续放缓，特别是中国香港和马来西亚回落速度加快。中国香港去年第四季度经济同比增速为3.0%，今年第一季度回落至1.1%；马来西亚从去年第三、四季度的5.8%和5.2%回落至一季度的3.7%。发展中国家对于出口以及发达国家经济增长的依赖加深，难以独自承担带动世界经济增长的重任。世界银行模拟分析表明，发达国家需求每下降1%将导致发展中国家出口下降2.2个百分点，经济增长速度下降0.8个百分点。

（三）石油价格上涨对世界经济复苏构成新的挑战。3月份，能源价格环比上涨3.7%，非能源价格环比微涨0.6%，均为连续3个月上涨。

（四）贸易保护加剧。受欧债危机及欧洲银行损失拨备影响，全球贸易融资明显萎缩，贸易摩擦也不断增加。全球第二大棉花出口国印度，于3月5日宣布禁止棉花出口，刺激当日国际棉价大幅飙升。巴西为抑制本币升值提高了金融交易税。巴西和澳大利亚将于4月和7月先后推出矿产资源税。

（五）全球就业压力依然较大。尽管美国就业市场有所改善，但失业率仍然保持高位。欧元区就业形势异常严峻，2月份失业率升至10.8%，创欧元区成立以来的最高纪录，希腊和西班牙等国失业人口继续大幅增加。目前，发达国家失业时间超过12个月的长期失业者所占比例处于历史最高水平。

三、应对外部经济环境的建议

未来一段时间，我国面临的外部经济环境依然复杂严峻：

一是外需不振。虽然国际金融危机爆发距今已三年多，但主要发达国家仍未完全从危机中摆脱出来，新兴市场国家的经济增长也明显放缓，我国主要贸易伙伴的进口需求减弱，使我国的外贸订单总体“缩水”。截至2月份，全球半导体订单三个月平均为229亿美元，比上月下降1.3%，连续四个月环比下降。

二是能源等大宗商品价格上涨。虽然我国经济仅占全球的10%左右，但对世界大宗商品需求巨大。随着国际市场能源、原材料等价格的上涨，我国的输入型通胀压力依然较大，并对我国的经济增长产生一定程度的抑制作用。

三是针对我国的贸易保护措施不断增加。今年以来,我国共遭受了8起贸易摩擦,涉案金额22.8亿美元,同比增长了80%。我国已经连续17年成为全球遭遇贸易摩擦最多的国家。

四是资本流入产生的影响。一季度,国外资本流入恢复增长,在一定程度上缓解了国内资金的紧缺。但同时也会产生各种风险,不仅会使我国汇率上升,也蕴藏着国外资金突然大量撤离对我国金融市场产生冲击的风险。

针对以上情况,应采取积极的措施加以应对:一是通过结构性减税和贸易融资支持出口稳定增长;二是加快出口地区多元化,扩大对主要发展中国家的出口;三是进一步扩大内需特别是消费需求,减轻对国际市场的依赖;四是加快科技创新,优化产业、产品结构,增强企业竞争力;五是大力开发新能源和新材料,努力培育新的经济增长点;六是密切关注国际资本的流入和流出。

(执笔:释经组;成文于2012年4月)

世界经济回升势头走弱

——2012 年 4 月份世界经济形势分析

近期,世界经济回升势头较年初走弱。主要表现在:部分景气指标回落,欧债危机再次发酵,国际金融市场动荡不稳,三大经济体就业形势依然严峻,国际市场初级产品价格回落。

一、全球部分景气指标回落

服务业 PMI 大幅回落。4 月份,全球服务业 PMI 为 52,比上月回落 3 个点,为近 6 个月来的最低点。其中,投入价格指数、新企业指数和就业指数分别比上月回落 4.3、3.1 和 0.8 个点。

制造业扩张步伐有所放缓。4 月份,全球制造业 PMI 为 51.4,虽然仍在景气区间,但已连续 5 个月徘徊在 51 左右。三大经济体中,只有美国制造业景气度较高,PMI 为 54.8,环比上升 1.4 个点;欧元区和日本制造业 PMI 分别为 46 和 50.7,比上月回落 1.7 和 0.4 个点。

消费者信心不足。4 月份,美国消费者信心指数为 69.2,比上月微幅回落 0.3 个点;欧元区消费者信心指数为-19.9,比上月下降 0.8 个点;日本消费者信心指数持平于 40.1。

二、欧洲经济金融形势恶化

(一)欧洲经济持续低迷

第一季度,主要受德国经济意外反弹(环比增长 0.5%,好于之前预期的增长 0.1%)影响,欧元区经济环比零增长,勉强避免连续两个季度出现负增长。第二大经济体法国经济表现不佳,第一季度 GDP 环比零增长。重债南欧国家经济持续衰退,意大利环比下降 0.8%,西班牙下降 0.3%,葡萄牙下降 0.1%;希腊同比下降 6.2%。

截至今年第一季度，英国和罗马尼亚 GDP 环比连续两个季度负增长；塞浦路斯、荷兰和捷克已连续三个季度 GDP 环比负增长。

（二）欧债危机再次发酵

刚刚结束的法国和希腊大选结果，导致市场对欧洲国家经济政策的延续性和欧债解决机制产生担忧，引起了重债国家债券市场的一系列反应。

1. 西班牙和意大利国债收益率飚升，CDS 利差再度回升。从 5 月 1 日到 5 月 18 日，西班牙 10 年期国债收益率从 5.77% 飚升至 6.27%，意大利 10 年期国债收益率上升了约 0.86 个百分点，至 5.81%。从 4 月 2 日到 5 月 18 日，西班牙主权 CDS 利差从 431 基点上升到 555 基点，回升了 124 个基点，创历史新高；意大利主权 CDS 利差从 387 基点上升到 515 基点，大幅回升了 128 个基点，为 2012 年 1 月 17 日以来最高点。

2. 西班牙主权信用评级及西班牙和意大利银行评级遭下调。标普 4 月 26 日发布声明，将西班牙的主权评级从 A 级下调两档至 BBB+级，前景展望为负面。5 月 14 日，穆迪宣布下调 26 家意大利银行的评级。5 月 17 日，穆迪又下调了 16 家西班牙银行的评级。

3. 希腊主权信用评级遭下调。5 月 17 日，惠誉决定将希腊长期本外币债券评级从 B-级下调至 CCC 级，短期外币债券的评级从 B 级下调至 C 级。

三、国际金融市场动荡不稳

（一）发展中国家主要利差大幅回升。从 4 月 2 日到 5 月 18 日，发展中国家整体主权债利差从 342.8 点上升到 407.1 点，大幅回升 64 个基点。

（二）全球主要股指明显下挫。4 月 2 日到 5 月 18 日，全球股指从 1324.3 点降至 1178.4 点，下降 11%；发达国家股指从 336.3 点降至 298.2 点，下降 11.3%；发展中国家股指从 1047.7 点降至 906.6 点，下降 13.5%。

（三）全球主要货币汇市大幅波动。从 4 月 2 日到 5 月 11 日，日元从 82.16 日元/美元升至 79.86 日元/美元，累计升值 2.8%；瑞士法郎从 0.9037 瑞士法郎/美元贬至 0.9283 瑞士法郎/美元，累计贬值 2.7%；欧元从 1.3325 美元/欧元贬至 1.2937 美元/欧元，累计贬值 2.9%；巴西雷亚尔、印度卢比、南非兰特、澳元和墨西哥比索兑美元累计分别贬值 6.3%、5.6%、6%、3.5% 和 5.8%。

(四)欧洲信贷条件持续偏紧。欧元区第一季度信贷条件调查结果表明，当期净收紧信贷条件比例(即认为收紧的百分比减去认为放松的百分比后的净额)为 9%，预期第二季度净收紧条件比例为 1%。

四、三大经济体就业形势依然严峻

(一)美国就业市场复苏进入瓶颈期。4 月份，美国失业率为 8.1%，虽比上月回落 0.1 个百分点，但经济活动参与率环比下降 0.1 个百分点至 63.8%；新增非农就业人数为 12.1 万人，比上月减少了近一半。

(二)日本就业人数持续下降。3 月份，日本就业人口数同比减少 23 万人，连续 4 个月减少；失业率为 4.5%，与上月持平。

(三)欧元区就业形势持续恶化。3 月份，欧元区失业率升至 10.9%，是 1999 年欧元诞生以来的最高纪录。其中，欧元区失业率最高的西班牙失业率攀高至 24.1%。

五、需求减弱致国际市场初级产品价格回落

(一)能源价格略有回落。4 月份，国际能源价格指数为 200.9，环比下降 3.6%，为近 4 个月来首次回落；OPEC 一揽子原油现货价格和纽约期货市场轻质原油价格分别为 118.18 美元/桶和 103.35 美元/桶，环比下降 3.9% 和 2.8%。

(二)金属和矿产价格小幅回落。4 月份，金属和矿产价格指数为 184.1，环比下降 1.9%，连续两个月下降；其中降幅较大的是白银，环比下降 4.2%。

(三)食品价格有所回落。4 月份，粮农组织食品价格指数平均为 214(2002-2004 年=100)，环比下降 1.4%，其中谷物环比下降 1.7%，均为连续三个月上涨后的首次下降；奶类价格环比下降 5.8%，连续三个月下降；食糖价格环比下降 5.3%，连续两个月下降。

(执笔：释经组；成文于 2012 年 4 月)

世界经济增长进一步放缓

——2012年5月份世界经济形势分析

近期,全球主要景气指标连续下行,工业生产增速回落,贸易增长继续放缓,三大经济体居民消费低迷,国际市场初级产品价格大幅下降,世界经济增长进一步放缓。

一、全球主要景气指标回落

(一)全球PMI下行。5月份,全球全行业(包括制造业和服务业)PMI为52.1,环比下降0.2个点,连续三个月下降。4-5月份,全球制造业PMI平均为52.2,比第一季度均值下降2.6个点。预示着全球第二季度经济增长将比第一季度放缓。

5月份,世界、美国和欧元区制造业PMI分别为50.6、53.9和45,比上月回落0.8、2.1和0.9个点;印度尼西亚由50.5回落至48.1,降至景气临界点以下;印度、韩国、越南和中国台湾制造业PMI也均有所回落。日本制造业PMI为50.7,与上月持平。

(二)三大经济体消费者信心低迷。5月份,美国消费者信心指数为64.9,比上月大幅回落3.8个点。5月份,欧元区消费者信心为-19.3,处于历史低点。5月份,日本消费者信心指数为40.7,远低于景气临界值50。

二、全球工业生产增速回落

5月份,三大经济体制造业PMI中的产出指数、新订单指数明显下滑。美国产出指数从4月的61降至55.6,大幅回落5.4个点。欧元区产出指数从4月的46.1降至44.6,为2009年6月来最低点;新订单指数降至六个月低点42.6,已连续12个月下滑。日本产出指数下降至50.8,比上月回落1.1个点,扩张速度为五个月来最低。

三、全球贸易增长继续放缓

5月份,波罗的海干散货运指数持续回落,从5月1日的1152点降至5月31日的923点,降幅达19.9%。5月份,三大经济体制造业PMI中的出口新订单指数均有不同程度的下降。美国出口新订单指数为53.5,比上月大幅下降5.5点;日本出口新订单指数为48.2,处于不景气区间,比上月下降0.3点。4月份,全球主要港口集装箱吞吐量明显放缓。美国长滩港集装箱吞吐量同比大幅下降13%;中国香港集装箱吞吐量同比增长0.7%,比上月大幅放缓5.8个百分点;新加坡港集装箱吞吐量同比增长5.6%,比上月放缓0.2个百分点。

四、三大经济体居民消费低迷

4月份,美国零售额环比增长0.1%,增速比上月放缓0.6个百分点;欧元区零售量环比下降1%,上月为增长0.3%;日本零售额环比在上月下降1.2%的基础上,又下降了0.3%。5月份,美国汽车销售量环比下降6.2%,连续三个月下降。4月份,欧元区和日本新车登记数环比由增转降,分别下降5.0%和4.1%。

五、三大经济体失业率上升或高位持平

5月份,美国失业率为8.2%,比上月上升0.1个百分点。4月份,日本失业率为4.6%,比上月上升0.1个百分点;欧元区失业率与上月持平,为11%,继续处于历史最高位。

六、国际市场初级产品价格大幅下降

受全球需求持续减弱以及国际金融市场风险上升的影响,国际市场初级产品价格均大幅下降。

(一)能源和非能源价格连续两个月回落。5月份,国际市场能源和非能源价格指数为185.7和190,分别比上月下降7.6%和2.5%。

(二)原油价格连续两个月回落。5月份,OPEC一揽子原油现货价格为108.07美元/桶,环比下降8.6%,降幅比上月扩大4.7个百分点。

（三）金属和矿产价格连续三个月回落。 5月份，金属和矿产价格指数为175.5（2005年=100），环比下降4.7%，连续三个月回落。

（四）食品价格有所回落。 5月份，世界银行食品价格指数为206.2（2005年=100），环比下降2.1%，为连续四个月上涨后的首次下降。

（执笔：释经组；成文于2012年5月）

世界经济增长明显放缓
不确定性进一步增加

——2012年上半年世界经济形势分析

今年上半年，世界工业生产反弹受挫，贸易继续走弱，消费趋向低迷，就业市场复苏遭遇挫折，大宗商品需求下降、价格下跌，金融市场动荡不安，各主要经济体经济增速普遍明显放缓，且不确定性进一步增加。有关国际组织预计，下半年世界经济复苏将依然艰难曲折，全年经济增速低于上年。

一、上半年世界经济运行的主要特点

（一）各主要经济体增长明显放缓。一季度，美国GDP环比增长1.9%，比上季度放缓1.1个百分点，预计二季度环比增长1.6%，比一季度放缓0.3个百分点，；欧元区一季度GDP环比零增长，预计二季度环比下降0.3%；日本一季度GDP环比增长1.2%，预计二季度环比增长0.2%，比一季度放缓1个百分点。

一季度，巴西和印度GDP同比分别增长0.7%和5.3%，比上季度放缓0.7和0.8个百分点；韩国GDP同比增长2.8%，比上季度放缓0.5个百分点；中国香港和中国台湾GDP同比均增长0.4%，分别比上季度放缓2.6和1.4个百分点。

（二）主要景气指标波动回落。上半年，全球制造业和服务业PMI波动中回落。制造业PMI由1月份的51.3回落至5月份的50.6，6月份再降至景气临界值以下，为48.9；服务业PMI从1月份的55.3降至6月份的50.6，也逼近临界值。

（三）工业生产反弹受挫。上半年，全球制造业PMI产出指数由1月的51.9连续上升至4月份的53.1后，6月份大幅下跌至49.3，为2009

年7月份以来的最低点。发达国家和发展中国家工业生产三个月移动平均环比折年率均先扬后抑。

(四)三大经济体消费不振。美国零售额环比由第一季度的低速增长转为4、5月份的下降0.2%;欧元区零售量环比增长率从1月份的1.2%震荡回落至5月份的0.6%;日本零售额环比增速从1月份的3.1%回落至5月份的0.7%。美国汽车销售量环比增速从1月份的19.5%大幅回落至6月份的2.3%。日本新车登记数由1月的环比增长22.7%转为4、5月份的下降4.1%和1.7%。

(五)世界贸易增长走弱。波罗的海干散货运指数从1月3日的1624点波动回落至7月4日的1103点,累计降幅达32.1%。截至7月4日,该指数虽然有所反弹,但与去年同期的1419点相比,下降了22.3%。美国和日本制造业PMI中的出口新订单指数也出现不同程度的下降。美国出口新订单指数从1月份的57.6大幅回落至6月份的47.8,当月降幅达12.3个点。上半年,日本出口新订单指数除1月和3月处于景气区间(50.2)外,其余各月均处于不景气区间。

(六)就业市场复苏遭遇挫折。美国失业率从1月的8.3%降至4月的8.1%,5、6月份再次回升至8.2%;欧元区失业率屡创新高,从1月的10.8%升至5月的11.1%;日本失业率在波动中微幅回落,从1月的4.6%降至5月的4.4%。

(七)主要经济体CPI涨幅明显回落。1-5月,美国CPI同比涨幅从2.9%回落到1.7%。欧元区一季度CPI同比上涨2.7%,4、5月持续回落,预计6月份持平于2.4%。加拿大、美国、南非、巴西、韩国、中国香港和马来西亚CPI同比均有不同程度的回落。

(八)国际市场初级产品价格先升后降。原油价格波动回落。OPEC一揽子原油现货价格和纽约期货市场轻质原油价格分别从1月的111.76美元/桶和100.32美元/桶连续上涨至3月的122.97美元/桶和106.21美元/桶后,之后开始回落,6月份分别回落至93.98美元/桶和82.41美元/桶。食品价格下降。粮农组织食品价格指数从1月的142点上涨至2月的144点,3月份持平后连续3个月回落,6月份降至135点。农产品价格和肥料价格近期走低。农产品价格和肥料价格1-4月持续上涨,5、6月连续回落。金属和矿产价格下跌。金属和矿产价格指数由1月的181.5上涨到2月的188后连续4个月回落,6月份降至166.6。

发达国家股市比年初上涨了10.9%,发展中国家股市上涨了13.7%。二季度,全球股发达国家股市比年初上涨了10.9%,发展中国家股市上涨了13.7%。二季度,全球股市暴跌,发达国家和发展中国家股市分别下降8.9%和8.6%;巴西、俄罗斯、中国和印度股市分别下降14%、13%、10%和5%;日本股市下降14%。主要货币汇率大幅波动。美元兑主要货币实际汇率指数(1973年3月=100)先降后升,从1月份的73.35降至4月份的72.83后,6月份升至75.03,当月同比升值7.8%。日元兑美元先贬后升,第一季度累计贬值7.5%,第二季度累计升值3.2%。瑞士法郎和欧元兑美元先升后贬,第一季度分别升值3.1%和2.1%,第二季度分别贬值5.1%和5%。其他主要经济体货币兑美元也是先升后贬,总体明显贬值。部分国家国债收益率聚降。国际金融市场投资者的避险需求增加,导致美国、德国、日本、英国、瑞士、丹麦等国家的国债收益率大幅走低。6月19日,美国10年期国债收益率降至历史最低点1.437%;6月1日,德国10年期国债收益率降至历史最低点1.127%。

二、世界经济的下半年走势分析

国际金融危机从爆发至今已近三年,虽然复苏道路曲折艰难,但也积累了一些自主增长的积极因素。特别是面对不断下滑的经济走势,各国不断出台新的经济刺激政策,在保增长方面渐趋一致,降息成为全球货币政策的主基调。主要发达国家利率均进入"零利率"时代,并继续通过非传统工具放松货币政策。为应对全球经济下滑风险,新兴经济体也趋向以宽松政策刺激经济。中、俄、印、巴西、越南、印尼、泰国等新兴经济体均采取了下调基准利率或者存款准备金率的政策。其中,巴西央行在2011年8月以后的9个月中7次降息,累计降息幅度达400个基点。越南国家银行在5月25日以后五次降息。印度三年来也首次降息,基准利率下调50个基点至8.0%。因此,下半年有望延续世界经济的复苏态势。

但欧债危机前景不明,欧元区国家经济衰退呈现出扩散趋势。美国经济不温不火,其它大多数发达国家经济仍在金融危机后的困境中挣扎。

主要新兴经济体新兴经济体受发达经济体拖累，经济增速也已普遍放慢，使世界经济同时存在着较大的下行风险，欲振乏力。据国际货币基金组织（IMF）4 月份预测，按照购买力平价法 GDP 加权，2012 年世界经济增长 3.5%，比 2011 年回落 0.4 个百分点。据世界银行 6 月份预测，按照汇率法 GDP 加权，2012 年世界经济增长 2.5%，比 2011 年回落 0.2 个百分点。据英国共识公司 6 月份预测，按照汇率法 GDP 加权，2012 年世界经济增长 2.6%，比 2011 年回落 0.3 个百分点。

同时，全球经济增长放缓和贸易摩擦的不断加剧，将导致全球需求萎缩，进出口贸易增长进一步放缓。据 IMF4 月份预测，2012 年全球贸易量将增长 4.0%，比 2011 年放缓 1.8 个百分点。其中，发达国家出口和进口将增长 2.3% 和 1.8%，比 2011 年放缓 3 和 2.5 个百分点；发展中国家出口和进口将增长 6.6% 和 8.4%，比 2011 年放缓 0.1 和 0.4 个百分点。据世界银行 6 月份预测，2012 年全球贸易量将增长 5.3%，比 2011 年放缓 0.8 个百分点。据世界贸易组织（WTO）4 月份预测，2012 年全球贸易量将增长 3.7%，比上年回落 1.3 个百分点。

（执笔：释经组；成文于 2012 年 7 月）

世界经济下行风险增大

——2012年7月份世界经济形势分析

近期,世界主要经济体消费者信心、投资者信心及PMI等主要景气指标持续回落,工业生产、商品零售、进出口贸易等实体经济持续走低,全球就业形势严峻。欧债危机继续深化,国际金融市场持续动荡,国际市场食品价格大幅蹿升。世界经济的不确定因素进一步增多,下行风险增大,我国的外部经济环境更加严峻。

一、世界经济增长进一步放缓

(一)主要景气指标进一步回落。7月份,世界、欧元区和日本制造业PMI分别为48.4、44.1和47.9,比上月回落0.7、1和2个点。美国制造业PMI为49.8,连续两个月低于景气临界值,也低于上半年水平。美国消费者信心指数为65.9,低于2-4月份水平。欧元区消费者信心为-21.5,降至2009年9月以来的最低点。

(二)工业生产增速持续下滑。7月份,全球制造业产出指数为48.9,比上月回落0.7个点。全球制造业新订单指数为47.2,比上月回落0.9个点。均连续两个月低于景气临界值。6月份,日本工业生产同比由正转负,下降2%。5月份,欧元区工业生产同比下降2.6%,降幅比上月扩大0.2个百分点,连续6个月负增长。

(三)三大经济体消费支出低迷。6月份,美国零售额环比下降0.5%,降幅比上月扩大0.3个百分点,连续三个月环比下降。欧元区零售量仅增长0.1%,增速比上月回落0.7个百分点。日本零售额环比下降1.2%,上月为增长0.7%。6月份,美国和日本个人消费支出环比由增转降,分别下降0.1%和1.6%,上月为增长0.1%和0.9%。7月份,美国汽车销售量环比下降2.1%,上月为增长4.9%。6月份,欧元区新车登记数环比增长0.7%,增速比上月回落0.3个百分点。

(四)进出口贸易增速进一步放缓。贸易先行指标波罗的海干散货运指数持续回落,从7月2日的1013点降至7月31日的897点,降幅达11.5%。三大经济体制造业出口新订单减少。7月份,美国出口新订单指数为46.5,比6月份回落1个点,连续两个月处于不景气区间。日本出口新订单指数为43.2,回落4.3个点,创去年地震以来最快萎缩速度,连续4个月处于不景气区间。欧元区出口新订单指数出现8个月以来的最大降幅。

(五)全球就业形势仍然严峻。7月份,全球全产业(包括制造业和服务业)就业指数由上月的51降至49.8,降至景气临界值以下。美、欧失业率企高。7月份,美国失业率上升0.1百分点,达8.3%。6月份,欧元区失业率达11.2%,为1998年以来最高点。

(六)消费价格涨幅总体回落。世界CPI同比涨幅由一季度的3.8%回落到二季度的3.2%。其中,发达国家由2.8%回落到2.4%。发展中国家由4.8%回落到4.6%。7月份,欧元区CPI同比上涨2.4%,与上月持平。韩国CPI上涨1.5%,比上月回落0.7个百分点。6月份,美国CPI同比上涨1.7%,与上月持平。英国、南非、印度、中国香港和马来西亚CPI同比上涨2.4%、5.5%、10%、3.7%和1.6%,分别比上月回落0.4、0.2、0.2、0.6和0.1个百分点,日本由涨转降,下降0.1%。

二、近期世界经济运行中的突出问题

(一)国际金融市场持续动荡。一是欧债危机升级。为应对欧债危机,西班牙于7月11日出台新的紧缩措施,在2014年前削减公共赤字650亿欧元。7月20日,欧元区财长会议批准向西班牙银行业提供1000亿欧元的救助计划,以帮助银行重新注资进行资本重组。但是,这些应对措施效果不佳,西班牙和意大利国债收益率再度上升。7月23日,西班牙10年期国债收益率达到7.621%,远超7%的救助警戒线。意大利10年期国债收益率达到6.697%的年内最高值。意大利、德国、荷兰和卢森堡的主权信用评级展望遭下调。二是国际金融风险上升。7月23日,美国10年期国债收益率下降4个基点至1.43%,并一度触及低于1.4%的创纪录低点。5年期国债收益率下滑1个基点至0.57%,同样触及历史最低水平。法国、德国、荷兰、芬兰、奥地利、丹麦和瑞士等七国2年期国债收益率均降为负值。三是全球股市持续低迷。继5月份大幅下挫后，6、7月份全球股市低位盘整，7月份发达国家股市累计上涨1.07%，发展中国家下跌1.61%。四是国际汇市大幅波动。7月份，美元名义汇率指数（1973年3月=100）为75.26，比上月涨0.3%，今年已累计升值2.8%。欧元兑美元比上月贬值2.1%，年内累计贬值6.7%。日元兑美元连续四个月升值。瑞士法郎兑美元贬值2.16%，连续五个月贬值。五是资本的异常流动扩大。6月份，流入发展中国家的资本比上月增加8.5%，但上半年同比减少23%。对发展中国家的银团贷款比5月份减少33%，上半年同比减少39%。

（二）国际市场食品价格大幅上涨，玉米和大豆价格再创历史新高。最近几个月，美国的高温干旱、乌克兰的高温以及印度、俄罗斯两国干旱严重影响了世界农业生产。6月中旬以来，芝加哥商品交易所玉米期货价格上涨57%，小麦价格上涨50%，大豆价格上涨20%。到7月中旬，玉米和大豆价格已高于2007/08年度世界粮食危机期间水平，又创历史新高。

7月份，美国农业部大幅调低了2012/13年度世界谷物预测数据：世界玉米产量下调4.7%，其中美国下调12.3%。期末玉米库存下调13.9%，其中美国下调37.1%。谷物产量为23.14亿吨，下调2.4%。

（三）原油价格反弹。7月份，OPEC一揽子原油价格为99.55美元/桶，环比上涨5.9%。纽约轻质原油期货价格为87.93美元/桶，环比上涨6.7%。

近期原油价格反弹，一是由于原油供应减少。美国和欧盟对伊朗石油禁运导致伊朗石油出口减少，预计当月伊朗石油出口每天减少110万桶。挪威北海油田工人罢工也使挪威石油出口受阻。二是库存下降。截至7月27日当周，美国商业原油库存比上周减少650万桶，为4月20日当周以来最低；三是季节性需求增加。目前正值美国夏季汽油消费旺季。

（四）贸易摩擦加剧，我国仍为全球贸易保护的主要侵害对象。今年上半年，我国共遭遇了18个国家和地区发起的贸易救济调查40起，涉案金额37亿美元。7月5日，美国政府向WTO起诉中国向美国所产汽车征收双反税为“不公正”行为，中美汽车贸易战升级；7月27日，美国商务部初裁决定对中国应用级风电塔征收临时反倾销税;7 月 31 日,美国商务部和国际贸易委员会分别做出裁决,对从中国进口的不锈钢拉制水槽和圆锥滚子轴承采取贸易救济行动。8 月 1 日,欧盟委员会称将对中国无线通信企业发起贸易救济调查。

(五)调控政策受到制约。一是发展中国家实际利率上升。为刺激经济增长,各国纷纷降息。7 月 5 日,欧洲央行宣布将再融资利率下调 25 个基点至历史低点 0.75%。丹麦央行降息 25 个基点,存款利率由 0.05%降至-0.2%,史上首现存款负利率。中国、巴西和韩国随后也纷纷降息。但由于通胀率降幅远快于名义利率的下调速度,使发展中国家实际利率上升。二是国际市场食品、能源价格的回涨。6 月中旬以来,食品和能源价格迎来新的一轮回涨,不仅增加了全球生产者和消费者负担,也限制了各国放松货币政策的力度,制约全球经济复苏。三是新的宽松货币政策效果难料。进入 8 月份以来,美国、欧元区、英国、澳大利亚和韩国均未推出实质性宽松政策,其中美联储和欧洲央行均未象事先释放的信号那样如期推出新的宽松措施,要求出台更有效的财政政策,但在货币政策上光说不做,缺少具体宽松举措。主要是因为货币政策传导渠道不畅导致政策效果难料,前期美欧央行释放的流动性以超额储备形式大量沉淀于央行。四是政治纷争影响有效应对措施的出台。美国两党在如何减赤上继续相执不下,任凭"财政悬崖"逼近,总统选举也掣肘美联储货币政策调整。德国与法国、意大利对如何落实欧盟峰会意愿分歧较大。

三、我国的应对措施

当前,美国经济增长停顿,欧洲经济衰退加重,一些主要新兴市场经济体的增长低于预期,使本来就不够强劲的世界经济复苏进一步疲弱,下行风险增大。近期世界粮食价格的大幅上涨及原油价格的反弹还会加大我国输入型通货膨胀的压力,国际金融市场剧烈波动也影响到我国经济的稳定运行。我国面临的外部环境非常严峻。为此,要密切关注世界经济运行中的各种风险变化,提高抵御风险抗击冲击的能力,确保我国经济平稳、较快、健康发展。

(一)以扩大消费需求为重点,将稳增长置于更加突出位置。在国际需求减弱的情况下,应进一步采取积极措施扩大国内消费。如尽快实施收入分配体制改革，加强健全全民基层医保体系，深化户籍管理制度改革和教育体制改革等，为扩大消费需求消除制度障碍。

（二）在短期政策选择上应以财政政策为主。 应对国际金融危机，我国刺激经济更多是依靠货币政策，财政政策使用比较少。由于扩张货币的流向比较难以把握，容易造成房价和物价上涨，所以新一轮刺激政策应该更多使用财政政策，比如结构性减税和扩大民生支出等。

（三）大力发展服务业。 目前我国仍处于工业化和城市化进程中，经济增长的空间依然很大。随着收入的提高，服务需求必然快速增长。按照我国目前的发展阶段，服务业占比应该在60%左右，也就是说，我国目前服务业大概滞后了15个百分点以上，发展服务业潜力巨大。

（四）推动贸易平衡发展。 在税收、补贴、贷款等政策方面向出口企业倾斜，推动贸易转型升级，刺激出口增长。提高出口产品的附加值含量和国际竞争力。大力开拓欧美以外的市场，特别是亚洲、非洲及拉美等出口市场。

（五）确保粮食生产稳定增长。 积极落实各项支农、惠农政策，提高农业生产效率和农民种粮积极性，保证粮食生产稳定、持续增长。加快推进集约用地制度，加大水利设施建设力度，提高农业生产抗击自然灾害的能力，提高产出水平。

（六）妥善应对贸易争端。 在贸易保护和贸易摩擦常态化的情况下，在国家层面和企业层面都要深化研究，提高应对能力；要充分利用世界贸易组织等国际仲裁机构和双边磋商机制妥善化解贸易争端。

（七）密切关注国际金融市场动向，研究建立系统性金融风险防范预警、评估体系，加强金融监管。 适时微调，进一步提高宏观政策的前瞻性、针对性和有效性。

（执笔：释经组；成文于2012年8月）

世界经济更加低迷

——2012年8月份世界经济形势分析

近期,受欧债危机深化、需求持续疲弱影响,世界主要经济体景气指标继续回落,工业生产增速进一步放慢,贸易继续萎缩,消费支出依旧低迷,就业形势仍然严峻,消费价格有所反弹。世界经济愈发低迷。

一、世界经济运行情况

(一)主要先行指标继续回落。一是美欧消费者信心持续下降。8月份,美国消费者信心指数为60.6,达年内最低点。欧元区消费者信心指数为-24.6,为2009年7月以来的最低点。二是全球制造业PMI进一步回落。8月份,全球制造业PMI为48.1,比7月降低0.3个点,连续三个月低于景气临界值,为38个月新低。美国和日本制造业PMI分别为49.6和47.7,均比上月回落0.2个点;欧元区制造业PMI为45.1,连续13个月低于景气临界值。三是全球制造业新订单指数回落。8月份,指数为46.8,比上月回落0.3个点,连续三个月低于景气临界值。

(二)工业生产增速进一步放慢。8月份,全球制造业产出指数为47.4,比上月回落1.4个点,连续三个月低于景气临界值。7月份,美国工业生产同比增长4.1%,增速比上月放缓0.7个百分点;日本工业生产同比下降1%,连续两个月负增长,环比由正转负,下降1.2%。6月份,欧元区工业生产同比下降2.2%,连续7个月负增长,环比由正转负,下降0.6%。

(三)三大经济体消费低迷。一是零售市场不景气。7月份,美国零售额环比增长0.8%,上月为下降0.7%。欧元区零售量环比下降0.2%,上月为增长0.1%;同比下降1.7%,连续11个月下降。日本零售额环比下降1.5%,连续两个月下降,为2011年3月以来最大降幅;同比下降

0.8%，是今年内首次下降。二是美日消费支出低迷。7月份，美国个人消费支出环比增长0.4%，上月为下降0.1%。日本个人消费支出在上月环比下降1.6%的基础上，又下降1.4%。

（四）世界贸易继续萎缩。一是贸易先行指标持续回落。8月份，波罗的海干散货运指数从8月2日的878点降至8月31日的703点，降幅达19.9%。8月份，全球制造业出口新订单指数为46.6，比上月回升0.5个点，但已连续四个月低于50的景气临界值。美国出口新订单指数上升0.5点至47，但连续三个月位于不景气区间。日本出口新订单指数上升2.3点至45.5，但连续五个月位于不景气区间。欧元区出口新订单指数下降0.3点至44.5，远低于50的景气临界值。二是全球一些主要港口货物和集装箱吞吐量下降。7月份，美国长滩港集装箱吞吐量同比大幅下降8.8%。香港集装箱吞吐量同比下降7.1%，降幅比上月扩大0.3个百分点。南非港口货物吞吐量同比、环比分别下降0.3%和4.8%，其最大港口德班港货物吞吐量同比大幅下降20.8%。

（五）三大经济体就业形势仍然严峻。8月份，美国失业率为8.1%，比上月下降0.2个百分点，但非农就业人数增幅由上月的14.1万人减少到9.6万人。7月份，欧元区和日本失业率分别达11.3%和4.3%，均与上月持平。欧元区的失业率攀升至1993年1月开始统计以来的最高水平。

（六）全球消费价格有所反弹。7-8月份，受国际食品和原油价格上涨影响，CPI涨幅扩大的经济体又趋增多。8月份，欧元区CPI同比上涨2.6%，涨幅比上月扩大0.2个百分点；俄罗斯、墨西哥和中国台湾CPI同比分别上涨5.9%、4.6%和3.4%，比上月扩大0.3、0.2和0.9个百分点。7月份，英国、巴西和印度尼西亚CPI同比分别上涨2.6%、5.2%和4.6%，涨幅比上月扩大0.2、0.3和0.1个百分点。

二、近期世界经济中的突出问题

（一）国际市场食品价格仍居高位。8月份，粮农组织食品价格指数平均为213点，与上月持平。其中，谷物价格指数为260，也与上月持平，但达到2008年7月以来最高水平，仅比2008年4月的历史最高纪录低5%。

(二)国际市场原油价格上涨。 8 月份,欧佩克一揽子原油价格为 94.06 美元/桶,纽约期货市场轻质原油价格为 109.52 美元/桶,环比分别上涨 10% 和 7%,连续两个月上涨。油价大涨已对世界经济复苏构成重大威胁。

导致国际油价大涨的主要因素,首先是市场对国际市场原油供应的担忧。如美欧对于伊朗石油出口的禁令以及北海原油、欧佩克原油和墨西哥湾原油产量下降等;其次是对美欧央行可能进一步采取货币刺激政策的预期升温,充裕的流动性会刺激国际原油市场的投机;第三是美国商业原油库存的持续回落。另外,美国汽车行业复苏导致对原油需求增加也是油价上涨的因素之一。

(三)欧债危机继续深化。 一是欧元区主要国家信用下降。9 月 4 日,穆迪将欧盟 AAA 长期评级前景从“稳定”下调至“负面”。对欧盟预算贡献 45% 的成员国(德国、法国、英国和荷兰)的 AAA 信用评级展望均为负面。二是重债国家深层的、根本性的问题未解决。9 月 6 日,欧洲央行决定启动“直接货币交易”(OMT),在二级市场上无限量购入三年期以内的欧元区国家主权债券。但该计划并未得到与会各方的一致通过,德国投反对票,其内部分歧难以消除。三是欧元区银行系统脆弱,银行信贷收紧,贷款需求下降。各国贷款利率分化也比较明显,重债国企业融资成本大幅飙升,而核心国企业融资成本持续下降;重债国银行存款减少,资金流向核心国。四是欧元区经济进一步下滑。核心成员国经济增速放缓或停滞,高负债国深陷衰退,失业人数创新高,主权债务危机、银行业危机和经济衰退之间的恶性循环无法打破。

(四)全球调控政策的不确定性扩大。 8 月份,全球主要经济体政策调整陷入停顿,9 月份部分国家正酝酿大调整,但不确定性扩大。在货币政策方面,美国推出 QE3 的可能性扩大,但推出时机屡屡推后;欧元区启动“直接货币交易”,但欧元区国家必须首先向纾困基金——欧洲金融稳定工具(EFSF)和欧洲稳定机制(ESM)提出援助请求,并履行相关的紧缩要求,不仅条件苛刻,且细节不清、透明度不高。其他经济体正密切观察美欧政策调整,伺机而动。在财政政策上,美国“财政悬崖”逼近,国债上限突破在即,将对经济产生严重冲击,但应对策略迟迟未定。欧债问题久拖未决,严重影响全球投资者和消费者信心,市场正在等待德国宪法法院对于欧洲稳定机制合法性的裁决以及 IMF、欧盟和欧洲央行关于希腊执行财政紧缩政策情况的报告，两者均存在诸多变数。

三、我国外部经济环境进一步恶化

一是输入型通胀压力加大。过去两个半月国际市场谷物等食品价格走高。联合国粮农组织编制的一项覆盖 55 种食品的粮食价格指数 7 月份环比大涨 6.2%，8 月仍居高位。国际农产品和原油价格上涨对我国通胀的影响是一个渐进过程，预计对我国的 CPI 输入性推动压力很可能在第四季度显现。

二是外需减少，欧债危机对于我国影响进一步显现。据荷兰经济政策分析局统计，最近全球经济继续放缓。6 月份世界工业生产环比下降 0.1%，5 月份则增长 0.5%。第一季度增长 1.8%。第二季度世界工业生产基本停滞不前。全球贸易也继续萎缩。第二季度全球贸易量环比仅增长 0.3%，6 月份环比下降 1.4%。欧债危机的深化，也削弱了我国对欧盟的出口。今年前 8 个月，我国对欧盟出口同比下降 4.9%，降幅比前 7 个月扩大 1.3 个百分点。

三是国际金融形势持续动荡，资本异常流动扩大，汇率对抗加剧。国际金融形势持续动荡，尤其是欧洲金融市场更加充满了不确定性。2012 年上半年，流入发展中国家的资本同比减少 23%，对发展中国家的银团贷款同比减少 39%，流入发展中国家的股权资金同比减少 34%。美元与欧元汇率波动剧烈，瑞士和日本等国扩大干预汇市，均造成人民币汇率相对波动扩大。

（执笔：释经组；成文于 2012 年 9 月）

世界经济初现向好迹象
但增长依然乏力

——2012 年第三季度世界经济形势分析

第三季度，世界经济延续第二季度放缓之势，但季末初现局部向好迹象。当前世界经济呈现三大主要特征：一是景气指标好于实体经济表现，金融市场略有好转。二是全球服务业先于制造业回升。三是美国和巴西等少数国家经济向好迹象较为明显。但世界经济发展中的不确定因素依然众多，最为突出的是仍然缺乏有效解决欧债危机的措施、美国"财政悬崖"日益迫近、全球需求依然疲弱、投资者和消费者信心不足等。预计今年第四季度和明年，世界经济增长有望略有加快，但增长动力仍然不足。我国外部经济环境依然复杂严峻，需做好充分应对准备。

一、世界经济运行的主要特点

（一）部分景气指标显示世界经济季末初现局部向好迹象。一是服务业带动全球全产业 PMI 回升。9 月份，包括制造业和服务业在内的全球全行业 PMI 达 52.5 的近 6 个月新高，比上月提高 1.6 个百分点。三季度为 51.7，略高于二季度的 51.6。9 月份，服务业 PMI 为 54，比 8 月的 52 回升 2 个百分点。二是美国景气大幅回升。美国消费者信心指数 10 月份达 83.1，为 5 年来的新高。9 月份美国制造业 PMI 达 51.5，下半年以来首次回升至景气区间。三是一些主要新兴经济体制造业景气回升。俄罗斯、土耳其和巴西制造业 PMI 为 52.4、52.2 和 49.8，分别比上月回升 1.4、2.2 和 0.5 个百分点。不过，这些向好迹象还只是初步的，只出现在美国、巴西等少数国家和部分行业。日本和欧元区两大经济体景气指标仍低迷，OECD 合成先行指标仍在下行。

（二）全球主要经济体延续了第二季度减缓之势。据世界大型企业联合会 10 月份预计,第三季度美国 GDP 环比折年率增长 1.6%,比二季度加快 0.3 个百分点,比一季度放缓 0.4 个百分点。据英国共识公司 9 月份预计,第三季度,欧元区 GDP 环比下降 0.2%,连续两个季度下降;日本 GDP 环比零增长,比二季度放缓 0.2 个百分点;马来西亚 GDP 同比增长 4.6%,放缓 0.8 个百分点;印度尼西亚 GDP 同比增长 6.2%,放缓 0.2 个百分点。

(三)全球工业生产仍不景气。9 月份,全球制造业产出指数和新订单指数均为 48.1,虽较上月有小幅回升,但连续四个月低于 50 的景气临界值。三大经济体工业生产负增长。第三季度美国工业生产环比折年率下降 0.4%,增速比上季度放缓 3 个百分点。8 月份,欧元区和日本工业生产同比分别下降 2.9% 和 4.3%,降幅比上月扩大 0.1 和 3.5 个百分点。

(四)欧元区和日本消费支出持续不振。第三季度,美国零售额同比增长 4.8%,增速比第二季度加快 0.1 个百分点。7、8 月份,欧元区零售量同比分别下降 1.4% 和 1.3%,连续五个月负增长。日本零售额先降后增,7 月份同比下降 0.8%,8 月份增长 1.7%,但增速远低于今年 3 月份 10.3% 的年中高值。

(五)世界贸易持续低迷。一是贸易先行指标持续回落。波罗的海干散货运指数从 7 月 2 日的 1013 点降至 9 月 28 日的 752 点,降幅达 25.8%。全球制造业出口新订单继续萎缩,虽然 9 月份小幅升至 47.1,比上月回升 0.6 个百分点,但连续 4 个月低于 50 的景气临界值。美国和欧元区出口新订单指数分别升至 48.5 和 45.7,分别比上月上升 1.5 和 0.5 个百分点,但连续 4 个月和 14 个月位于不景气区间。日本出口新订单指数升至 46.3,比上月上升 0.8 个百分点,但连续 6 个月位于不景气区间。二是全球一些主要港口货物和集装箱吞吐量下降。8 月份,美国洛杉矶港集装箱吞吐量同比下降 2.3%。中国香港集装箱吞吐量同比下降 9.2%,降幅比上月扩大 2.1 个百分点。南非港口货物吞吐量同比、环比分别下降 0.3% 和 4.8%,其中,南非最大港口德班港货物吞吐量同比大幅下降 20.8%。韩国港口货物吞吐量同比大幅下降 7.2%,是今年以来首次下降。

(六)欧元区和日本就业形势依然严峻。9 月份,美国失业率为

7.8%，比上月下降0.3个百分点，2009年2月以来首次降至8%以下；截至10月6日当周，首次申领失业救济人数降至33.9万人，四周移动平均值降至2008年5月以来的最低点，显示美国就业市场正逐步改善。8月份，日本失业率为4.2%，比上月下降0.1个百分点；欧元区失业率达11.4%，与上月持平，处于1998年以来最高水平。

（七）全球通胀水平低位企稳回升。进入第三季度，全球通胀水平在低位企稳，发达国家略有回升。第三季度全球CPI同比上升3.1%，比第二季度回落0.4个百分点。8月份和9月份，发达国家CPI同比分别上涨2.6%和2.8%，比6月份的年内低点回升0.3和0.5个百分点。9月份，美国、巴西、俄罗斯和韩国CPI同比分别上涨2.0%、5.5%、6.6%和2%，比上月扩大0.3、0.3、0.7和0.8个百分点。8月份，南非、墨西哥和中国香港CPI同比分别上涨5%、4.6%和3.7%，比上月扩大0.1、0.2和2.1个百分点。

（八）国际金融市场略有好转。一是全球股市普遍回涨。9月份，受欧洲重启购买欧元区成员国国债计划，以及美联储第三轮量化宽松政策等影响，全球股市普遍上涨。二是部分国家主权利差回落。截至9月底，西班牙主权CDS利差回落至355基点，比6月年中高点降低了268基点；爱尔兰，意大利和葡萄牙与6月中旬相比回落了154-537基点。发展中国家主权债利差从6月初的高点441基点回落至9月份的286个基点，比2009年9月至2011年5月平均值低24基点。三是发展中国家资本流入明显反弹。第三季度，发展中国家资本流入同比增长42%，其中，9月份增长45%。

（九）国际市场初级产品价格明显上涨。9月份，世界银行能源、非能源、金属矿产和肥料价格环比分别上涨0.8%、1.6%、5.8%和0.5%；农产品价格环比零增长，上月为下降0.4%。一是食品价格继续上涨。7-9月，粮农组织食品价格环比分别上涨6.2%、持平和1.4%。FAO预测2012/13年度全球谷物产量比2011/12年度的创纪录水平下滑2.6%，小麦和粗粮库存量下滑致使全球谷物库存下降。二是原油价格连续上涨。9月份，OPEC一揽子原油现货价格、纽约期货市场轻质原油价格和北海布伦特原油现货价格分别为110.67美元/桶、94.56美元/桶和112.86美元/桶，近两个月累计上涨11.2%、7.5%和10.0%。三是金属矿产品价格明显上涨。10 月 15 日,芝加哥商业交易所铜和黄金的价格分别为 3670 美元/磅和 1745.6 美元/盎司,比 9 月 1 日上涨 5.8% 和 3%。

二、今明两年世界经济形势预测

(一)第四季度世界经济会略有起色。第四季度,在金融市场改善、众多国家的扩张性货币政策及一些发展中国家的财政政策刺激下,主要经济体第四季度经济增长有望略有加快。据英国共识公司 9 月份预测,第四季度,美国经济环比折年率为 2.0%,增速分别比二季度和三季度加快 0.7 和 0.4 个百分点。日本环比增长 0.3%,比三季度加快 0.3 个百分点。欧元区环比下滑 0.1%,降幅比前两个季度收窄 0.1 个百分点。

(二)明年世界经济增长略有加快。据国际货币基金组织(IMF)10 月份预测,按 PPP 法 GDP 汇总,明年世界经济增长 3.6%,比今年加快 0.3 个百分点;据英国共识公司 10 月份预测,按汇率法 GDP 汇总,明年世界经济增长 2.8%,比今年加快 0.3 个百分点。

(三)今明两年全球贸易量低速增长。据 IMF10 月份预测,今年世界贸易量增长 3.2%,比去年放缓 1.6 个百分点;明年增速小幅加快至 4.5%。据世界贸易组织 9 月份预测,今年世界贸易量增长 2.5%,比去年放缓 2.5 个百分点,明年加快至 4.5%。

(四)今明两年全球消费价格有所回落。据 IMF10 月份预测,今年发达国家和发展中国家 CPI 分别上涨 1.9% 和 6.1%,比去年回落 0.8 和 1.1 个百分点,明年将继续回落至 1.6% 和 5.8%。据共识公司 10 月份预测,今年全球 CPI 上涨 3%,比去年回落 0.8 个百分点,明年则小幅回落至 2.9%。

三、我国外部经济环境依然复杂严峻

(一)外需持续减弱。全球经济复苏势头二、三季度减弱,各国央行政策也未能恢复经济信心,主要发达国家进出口均低迷甚至一度下滑,全球贸易环境不断恶化,复杂而恶劣的外部环境对我国的负面影响持续显现。8 月份,我国出口同比增长 2.7%,而进口下降 2.6%。9 月份出口增速加快至 9.9%,并创单月出口规模的历史新高,但很大程度是圣诞节大量订货的季节性因素所致。我国面临的贸易环境仍存在很多不确定和不稳定因素,外贸形势仍然很严峻。

(二)国际市场能源和食品价格高位震荡。今年下半年以来,国际能源和食品价格震荡走高,中短期内将高位震荡。一方面会对我国造成输入型通胀。另一方面,在全球经济复苏困难和我国经济下行压力较大的情况下,由于我国对国际市场依赖程度较高,能源和食品的高位震荡会加大我国生产者和消费者负担。

(三)欧洲经济衰退的可能性增大。欧债危机持续深化,9月份欧元区PMI综合产出指数为46.1,环比回落0.2个点。同时,投资者和消费者信心进一步下降,失业率走高,消费支出低迷。欧元区总体经济活动持续萎缩,已处于经济衰退的边缘。

(四)当前世界经济面临的主要风险。1、欧债危机有效解决仍存在众多不确定因素。尽管欧洲稳定机制(ESM)已于近期启动,但如果更多的成员国陷入了被救助的境地,将对欧洲稳定机制本身救助能力以及其他救援国救助成本分担带来压力,加上稳定机制本身具有的局限性,稳定机制在短期内无法解决欧债危机。欧洲央行已于9月6月决定启动直接购买政策(OMT),以购买重债国家的主权债券,但成员国申请的条件较为苛刻,欧洲央行能否尽快启动债券购买计划还存在变数。一旦法国等国因为银行业或者债务问题遭遇评级下调,欧债危机将可能继续深化。2、美国"财政悬崖"及前景。明年美国可能出现的"财政悬崖"问题缘自两个方面,首先是始于布什政府的减税、扩大失业救济措施将于今年底到期,如果不能延期,将从明年起产生明显的增收和节支作用;其二是美国国债可能于明年2月份突破上限,如果此前两党仍无法就如何减少赤字达成一致,那么届时财政减支以及增税措施将自动生效。据估计,一旦这两方面的因素同时产生作用,将导致美国国内生产总值损失3-5%之多,此前美联储的种种努力将付诸东流,美国经济将再度衰退,并严重拖累世界经济。尽管"财政悬崖"出现的可能性不大,但其不确定性已严重打压了全球投资者和消费者信心。3、发达国家中期财政整顿和短期稳增长需要之间协调难度大。尽管中期来看,发达国家财政整顿仍是工作重点,但短期内各国政府财政调整要适度,以免抑制经济增长。IMF在10月份的预测报告中指出,发达国家财政支出的乘数效应明显大于此前的估计。IMF原先估计乘数为0.5,但现在的估计值上调至0.9-1.7。4、众多因素导致投资者和消费者信心不足。世界经济增长乏力,美国“财政悬崖”日益迫近,欧元区债务危机仍在继续,发展中国家经济普遍放慢,以及国际市场初级产品价格震荡走高是信心不足的主要原因。

(五)各国最新出台刺激政策效果减弱。货币政策方面,包括中国在内,第三季度全球宽松货币政策仍是主流,共有12个国家降息,美国、日本和英国再推或扩大量化宽松政策。9月13日,美国推出第三轮量化宽松政策(QE3),每月购买400亿美元的抵押贷款支持证券,不设期限。9月6日,欧元区推出直接购买政策(OMT)。9月19日,日本央行增加资产购买规模10万亿日元至80万亿日元。7月5日,英国央行扩大量化宽松规模500亿英镑至3750亿英镑。10月2日,澳大利亚联储降息25个基点至3.25%。10月11日,巴西央行将关键利率下调25个基点至7.25%。10月11日,韩国央行下调基准利率25个基点至2.75%。财政政策和结构性改革方面:6月份以来韩国共推出了两项刺激计划,总规模为13.1万亿韩圆,约占韩国GDP的1%。9月17日,印度财政部宣布,为了吸引外国投资者,重振印度经济,印度将扩大零售、航空和广播领域的外资准入。9月14日,巴西政府宣布,将通过延长税收优惠政策及降低购买资本品的费用标准向经济提供支持。尽管近期全球主要经济体陆续出台刺激政策,但其边际效应递减,政府治理经济能力遭到质疑,围绕新刺激政策的争议不断。以美国为例,据世界银行分析,从QE1到QE2及扭转操作,美国扩张性货币政策对股市的拉升及债券收益率压低作用递减。预计QE3的作用可能会继续降低。

(执笔:释经组;成文于2012年10月)

世界经济局部好转
但仍面临诸多挑战

——2012年10月份世界经济形势分析

近期,世界经济出现局部好转,呈现四大主要特征:一是全球景气回升较为明显;二是美国及主要新兴国家经济向好迹象较为明显;三是工业、贸易等趋于活跃;四是国际金融环境相对宽松。当前世界经济面临的主要问题是增长动力依然不足,发展中的不确定因素依然众多,最为突出的有欧债危机仍然缺乏有效的解决措施、美国"财政悬崖"日益迫近、全球需求依旧疲弱等。预计今年第四季度和明年,世界经济增长有望略有加快,但增长动力仍然较弱。

一、近期世界经济出现局部好转

(一)全球景气回升较为明显。一是全球景气指标回升。10月份,全球制造业PMI为49.2,环比上升0.4个百分点;全球制造业新订单指数为49.4,上升1.4个百分点。全球服务业PMI为52.1,处于景气区间。二是美国景气回升势头较强。10月份,美国消费者信心指数升至72.2的5年来新高。9-10月,美国制造业PMI分别为51.5和51.7,而6-8月连续3个月低于景气临界值50。

(二)全球工业生产运行趋好。10月份,全球制造业产出指数升至48.8,比上月回升0.8个百分点。巴西和中国制造业PMI回升至景气区间,俄罗斯、印度、印尼、墨西哥和土耳其制造业PMI均有所回升。9月份,美国工业生产同比增速有所加快。

(三)世界贸易趋于活跃。一是货运指数明显回升。波罗的海干散货运指数从10月8日的883点升至10月31日的1026点,增长16.2%。二是贸易先行指标回升。10月份,全球制造业PMI出口新订单指数为

47.2，比上月上升0.2个百分点。三是全球主要港口货物和集装箱吞吐量明显好转。9月份，韩国港口货物吞吐量同比增长8.9%，其中，进口货物同比增长6.7%，出口货物同比增长12.7%，中转货物同比增长14.5%。南非港口增长强劲，货物吞吐量同比增长10.2%。9月份，美国港口集装箱吞吐量总体实现小幅增长。其中，洛杉矶港同比增长5.6%；弗吉尼亚港同比增长11.1%。中国香港集装箱吞吐量同比下降2.4%，但降幅比上月收窄7.8个百分点。四是美国进出口形势趋好。9月份，美国进、出口同比分别增长1.5%和3.5%，增速分别比上月提高0.6和1.8个百分点。

（四）国际金融环境相对宽松。一是美元和欧元同业拆借利率持续回落。三个月期美元伦敦同业拆借利率从第三季度的0.42%降至近期的0.31%；欧元同业拆借利率从第三季度的0.36%，降至近期的0.2%；美元高收益级（BB+及以下）公司债利差也从第三季度的556个基点降至近期的495个基点。二是新兴经济体主权债利差不断下降。新兴经济体主权债利差从第三季度327个基点降至近期的296个基点。三是欧洲主要国家CDS利差均有所下降。从今年7月高点以来，西班牙、意大利CDS利差已分别降低287和265个基点。11月初，西班牙、意大利和葡萄牙的10年期主权债券收益率分别为5.66%、4.93%和8.45%，比10月初下降了0.22、0.15和0.48个百分点。

（五）全球通胀压力趋缓。10月份，全球CPI同比上涨3%，涨幅比上月回落0.4个百分点。其中，发达国家上涨2.7%，扩大0.1个百分点；发展中国家上涨4%，回落0.9个百分点。10月份，欧元区CPI同比上涨2.5%，涨幅比上月回落0.1个百分点；9月份，美国CPI同比上涨2%，上升0.3个百分点。

（六）国际市场初级产品价格高位回落。一是能源价格略有下降。10月份，OPEC一揽子原油价格为108.36美元/桶，环比下降2.1%；纽约轻质原油期货价格为89.57美元/桶，环比下降5.3%。二是食品价格微幅下跌。10月份，粮农组织食品价格指数（2002－2004＝100）为213点，环比微跌1%；小麦和玉米的价格均比7月份高点下降9%左右。三是金属、矿产价格有所下降。据世行统计，10月份，金属和矿产价格环比下降1.1%。10月份的前半个月，锌、铅、镍价格分别下降8.3%、7.2%

和7.5%，铝和铜的价格也分别出现不同程度的下降。

二、当前世界经济面临的诸多挑战

（一）欧洲经济持续衰退。一是经济基本面恶化。第二、三季度，欧元区GDP环比均下降0.2%。二是经济信心进一步下降。欧元区消费者信心指数从3月的-19.1，波动下降至10月份的-25.7，是2009年6月以来的新低。10月份，欧元区制造业PMI指数为45.3，连续6个月回落，是2009年第二季度以来的最低点。三是失业率持续走高。9月份，欧元区失业率升至1998年以来的最高点11.6%，同比上升1.3个百分点。四是消费支出低迷。1-9月，欧元区新车登记数同比下降10.3%，零售总量下降1.4%。

（二）日本经济形势恶化。近期，旨在扩大消费、刺激经济的节能汽车及住房优惠政策到期，加上中日钓鱼岛主权之争，使日本汽车和零部件对中国的出口、日系车及日本化妆品在中国的销售受到了较大影响，日本工业生产及出口出现大幅下降。9月份，日本工业生产环比下降4.1%，同比下降8.1%，均是年初以来的最大降幅；新车登记数环比下降10.5%，同比下降3.7%，是今年以来的首次下降；出口额同比下降10.3%，几乎接近大地震发生后的2011年4月的降幅（12.4%）。10月份，企业家信心指数大幅回落至今年最低水平43.7；制造业PMI降至今年的最低点46.9。此外，通货紧缩仍在持续，9月份CPI同比下降0.3%，已连续4个月下降。

（三）美国"财政悬崖"是经济复苏的重大障碍。世界银行10月份报告进行了三项测算，一是如果美国没有发生"财政悬崖"，2013年美国经济将增长2.9%；二是如果30%的程度发生，2013年经济将增长2%；三是如果100%的程度发生，2013年经济将下降0.2%。尽管"财政悬崖"真正出现的可能性不大，但其中的不确定性已对企业家信心和扩大就业产生明显的制约作用。

（四）全球就业形势严峻。10月份，全球制造业就业指数为49.4，比上月的50.6有所回落，过去三个月中有两个月处于不景气区间。美国10月份失业率升至7.9%，比上月回升0.1个点；欧元区9月份失业率升至11.6%的新高。

(五)桑迪飓风对美国的短期影响显著。初步估计,飓风所造成的损失约为500亿美元,将在短期内影响就业市场、零售市场和工业生产等。截至10月底,桑迪飓风已经导致820万的美国家庭断电,房屋及基础设施的破坏已经波及超过6000万人口,通用汽车和福特等美国主要汽车厂商部分关闭,同时迫使美国东部大部分炼油厂减产或者停产。

三、近期全球主要经济体陆续出台的刺激性政策

(一)货币政策。9月13日,美国联邦储备委员会宣布,为了刺激经济复苏和就业市场改善,将进行新一轮资产购买计划,并将超低的联邦基金利率指引延长至2015年年中;美联储决定启动第三轮量化宽松货币政策(QE3),每月购买400亿美元抵押贷款支持证券,但未说明总购买规模和执行期限;同时,美联储将继续执行卖出短期国债、买入长期国债的"扭转操作",并继续把到期的机构债券和机构抵押贷款支持证券的本金进行再投资。9月6日,欧元区推出直接购买政策(OMT),将在二级市场上购买主权债券。9月19日,日本央行再增加资产购买规模10万亿日元,使总规模达到了80万亿日元;10月30日再扩大11万亿日元至91万亿日元。这是2003年5月以来日本央行首次连续两个月推出货币宽松措施。

(二)财政政策和结构性改革。10月26日,日本政府敲定"紧急经济刺激对策",规模将超过4000亿日元。9月14日,巴西政府宣布,将通过延长税收优惠政策及降低购买资本品的费用标准向经济提供支持。9月17日,印度财政部宣布,印度政府将推出更多财政政策以促进经济增长;为了吸引外国投资者,印度将扩大零售、航空和广播领域的外资准入。

(执笔:释经组;成文于2012年11月)

世界经济局部向好
真正好转困难重重

——2012年11月份世界经济形势分析

近期,美国和部分新兴经济体保持了向好态势,全球通胀压力减弱,国际金融市场趋于好转。但大部分国家实体经济仍不活跃,欧日经济进一步恶化,世界经济中的不稳定不确定因素依然众多,真正实现好转依然困难重重。

一、世界经济运行的主要特点

(一)美国工业生产增长放缓,日本工业生产连续下降。10月份,美国工业生产同比增长2%,比上月放缓0.9个百分点。日本工业生产同比下降6.8%,连续五个月下降。

(二)三大经济体消费持续低迷。10月份,美国零售额同比增长3.8%,增速比上月回落1.6个百分点。欧元区零售量同比下降3.6%,降幅扩大2个百分点,连续七个月下降。日本零售额下降1.2%,上月为增长0.4%。11月份,在桑迪飓风短期影响过后,美国汽车销售量环比增长8%,上月为下降1.8%。10月份,日本和欧元区新车登记数环比分别在上月下降10.5%和1.5%的基础上,又下降了7.4%和4.9%。

(三)世界贸易喜忧参半。一是货运指数明显回升。波罗的海干散货运指数从11月1日的1000点升至11月30日的1086点,升幅为8.6%。二是除美国部分港口外,全球主要港口货物吞吐量下降。10月份,美国部分港口集装箱吞吐量实现增长。长滩港集装箱吞吐量同比增长8.7%;奥克兰港和塔科马港同比分别增长5%和33%。韩国港口货物吞吐量同比下降3%,其中,进口货物同比下降2%,出口货物同比下降5%。南非港口货物吞吐量同比下降8.1%。中国香港集装箱吞吐量同比下降 9.9%，降幅进一步扩大。韩国港口油类货物吞吐量同比下降 4%。新加坡港口石油产品吞吐量同比下降 0.04%，今年前 10 个月累计同比下降 9%。

（四）全球消费价格有所回落。11 月份，发达国家 CPI 同比上涨 2.4%，涨幅比上月回落 0.2 个百分点；发展中国家 CPI 上涨 4.3%，回落 0.4 个百分点。世界银行能源价格和非能源价格指数环比分别下降 1.6% 和 2%。在非能源产品中，农产品、金属矿产和肥料价格环比分别下降 2.1%、1.6% 和 3.5%。

（五）三大经济体失业率仍居高位。11 月份，美国失业率为 7.7%，比上月回落 0.2 个百分点，但仍在高位徘徊。10 月份，欧元区失业率达 11.7%，比上月上升 0.1 个百分点，再创 1998 年以来新高；日本失业率为 4.2%，与上月持平。

（六）国际金融市场趋于好转。一是美元、日元和英镑 Libor 利差回落。11 月份，三个月期美元 Libor 利差降至 0.31%，比上月回落 0.02 个百分点。日元 Libor 利差持平于 0.19%。英镑 Libor 利差降至 0.52%，比上月回落 0.02 个百分点。二是大量资金流入发展中国家。发达国家近期进一步放松货币政策，使全球资本流动扩大。10 月份，流入发展中国家的资本总额为 490 亿美元，是近 15 个月以来仅次于今年 9 月份的第二高点。

（七）全球主要景气指标继续回升。一是制造业景气上升。11 月份，全球制造业 PMI 为 49.7，比上个月回升 0.9 个点，逼近景气临界值。其中，新订单指数为 49.6，连续三个月回升；产出指数为 50.2，比上月回升 1.7 个点，五个月来首次回升到景气区间；出口新订单指数为 48.9，比上月回升 2 个点。二是服务业景气大幅回升。11 月份，服务业 PMI 为 54.9，比上月大幅上升 3 个点，连续 40 个月位于景气区间。三是美国景气回升势头明显。11 月份，美国消费者信心指数达 73.7（1985 年为 100），比 10 月升高 0.6 个点，为 2008 年 3 月份以来的最高点。

二、世界经济中的不稳定因素众多

（一）欧日经济进一步恶化。欧元区陷入二次衰退。今年前三个季度的环比增长率分别为 0%、-0.2% 和 -0.1%，预计今年全年同比下降

0.5%。日本经济将出现二次衰退。第三季度GDP环比下降0.9%,是过去8个季度中第5次下降,预计第四季度环比将再次下降。但由于地震系列灾害导致去年GDP基数较低,以及上半年灾后重建拉动经济一度较快增长,预计今年全年日本经济同比仍将增长1.8%。通货紧缩阴影挥之不去,今年6-9月,日本CPI连续4个月同比下降,10月份为零增长。预计今明两年仍将持续通缩。

(二)美国"财政悬崖"日益迫近,影响了投资者信心。尽管"财政悬崖"发生的可能性很低,但其悬而未决对金融和投资市场带来的不利效果已经显现:自美国大选结束至今,美股指数呈下跌态势,标普500指数下跌近2%左右,纳斯达克综合指数下跌了1.8%左右。美元与黄金价格均呈上升走势,市场避险情绪浓厚。据美国国会预算办公室预测,增税及减少财政赤字问题带来的"财政悬崖",可能在明年令美国经济重新陷入衰退。

(三)欧债危机的解决仍充满不确定性。欧债危机的解决涉及到各方面的问题。三年来欧债危机的拯救方案不断强化,重债国家普遍严格实行财政紧缩,欧盟财政契约已达成,欧洲银行业联盟开始向前推进,政策措施正向最后的解决方向收敛。但具体执行过程还充满着不确定性,解决过程仍会一波三折。11月底,欧元区与国际货币基金组织达成援助希腊的协议,将保障希腊公共债务在未来20年左右一直保持在一个可持续的水平,暂时缓解了危机,但希腊能否为达成改革目标做出努力令市场怀疑。此外,欧元区国家的政府债务规模占GDP比重仍在攀升。从欧盟统计局发布的数据来看,欧元区政府债务规模占欧元区GDP的比重从一季度的88.2%升至二季度的90%。

标准普尔12月3日发布报告,将希腊的长期外币主权信用评级从"C"下调至"选择性违约"(selective default),而就在一周前,希腊刚刚与国际贷方达成了一项旨在降低该国债务负担的协议。欧洲央行已决定,在成员国提出救助申请的前提下,启动直接购买计划(OMT),在二级市场购买成员国国债。但银行业资本匮乏的西班牙尚未提出申请,目前OMT仍无用武之地。尽管欧洲稳定机制(ESM)已经启动,但如果更多的成员国陷入被救助的地步,将对欧洲稳定机制本身的救助能力以及其他救援国救助的成本分担带来压力。一旦有新的成员国陷入被救助的境地,或者法国等国因为银行业或者债务问题遭遇评级调降,欧债危机还会进一步深化。

(四)部分国家通货膨胀水平仍高于目标值,宽松政策空间有限。近期,新兴经济体的经济活力有所增强,但印度、俄罗斯、土耳其、墨西哥等国家的通货膨胀水平仍然较高,政策空间大为压缩,如果遭遇新的外部冲击,这些国家很难采取有效措施刺激消费、拉动经济。

(执笔:释经组;成文于 2012 年 12 月)

二、世界经济年度分析

经济增长疲弱乏力
外部环境复杂严峻

——2012 年世界经济回顾及 2013 年展望

2012 年,世界经济高开低走,波动起伏,增速较上年回落。失业状况不见明显好转,贸易增速大幅下滑,消费市场低迷不振,金融市场波动剧烈。虽然 9 月份以来美国及主要新兴经济体出现局部好转迹象,但欧日经济恶化。预计 2013 年,欧元区和日本经济面临困难较大,新兴经济体力图加快增长,但动力不足,世界经济将继续低速运行,我国面临的外部经济环境依然复杂严峻。

一、2012 年世界经济运行的主要特点

(一)世界经济增长疲弱,主要经济体走势分化。据联合国最新预测,2012 年,按汇率法 GDP 加权汇总,世界经济增长 2.2%,比上年放缓 0.5 个百分点。主要经济体经济走势分化明显。美国经济继续温和复苏,一至四季度,其 GDP 环比折年率分别增长 2.0%、1.3%、3.1% 和 0.1%。但欧元区和日本经济再次陷入衰退。一至四季度,欧元区 GDP 环比分别下降 0.1%、0.2%、0.1% 和 0.6%。一季度,日本 GDP 环比增长 1.5%,二、三季度分别下降 0.2% 和 0.9%,四季度零增长。

(二)工业生产低速增长,实体经济缺乏活力。2012 年,世界工业生产同比增长 2.9%,比上年回落 1.6 个百分点。发达国家工业生产同比增长 0.6%,比上年回落 2.3 个百分点。发展中国家工业生产同比增长 5.5%,比上年回落 1.9 个百分点。分经济体看,日本工业生产下半年持续负增长。欧元区工业生产下降 2.4%。美国工业生产增长 3.6%,比上年回落 0.5 个百分点。巴西工业生产除 10 月份小幅增长 0.5%,其余月份均为负增长。俄罗斯工业增速持续回落。中国台湾前 5 个月为负增

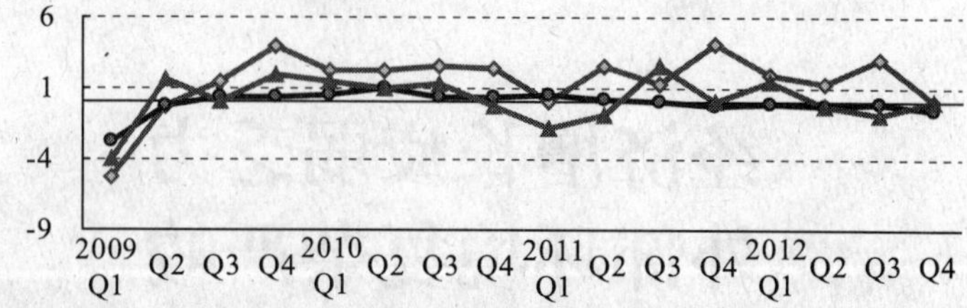

	2009 Q1	Q2	Q3	Q4	2010 Q1	Q2	Q3	Q4	2011 Q1	Q2	Q3	Q4	2012 Q1	Q2	Q3	Q4
美国	-5.3	-0.3	1.4	4.0	2.3	2.2	2.6	2.4	0.1	2.5	1.3	4.1	2.0	1.3	3.1	0.1
欧元区	-2.8	-0.3	0.4	0.4	0.5	1.0	0.4	0.4	0.6	0.2	0.1	-0.3	-0.1	-0.2	-0.1	-0.6
日本	-4.0	1.7	0.0	1.9	1.4	1.0	1.3	-0.3	-1.8	-0.9	2.5	0.1	1.5	-0.2	-0.9	0.0

图 1　三大经济体 GDP 环比增长率(%)

注:美国为环比折年率。

长,下半年有所回升,但增长缓慢。墨西哥工业生产增速维持在较低水平。

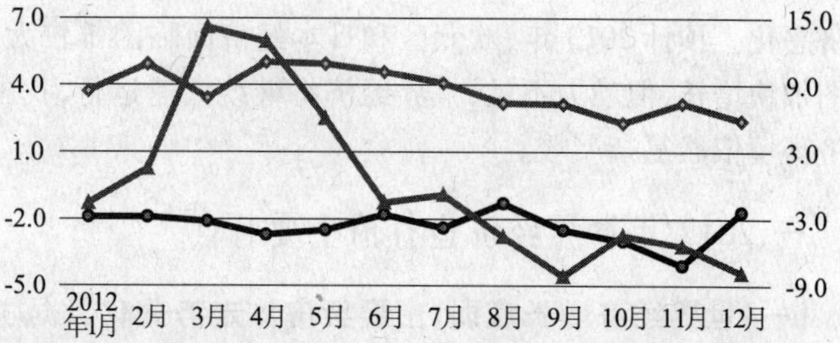

	2012年1月	2月	3月	4月	5月	6月	7月	8月	9月	10月	11月	12月
美国(左轴)	3.7	5.0	3.4	5.0	5.0	4.6	4.1	3.2	3.1	2.3	3.2	2.4
欧元区(左轴)	-1.9	-1.9	-2.1	-2.7	-2.5	-1.8	-2.4	-1.3	-2.5	-3.0	-4.1	-1.7
日本(右轴)	-1.6	1.5	14.2	12.9	6.0	-1.5	-0.8	-4.6	-8.1	-4.5	-5.5	-7.9

图 2　三大经济体工业生产同比增长率(%)

(三)三大经济体零售市场疲弱,消费持续低迷不振。一是零售较为疲弱。2012 年,美国零售额同比增长 4.2%,增速比上年回落 3.5 个百分点。欧元区零售量同比下降 1.7%,降幅比上年扩大 1.1 个百分点。日本零售额同比仅增长 2.2%,上年为下降 1.1%。分月看,美国零售额同比增速从年初的 6.6% 回落至 12 月份的 4.4%。欧元区零售量除 3 月份同比增长 0.1% 外,其余各月同比均为负增长,12 月份降幅扩大至 3.4%。日本零售额同比增速从年初的 1.8% 波动回落至 12 月份的 0.4%。二是汽车销售有增有降。2012 年全年,美国汽车销售同比增长 23.4%,增速比上年加快 14.1 个百分点。欧元区新车登记数同比下降

11.3%,降幅比上年扩大10.8个百分点。日本新车登记数同比由增转降,12月份同比下降2%。三是消费持续低迷。2012年,美国个人消费支出6月和10月下降,其余各月环比增速均维持在0.3%左右的低速增长态势。日本家庭消费支出前11个月同比仅增长1.4%,8月份增速达到2.2%,年初和年底维持在0.3%左右。

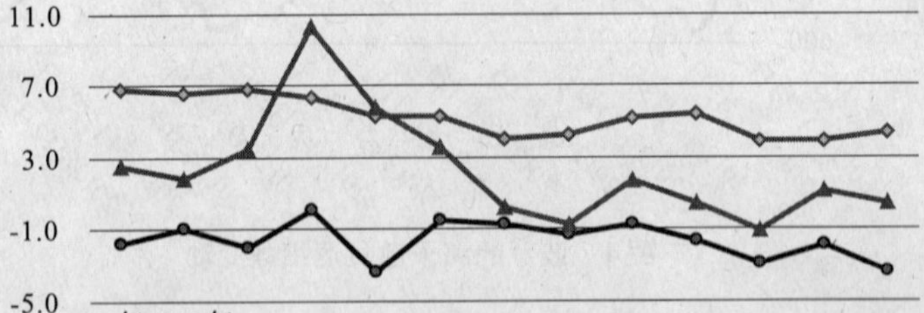

	2011年12月	2012年1月	2月	3月	4月	5月	6月	7月	8月	9月	10月	11月	12月
美国	6.8	6.6	6.8	6.3	5.3	5.3	4.0	4.3	5.1	5.4	3.9	3.9	4.4
欧元区	-1.8	-1.0	-2	0.1	-3.4	-0.5	-0.7	-1.3	-0.7	-1.7	-2.9	-1.9	-3.4
日本	2.5	1.8	3.5	10.3	5.7	3.6	0.2	-0.7	1.7	0.4	-1.1	1.1	0.4

图3　三大经济体零售额同比增长速度(%)

注:欧元区为零售量增长速度。

(四)世界贸易增速大幅下滑,贸易保护不断加剧。据联合国预计,2012年世界贸易量增长3.3%,比上年回落3.7个百分点。世界贸易先行指标回落。2012年,波罗的海干散货运指数从1月3日的1624点降至12月31日的700点,累计降幅达56.9%。全球制造业出口新订单指数低迷。除1月和3月分别达到50.4和50.6外,全球制造业出口新订单指数其余各月均位于景气临界值50以下。贸易保护加剧。2012年上半年,全世界共进行了110项反倾销关税调查,采取了74项反倾销关税措施,约相当于2011年全年的四分之三,预计2012年全年数值将大幅增加。2012年,世贸组织纷争多达27件,比2011年增加了3倍以上。2011年11月到2012年5月期间,二十国集团(G20)所采取的贸易保护主义措施达到124件,月平均17.7件。

(五)国际市场初级产品价格波动剧烈,主要经济体消费价格有所回落。2012年,能源、农产品及金属和矿产价格一季度大幅上升、二季度快速回落、三季度又有所回升、四季度缓慢回落,全年价格呈剧烈波动态势。FAO食品价格指数全年为211.6,比2011年回落7%,但仍处于历史较高

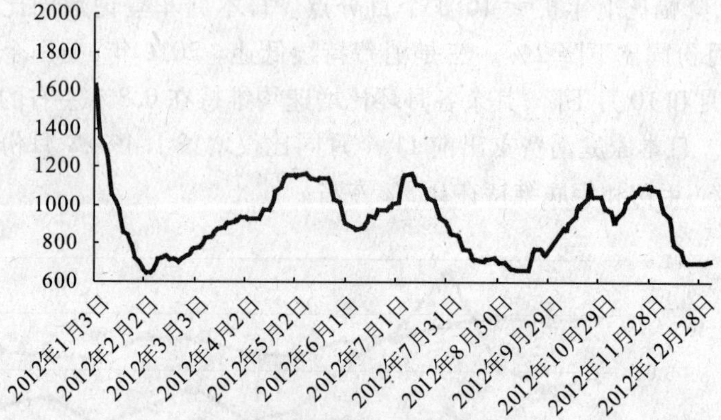

图4　波罗的海干散货运指数变动

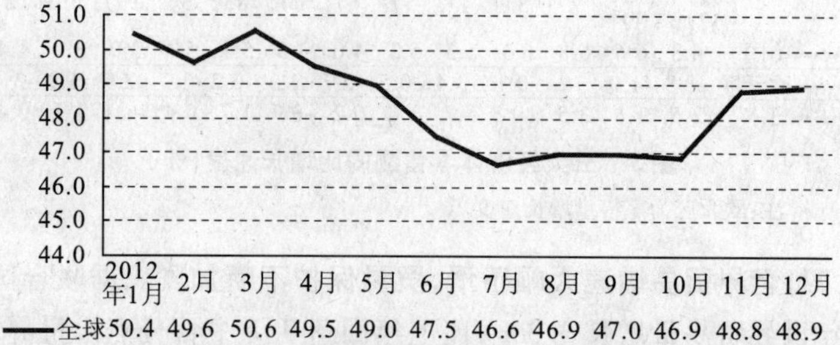

图5　全球制造业出口新订单指数

水平。上半年受食糖和油脂类价格大幅下跌的影响，食品价格显著回落；下半年由于谷物价格的拉动，食品价格快速回升。2012 年，世界 CPI 上涨 3.2%，比 2011 年回落 0.8 个百分点。发达国家 CPI 上涨 2%，比上年回落 0.7 个百分点。发展中国家 CPI 上涨 6.1%，回落 1 个百分点。

（六）三大经济体失业率较高，就业形势仍然严峻。2012 年，美国失业率为 8.1%，比 2011 年回落 0.8 个百分点，但仍远高于危机前水平。欧元区失业率一路高企，全年平均达 11.4%，比 2011 年上升 1.2 个百分点。日本失业率为 4.3%，比 2011 年回落 0.3 个百分点。

（七）全球主要景气指标先降后升。2012 年，全球制造业 PMI 先降后升。6 月降至景气临界值以下，12 月再度回升至景气区间。全球服务业 PMI 在景气区间大幅波动。

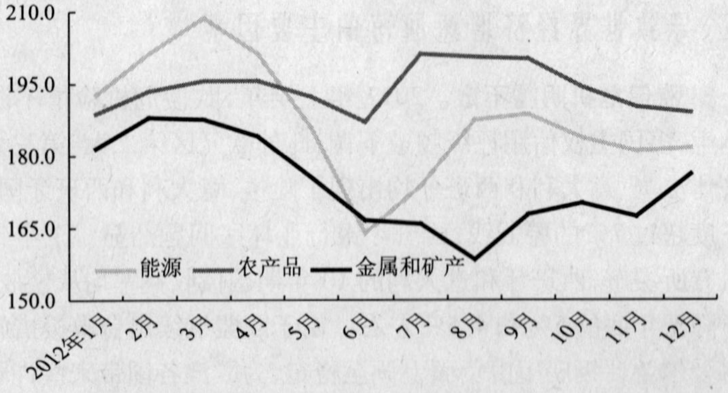

图6 世界银行初级产品价格走势(2005 年=100)

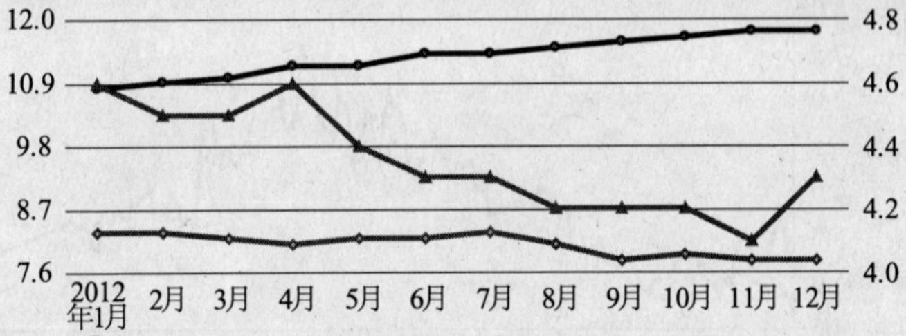

	2012年1月	2月	3月	4月	5月	6月	7月	8月	9月	10月	11月	12月
美国（左轴）	8.3	8.3	8.2	8.1	8.2	8.2	8.3	8.1	7.8	7.9	7.8	7.8
欧元区（左轴）	10.8	10.9	11.0	11.2	11.2	11.4	11.4	11.5	11.6	11.7	11.8	11.8
日本（右轴）	4.6	4.5	4.5	4.6	4.4	4.3	4.3	4.2	4.2	4.2	4.1	4.3

图7 三大经济体失业率(%)

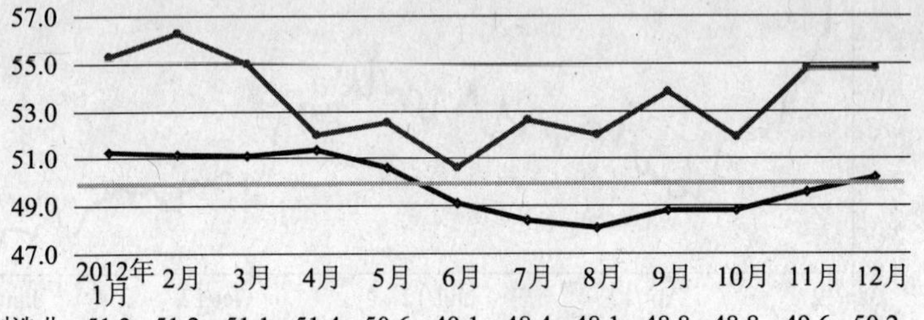

	2012年1月	2月	3月	4月	5月	6月	7月	8月	9月	10月	11月	12月
制造业	51.3	51.2	51.1	51.4	50.6	49.1	48.4	48.1	48.8	48.8	49.6	50.2
服务业	55.3	56.3	55.0	52.0	52.5	50.6	52.6	52.0	53.8	51.9	54.8	54.8

图8 全球制造业和服务业 PMI 指数

二、导致世界经济增速回落的主要因素

(一)欧债危机阴霾不散。2012年上半年,欧债危机险情不断:希腊危机丛生,多国主权信用评级频遭下调,此外欧元区第二大、第三大、第四大经济体法国、意大利和西班牙均出现了险情,意大利和西班牙国债收益率曾一度超过7%的警戒线,西班牙银行业坏账问题凸显。下半年起,欧债危机有所缓解,西班牙和意大利的10年期国债收益率均从警戒线水平分别下降至年底的5%和4.5%左右。由于欧盟继续出台救援措施,近期惠誉将爱尔兰评级展望由负面上调至稳定,为欧洲各国带来些许希望,但欧洲经济在短期内难以走出危机。

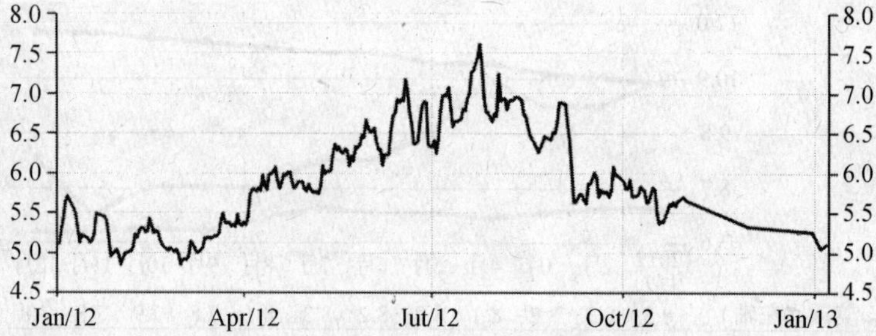

图9 西班牙10年期国债收益率(%)

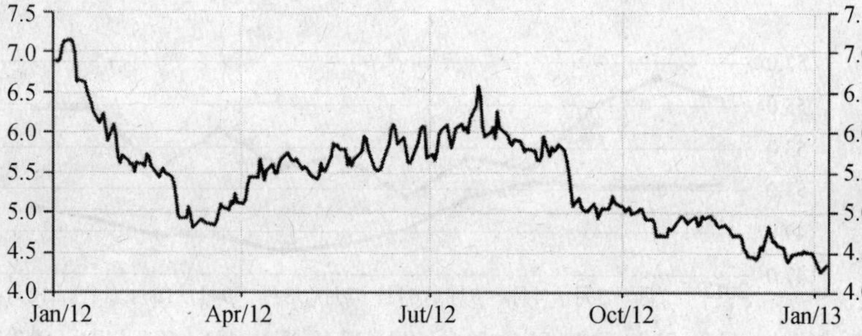

图10 意大利10年期国债收益率(%)

(二)欧日经济不断恶化。受欧债危机、重债国财政紧缩以及全球经济走弱等因素影响,欧元区GDP环比连续下降,同比连续三个季度下降,四年来两次陷入经济衰退。2012年,日本经济在经过第一季度的短暂较快增长后,连续二个季度出现环比负增长,已经陷入衰退,第四季度处于

停滞状态。同时，欧元区和日本的工业生产继续恶化，近期同环比均下降。

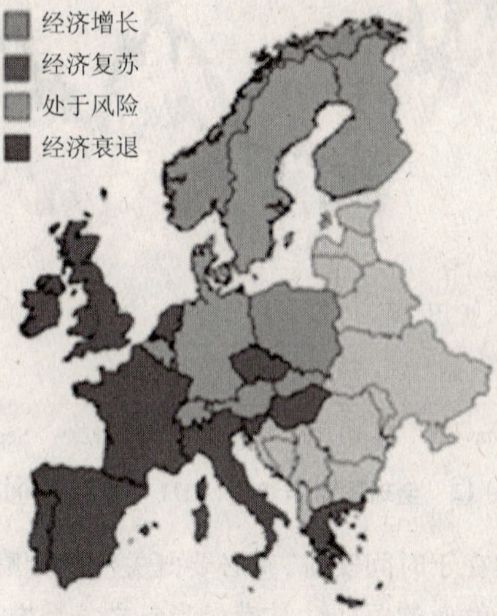

图11　欧洲大部分地区处于衰退之中

(三)国际金融市场剧烈动荡。

2012年全球股市跌宕起伏。第一季度在刺激政策作用下，股市不断上行，主要股指比年初上涨近20%，年中又回落至年初水平。下半年，随着欧债危机有所缓解，全球股市震荡走高。2012年全年，发达国家股市累计上涨12.7%，发展中国家股市累计上涨13.9%。国际汇市大幅波动。2012年，发达国家中欧元和英镑累计分别对美元升值1.6%和4.0%，而日元对美元大幅贬值8.9%。在发展中国家，墨西哥比索和人民币对美元升值3.9%和1.3%，而巴西雷亚尔对美元大幅贬值16.4%。

(四)消费者信心低迷。12月份，欧元区消费者信心指数为-26.3，比上年同期回落5.1个点。由于消费者对国会无法就避免增税和政府减支达成协议的担忧情绪升温，12月份美国消费者信心遭受重挫，从11月的73.7降至65.1，信心指数降至4个月来低点。11月份，日本消费者信心指数从10月回落0.7个点至39.0，12月份未有改善。

(五)发达国家中期财政整顿与短期经济增长的矛盾日益突出。国际货币基金组织认为，财政调整必须以适当的速度进行，制定一个有效的

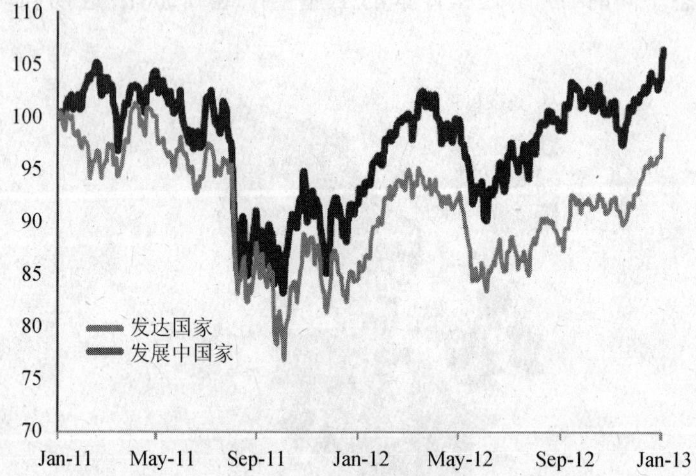

图 12　全球股市走势图(2011 年 1 月=100)

财政整顿方案关键在于时间安排,有必要既关注中期财政整顿计划,又重视促进经济增长及就业的短期性举措。当务之急是推行可靠的中期财政整顿计划,同时积极探求支持短期经济增长的所有可能举措。

(六)发达国家政党利益、公众利益与国家利益之间的冲突加剧。2012 年美国财政悬崖问题始终是一个重要的政治利益博弈事件,今年初生效的美国财政悬崖法案只是部分填平了财政悬崖,仍有相当大的难题留待 5 月份之前来解决。2012 欧洲政坛矛盾重重,增加了欧债危机完全解决的难度。三年来,诸多欧洲国家政府更迭,不仅未令欧债危机得以解决,而且发展为威胁金融市场与欧元区稳定的因素。日本政局也动荡不稳,新首相安倍对华政策思路自相矛盾,势必影响日本经济发展。

三、对 2013 年世界经济的初步判断

2013 年,世界经济增长既有有利的一面,也有不利的因素。从有利因素看,一是全球经济一体化是大势所趋,不会因为当前的困难而中止或改变。二是 2012 年各经济体保增长措施有望发挥作用。三是美国《财政悬崖法案》具有一定的积极作用。四是国际金融危机发生四年多来,各国主动或被动的结构性调整有望产生一些积极作用。从不利因素来看,一是世界经济增长依赖于新兴经济体的支撑,但新兴经济体增长动力不

足。二是虽然欧债危机向着最终解决的方向收敛，但具体执行仍充满了变数。三是美国《财政悬崖法案》具有一定的积极作用，但只是暂时、部分缓解，完全解决或明显缓解仍存在许多不确定性。四是各国进一步刺激经济的政策空间缩小，发达国家政府及全球治理经济的能力和效果减弱。五是政府、企业和个人去杠杆化充满不确定性。因此，2013 年世界经济形势依然复杂，难以出现明显好转。

（一）世界经济增速将略高于上年。一是主要国际组织均预测世界经济增速会有所加快。据联合国 2012 年 12 月份预测，按照汇率法 GDP 加权，2013 年世界经济将增长 2.4%，比 2012 年加快 0.2 个百分点。国际货币基金组织（IMF）2013 年 1 月份预测，按照购买力平价法 GDP 加权，2013 年世界经济增长 3.5%，比 2012 年加快 0.3 个百分点。世界银行 2013 年 1 月份预测，2013 年世界经济增长 2.4%，比 2012 年加快 0.1 个百分点；英国共识公司 2013 年 2 月份预测，按照汇率法 GDP 加权，2013 年世界经济增长 2.6%，比 2012 年加快 0.1 个百分点。二是三大经济体走势继续分化。世界银行和共识公司均预测 2013 年美国经济将增长 1.9%，比上年放缓 0.3 个百分点；分别预测欧元区经济将下降 0.1% 和 0.2%，降幅比上年缩小 0.3 和 0.2 个百分点；分别预测日本经济将增长 0.8% 和 1.2%，增幅比上年回落 1.1 和 0.8 个百分点。

表 1　世界经济增长率预测（%）

机　构	2010 年	2011 年	2012 年	2013 年
联合国	4.0	2.7	2.2	2.4
IMF	5.1	3.9	3.2	3.5
世界银行	4.1	2.7	2.3	2.4
英国共识公司	4.3	3.1	2.5	2.6

注：联合国（汇率法）为 2012 年 12 月预测；IMF（PPP 法）为 2013 年 1 月预测；世界银行为 2013 年 1 月预测；英国共识公司（汇率法）为 2013 年 2 月预测。

（二）全球贸易仍将低速增长。据联合国 2012 年 12 月份预测，2013 年全球贸易量将增长 4.3%，比 2012 年加快 1 个百分点。IMF1 月份预测，2013 年全球贸易量将增长 3.8%，比 2012 年加快 1 个百分点。其中，发达国家出口和进口将增长 2.8% 和 2.2%，比 2012 年加快 0.7 和 1 个百分点；发展中国家出口和进口将增长5.5%和6.5%，比2012年加快1.9和0.4个百分点。

表2 三大经济体GDP增长率预测(%)

	2010年	2011年	2012年	2013年
联合国(2012年12月)				
美国	2.4	1.8	2.1	1.7
欧元区	2.1	1.5	-0.5	0.3
日本	4.5	-0.7	1.5	0.6
国际货币基金组织(2013年1月)				
美国	2.4	1.8	2.3	2.0
欧元区	2.0	1.4	-0.4	-0.2
日本	4.5	-0.6	2.0	1.2
世界银行(2013年1月)				
美国	2.4	1.8	2.2	1.9
欧元区	2.0	1.5	-0.4	-0.1
日本	4.5	-0.7	1.9	0.8
OECD(2012年12月)				
美国	2.4	1.8	2.2	2.0
欧元区	1.9	1.5	-0.4	-0.1
日本	4.5	-0.7	1.6	0.7
英国共识公司(2013年2月)				
美国	2.4	1.8	2.3	1.9
欧元区	1.9	1.5	-0.4	-0.2
日本	4.7	-0.5	2.0	1.2

（三）全球通货膨胀将有所放缓。据英国共识公司2月份预测，2013年世界CPI将上涨2.8%，涨幅比2012年回落0.2个百分点。美国和欧元区CPI均上涨1.8%，比2012年回落0.3和0.7个百分点。日本CPI下降0.1%，上年为零增长。

表 3　世界及主要国家和地区贸易量增长率预测(%)

	2010 年	2011 年	2012 年	2013 年
联合国(2012 年 12 月)				
世　界	13.3	7.0	3.3	4.3
国际货币基金组织(2013 年 1 月)				
世　界	12.6	5.9	2.8	3.8
发达国家				
出　口	12.0	5.6	2.1	2.8
进　口	11.4	4.6	1.2	2.2
发展中国家				
出　口	13.7	6.6	3.6	5.5
进　口	14.9	8.4	6.1	6.5

表 4　世界主要国家和地区 CPI 上涨率的预测(%)

	2010 年	2011 年	2012 年	2013 年
国际货币基金组织(2012 年 10 月)				
世界	3.7	4.9	3.9	3.7
发达国家	1.5	2.7	2.0	1.6
美国	1.6	3.2	2.0	1.8
欧元区	1.6	2.7	2.3	1.6
日本	-0.7	-0.3	0.0	-0.2
发展中国家	6.1	7.2	6.1	6.1
OECD(2012 年 12 月)				
美国	1.6	3.1	2.1	1.8
欧元区	1.6	2.7	2.4	1.6
日本	-0.7	-0.3	0.0	-0.5
英国共识公司(2013 年 2 月)				
世界	2.8	3.8	3.0	2.8
美国	1.6	3.1	2.1	1.8
欧元区	1.6	2.7	2.5	1.8
日本	-0.7	-0.3	0.0	-0.1

（四）发达国家失业问题难以明显缓解。据英国共识公司2月份预测，2013年，美国和日本失业率分别为7.7%和4.1%，比2012年回落0.4和0.2个百分点。欧元区失业率为12%，比2012年上升0.6个百分点。

表5 世界主要国家和地区失业率的预测（%）

	2010年	2011年	2012年	2013年
国际货币基金组织（2012年10月）				
美国	9.6	9.0	8.1	8.1
欧元区	10.1	10.2	11.4	11.5
日本	5.1	4.6	4.3	4.4
英国共识公司（2013年2月）				
美国	9.6	9.0	8.1	7.7
欧元区	10.1	10.2	11.4	12.0
日本	5.1	4.6	4.3	4.1

四、外部环境对我国经济的不利影响及对策建议

尽管2013年世界经济形势略有改善，也会对我国经济产生一定的积极影响。但我们更应当看到，改善的程度十分有限，我国面临的外部经济环境依然复杂严峻，需要妥善应对外部环境的不利影响。

（一）外部需求疲弱拖累我国经济增长。2011年和2012年，我国货物和服务净出口对GDP增长的贡献率分别是-4.1%和-2.2%（2007年为17.9%），下拉经济增速0.4和0.2个百分点（2007年为拉动经济增长2.6个百分点）。2013年，世界经济增长率虽然会略高于2012年，但总体呈低速增长态势，尤其是发达国家需求不旺，对我国经济增长会产生较大影响。应加快收入分配体制改革，完善社会保障体系，开拓国内市场，刺激内需增长。

（二）全球贸易摩擦、贸易保护加剧，影响我国对外出口。截至2011年，我国已经连续17年成为遭遇贸易摩擦最多的国家。2012年上半年共遭遇18个国家和地区发起的反倾销、反补贴、特保和救济调查，总共40起，同比增长了38%；涉案金额达37亿美元，同比增长了76%。2013

年，国际贸易会持续低迷，贸易保护会进一步加剧，贸易摩擦还会增多，且形式不断翻新，涉及的产业不断扩大，发起的国别也不断增加，都将对我国出口增长构成严峻挑战。应加强国际贸易法规、条例的培训，利用多种手段有效化解贸易争端，提高应对贸易保护和摩擦的能力；要适时积极出击，变被动为主动。

（三）发达国家持续宽松的货币政策将对我国产生多重影响。流入我国的资本会增加，将引起资产价格波动，加大输入型通胀压力，还会影响我国货币政策的独立性。因此，应加强对于国际资本流入流出的监管，进一步提高货币政策的前瞻性、灵活性和有效性，适时适度微调。

（四）地缘政治的影响。2013 年，西亚的叙利亚、伊朗问题都存在变数，既直接影响我国的石油供应，也会对世界经济的正常运行造成一定影响。安倍执政后，日本“购岛”闹剧的后续变化也会对我国经济产生负面影响，对其可能产生的不利影响要有所防备。

（执笔：释经组；成文于 2013 年 2 月）

专栏

2011 年中国经济总量稳居世界第二位
人均国内生产总值突破 5000 美元

2012 年 4 月中旬，国际货币基金组织(IMF)发布《2012 年世界经济展望》春季报告(简称 WEO)，公布了世界 187 个国家和地区的 2011 年国内生产总值(GDP)、人均国内生产总值和经济增长率数据。

一、我国经济总量达到 72982 亿美元，稳居世界第二位

按汇率法计算，2011 年我国经济总量达到 72982 亿美元，比上年增加 13678 亿美元，占世界的比重由上年的 9.4% 提高到 2011 年的 10.5%。2011 年，GDP 位居世界前十位的国家分别是美国、中国、日本、德国、法国、巴西、英国、意大利、俄罗斯和加拿大。其中，巴西由 2010 年的第 7 位上升至第 6 位，俄罗斯从第 11 位提升至第 9 位，而英国则从第 6 位降至第 7 位，印度从第 9 位降至第 11 位。2011 年，中国 GDP 相当于美国的 48.4%，较 2010 年的 40.8% 提高了 7.6 个百分点(见表 1)。

表 1　2011 年 GDP 前十位国家

单位：亿美元

国家	2011 年			2010 年		
	金额	位次	占世界的比重(%)	金额	位次	占世界的比重(%)
世界	**696596**		**100.0**	**630749**		**100.0**
美国	150940	1	21.7	145266	1	23.0
中国	72982	2	10.5	59304	2	9.4
日本	58695	3	8.4	54884	3	8.7
德国	35770	4	5.1	32865	4	5.2
法国	27763	5	4.0	25628	5	4.1
巴西	24929	6	3.6	21429	7	3.4
英国	24176	7	3.5	22631	6	3.6
意大利	21987	8	3.2	20609	8	3.3
俄罗斯	18504	9	2.7	14873	11	2.4
加拿大	17369	10	2.5	15770	10	2.5

二、我国人均 GDP 突破 5000 美元

2011 年，我国人均 GDP 突破 5000 美元，由上年的 4421 美元增加到 5414 美元，在公布的 187 个国家和地区中的位次由上年的第 93 位上升至第 89 位。2011 年人均 GDP 居世界前十位的国家分别是卢森堡、卡塔尔、挪威、瑞士、阿联酋、澳大利亚、丹麦、瑞典、加拿大和荷兰。我国的人均 GDP 仍然较低，仅相当于美国的 11.2%、卢森堡的4.8%、挪威的5.6%、澳大利亚的8.3%和加拿大的10.7%，与发达国家还有相当大的差距(见表2)。

表2 2011年人均GDP前十位国家

单位:美元

国家	2011年		2010年	
	金额	位次	金额	位次
卢森堡	113533	1	105509	1
卡塔尔	98329	2	74901	3
挪威	97255	3	85055	2
瑞士	81161	4	67766	4
阿联酋	67008	5	57043	5
澳大利亚	65477	6	55474	7
丹麦	59928	7	56369	6
瑞典	56956	8	49078	8
加拿大	50436	9	46283	12
荷兰	50355	10	46989	9

三、我国继续为世界经济增长做出新贡献

WEO显示，2011年我国经济增长率为9.2%，虽然比上年有所回落，但依然明显领先于世界其它主要国家或地区。2011年世界经济增长3.9%，其中美国为1.7%，欧元区为1.4%，印度为7.2%，俄罗斯为4.3%，巴西为2.7%。在世界经济增长明显放缓的情况下，我国经济的平稳较快增长继续对世界经济增长做出了新贡献(见表3)。

表3 2011年GDP前十位国家经济增长率

单位:%

国家	2000	2005	2008	2009	2010	2011
世界①	**4.7**	**4.5**	**2.8**	**−0.6**	**5.3**	**3.9**
美国	4.1	3.1	−0.3	−3.5	3.0	1.7
中国	8.4	11.3	9.6	9.2	10.4	9.2
日本	2.3	1.3	−1.0	−5.5	4.4	−0.7
德国	3.3	0.8	0.8	−5.1	3.6	3.1
法国	3.9	1.9	−0.2	−2.6	1.4	1.7
巴西	4.3	3.2	5.2	−0.3	7.5	2.7
英国	4.5	2.1	−1.1	−4.4	2.1	0.7
意大利	3.7	0.9	−1.2	−5.5	1.8	0.4
俄罗斯	10.0	6.4	5.2	−7.8	4.3	4.3
加拿大	5.2	3.0	0.7	−2.8	3.2	2.5

注:①按PPP法计算。

(执笔:任小燕;成文于2012年10月)

美国经济继续温和复苏

——2012 年美国经济回顾及 2013 年初步展望

2012 年，在房地产和就业市场明显改善的带动下，美国经济在波动中继续温和复苏，部分领域回升势头增强，复苏基础更趋牢固。预计 2013 年，美国经济有望继续温和复苏，但增速可能略有放缓。

一、2012 年美国经济继续温和复苏

（一）2012 年美国经济继续温和复苏。2012 年，美国 GDP 增长 2.2%，比 2011 年加快 0.4 个百分点。分季度看，一季度，延续了 2011 年底相对较快的增长势头，GDP 环比折年率增长 2.0%；二季度放缓至 1.3%；三季度加快至 3.1%；第四季度，由于受到“财政悬崖”不确定性的短期因素影响，GDP 环比折年率微降 0.1%，但这只是美国经济短暂下降，预计不会影响未来经济整体温和复苏走势。

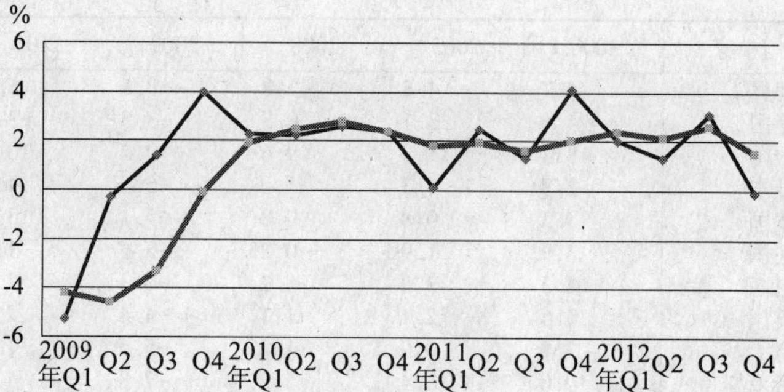

	2009年Q1	Q2	Q3	Q4	2010年Q1	Q2	Q3	Q4	2011年Q1	Q2	Q3	Q4	2012年Q1	Q2	Q3	Q4
环比折年率	-5.3	-0.3	1.4	4.0	2.3	2.2	2.6	2.4	0.1	2.5	1.3	4.1	2.0	1.3	3.1	-0.1
同比	-4.2	-4.6	-3.3	-0.1	1.9	2.5	2.8	2.4	1.8	1.9	1.6	2.0	2.4	2.1	2.6	1.5

图 1　美国国内生产总值增长率（%）

（二）消费者价格稳中有降。2012 年，消费价格（CPI）上涨 2.1%，涨幅比 2011 年回落 1.1 个百分点。剔除食品和能源后的核心 CPI 上涨 2.1%，涨幅比 2011 年扩大 0.4 个百分点。分月看，CPI 同比涨幅从 1 月份的 2.9% 回落至 12 月份的 1.7%，核心 CPI 从 2.3% 回落至 1.9%。虽然核心 CPI 一度超过美联储 2% 的中长期通胀目标，但是由于失业率相对较高，工资上涨压力较小，美国中长期通胀预期将维持相对稳定水平。

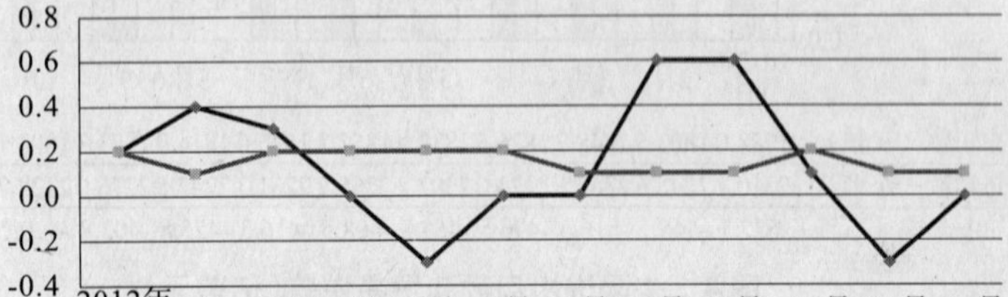

	2012年1月	2月	3月	4月	5月	6月	7月	8月	9月	10月	11月	12月
CPI	0.2	0.4	0.3	0.0	-0.3	0.0	0.0	0.6	0.6	0.1	-0.3	0.0
核心CPI	0.2	0.1	0.2	0.2	0.2	0.2	0.1	0.1	0.1	0.2	0.1	0.1

图 2 消费价格环比变动（%）

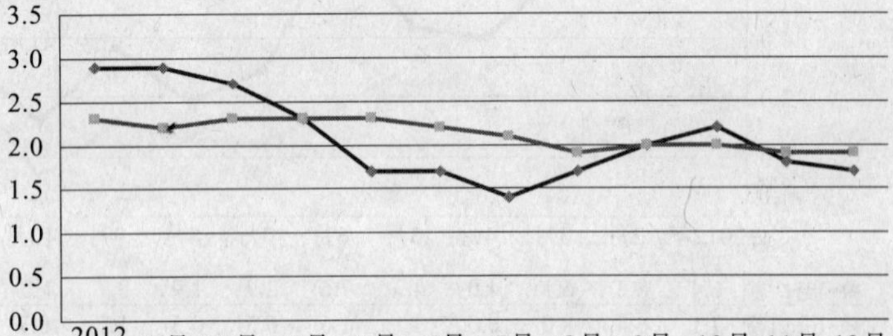

	2012年1月	2月	3月	4月	5月	6月	7月	8月	9月	10月	11月	12月
CPI	2.9	2.9	2.7	2.3	1.7	1.7	1.4	1.7	2.0	2.2	1.8	1.7
核心CPI	2.3	2.2	2.3	2.3	2.3	2.2	2.1	1.9	2.0	2.0	1.9	1.9

图 3 消费价格同比变动（%）

（三）贸易增速明显回落，逆差略减。2012 年前 11 个月，包括货物和服务在内的进、出口贸易总额分别为 25126 亿美元和 20116 亿美元，同比分别增长 3.2% 和 4.5%，增速比上年大幅回落 10.7 和 9.7 个百分点。贸易逆差收窄，前 11 个月累计贸易逆差 5011 亿美元，比 2011 年同期减少 1.4%。

（四）工业和制造业生产逐渐恢复。2012 年，美国工业生产继续回

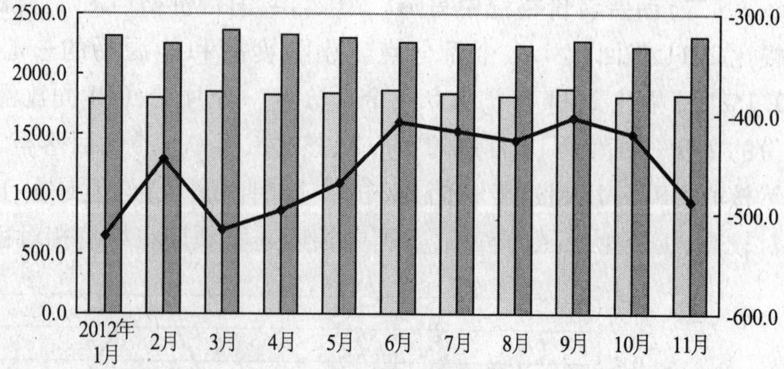

	2012年1月	2月	3月	4月	5月	6月	7月	8月	9月	10月	11月
出口额（左轴）	1788.0	1803.5	1848.7	1826.5	1832.9	1857.3	1835.0	1816.9	1873.3	1808.1	1825.5
进口额（左轴）	2310.1	2248.6	2365.1	2323.0	2302.2	2265.7	2251.3	2242.8	2276.0	2228.7	2312.8
贸易平衡（右轴）	-522.1	-445.1	-516.5	-496.5	-469.3	-408.5	-416.3	-425.8	-402.8	-420.7	-487.3

图4　美国进出口额和贸易逆差(亿美元)

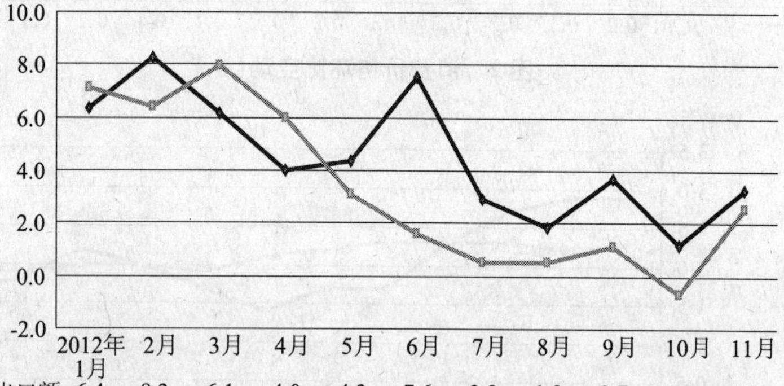

	2012年1月	2月	3月	4月	5月	6月	7月	8月	9月	10月	11月
出口额	6.4	8.3	6.1	4.0	4.3	7.6	2.9	1.9	3.7	1.2	3.3
进口额	7.1	6.4	8.0	6.0	3.1	1.6	0.5	0.5	1.1	-0.7	2.5

图5　美国进出口额同比增长率(%)

暖,产能利用率已恢复至2008年水平。工业和制造业生产同比分别增长3.6%和4.0%,增幅均比上年回落0.5个百分点,连续三年实现增长,但工业生产还仅相当于2007年危机前水平的97.1%;工业生产能力利用率为78.7%,比2011年提高1.9个百分点,已超过2008年77.3%的水平。

(五)零售市场疲弱,但汽车销售强劲增长。2012年,美国零售额全年增长4.2%,增速比上年回落3.5个百分点。分月看,零售额同比增速从1月份的6.6%波动回落至12月份的4.4%。汽车销售实现高速增长，全年销售汽车524万辆，比上年增加100万辆，同比增长23.4%，增速加快15.5个百分点。

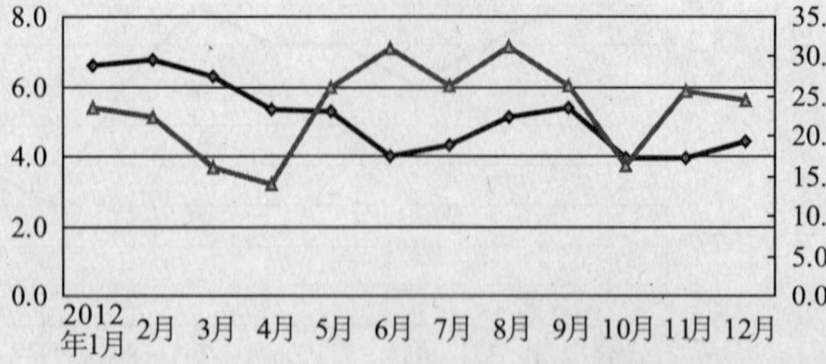

	2012年1月	2月	3月	4月	5月	6月	7月	8月	9月	10月	11月	12月
零售额（左轴）	6.6	6.8	6.3	5.3	5.3	4.0	4.3	5.1	5.4	3.9	3.9	4.4
汽车销售量（右轴）	23.5	22.4	16.2	13.9	26.1	31.0	26.4	31.2	26.3	16.3	25.7	24.5

图6　美国零售额和汽车销售量同比增长率(%)

二、2012年美国经济继续温和复苏的因素分析

(一)支撑美国经济增长的主要因素

1. 局部的扩张性财政政策和宽松的货币政策。2012年2月29日，美国决定采取总额3500亿美元的短期措施用以增加就业，包括延长工资税减税以及失业救济期限延至2012年年底。9月22日，美联储宣布了第三轮量化宽松货币政策(QE3)，决定每月购买400亿美元抵押贷款支持证券，同时，在年内继续执行卖出短期国债、买入长期国债的“扭转操作”，并继续把到期的机构债券和机构抵押贷款支持证券的本金进行再投资，以进一步支持经济复苏和劳工市场。12月13日，美联储宣布推出第四轮量化宽松货币政策(QE4)，每月购买450亿美元国债，替代年底到期的扭转操作，加上QE3每月400亿美元的宽松额度，美联储每月资产采购额达到850亿美元。不断推出的大规模量化宽松政策，使美国股市在波动中上涨。2012年全年，美国标准普尔500指数累计上涨7.6%，道琼斯指数累计上涨了5.5%，股市上涨使得美国财富效应得以发挥。

2. 就业市场缓慢恢复。2012年，美国就业形势继续改善，就业人数持续增加，失业率有所回落。全年非农就业人数增加了187.9万人，比2011年的148.5万人增长了26.5%。全年失业率为8.1%，比2011年的8.9%下降了0.8个百分点。长期失业(失业27周及以上)人口占总失业人口比重一路下行，由1月份的43.3%降至11月份的39.8%。就业趋势指数在 12 月份升至 109，环比增长 0.8%，连续三个月增长。

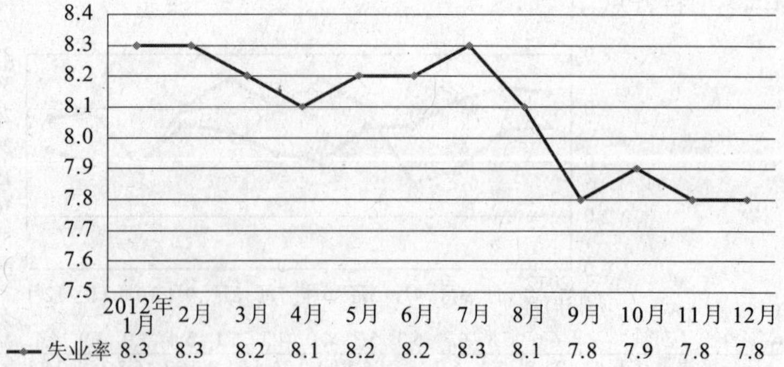

图 7　2012 年美国失业率（%）

3. 居民收入状况有所改善。个人消费约占美国国内生产总值的 70%，是经济复苏的重要推动力。2012 年，美国居民收入从 1 月份的折年率 13.1 万亿美元增加到 12 月份的 13.9 万亿美元。受财富效应等因素影响，2012 年美国居民消费意愿有所增强，居民储蓄率从上年的 4.2% 降至 3.9%。

4. 房地产市场复苏势头更趋强劲。2012 年 1 月，美联储采取一系列措施提振低迷的房地产市场：一是推动待售的止赎房进入出租房市场，减少待售的房产供给；二是提高居民抵押贷款的可获得性，降低抵押信贷成本；三是提高房产止赎程序效率，节约额外的成本。再加上超低利率环境、房价触底及投资需求增加等因素刺激，2012 年美国房地产市场在建筑市场带动下明显回暖，复苏基础更加牢固，并正在逐步恢复其支持经济复苏的传统角色。建筑商信心明显改善，2012 年建筑商信心指数屡创新高，从 1 月份的 25 升至 12 月份的 47，是 2006 年 5 月以来最高水平，已接近 50 的荣枯分水岭，连续 9 个月上升。新房开工量加速增长，从 1 月份的折年率 72 万套增加到 12 月份的 90 万套，同比增速均在 20% 以上。2012 年，占市场 70% 的现房销售量明显增长，从上年的 426 万套增加到 465 万套，同比增长 9.2%，增速比上年加快 7.5 个百分点；现房价格也比上年上涨了 6.3%。如果说 2011 年房地产市场还在艰难前行的话，2012 年房地产市场则为强劲复苏，为整体经济活动提供了重要推动力。

5. 金融系统逐渐恢复。2012 年标准普尔 500 指数中的金融业股票指数全年上升27%，是自2003年以来的最大增幅。联邦存款保险公司(FDIC)最新数据显示，第3季度美国银行业营收同比增3%至1696亿美元，增幅为三年最高；实现利润376亿美元，增长6.6%。三季度末，FDIC的“问题银行”名单降至694家，为2009年第三季度以来最低水平。

(二)美国经济加速复苏的制约因素

1.财政赤字仍居高位。美国2012财年(2011年10月至2012年9月)政府赤字规模为1.089万亿美元，虽然比2011财年的1.297万亿美元减少约2070亿美元，下降了16%左右，但已连续四个财年突破1万亿美元大关；财政赤字占GDP比重为7%，低于2011财年的8.7%，连续四年下降，但仍明显高于国际金融危机前1.1%(2007年)的水平。

2.公共债务水平进一步上升。此次国际金融危机以来，税收收入的急剧下降以及救助和福利支出的迅速膨胀导致美国公共债务水平不断提高，目前债务总额已达16.37万亿美元。与奥巴马刚入主白宫时10.6万亿美元相比，增幅超过50%，距离16.4万亿美元的债务上限也仅一步之遥。根据现有法律，随着社会保障和医疗保健相关支出继续增加，公共债务水平还会上升。

3.“财政悬崖”的不确定性。2013年1月3日，尽管美国参众两院先后通过法案，暂时填平了约60%的财政悬崖，但两个月后，被延期执行减支措施将再次浮现。同时美国也迫切需要上调债务上限，为国会的下一次激烈辩论埋下伏笔；如果债务上限无法解决，可能还会产生更大的恶果。1月23日，美国众议院投票通过了旨在延长债务上限至5月19日的法案，使美国政府有能力在此之前继续支付帐单，并为议员们在长期预算谈判上争取了喘息的空间。尽管两党在最后时刻达成妥胁、全面避免“财政悬崖”的可能性很大，但在此之前所存在的不确性会严重打压全球投资者信心，使美国企业扩大投资也更趋谨慎。

4.外部需求增长放缓。受欧债危机、重债国财政紧缩以及全球经济走弱等因素影响，欧元区经济四年来两次陷入经济衰退。2012年，日本经济在经过第一季度的短暂较快增长后，第二、三、四季度连续出现环比负增长，已经陷入衰退。此外，发展中国家经济增长明显放缓，这将导致对美国的进口需求增长放缓。

三、2013 年美国经济走势判断

2013 年,在前期多轮量化宽松政策等的刺激作用下,美国经济将会继续复苏。但是,由于欧债危机短期内难以根本解决,日本经济面临再次衰退,新兴经济体经济增速也有所放缓,再加上国内"财政悬崖"问题悬而未决,都将对美国经济的稳定复苏形成阻力。综合各种因素判断,2013 年美国经济会继续温和复苏,但增速较 2012 年略有放缓。

(一)受刺激性政策作用,2013 年美国经济会继续复苏。美联储 2012 年 12 月 12 日表示,若就业市场前景没有显著改善,将会继续执行量化宽松政策,并动用其他适宜的货币政策工具,直至就业市场改善程度达到预期。美联储政策的参考值是失业率 6.5%,通胀率 2.5%。由于失业率没有明显下降,12 月份失业率维持在 7.8% 的较高水平,预计至少 2013 年上半年美联储仍会继续采取量化宽松政策,并且至少直到 2015 年年中都将维持超低利率,以确保经济继续复苏。1 月 3 日生效的《财政悬崖法案》将永久延长布什政府 45 万美元以下资本所得和股息收入税率降至 20% 的措施,并将紧急失业救济措施再延长一年等,这些局部宽松措施也将有利于美国经济的温和复苏。

(二)先行指标和消费者信心回落预示美国经济复苏步伐将放缓。2012 年 12 月份先行指标降至 93.9,比年初回落 0.8 个百分点。由于消费者对国会无法就避免增税和政府减支达成协议的担忧情绪升温,12 月份消费者信心遭受重挫,信心指数降至 4 个月来低点。

(三)财政状况更趋严峻。2013 年,美国财政状况会更加严峻,债务水平仍居高位。美国债务本质上是财政失衡问题,短期内体现为财政悬崖,长期则体现在债务上限的不断提升和债务规模的持续膨胀。

(四)国际组织预测美国经济 2013 年会有所放缓。据联合国(2012 年 12 月)预测,美国经济将增长 1.7%,比 2012 年放缓 0.4 个百分点。世界银行(1 月)、国际货币基金组织(1 月)、OECD(2012 年 12 月)和英国共识公司(1 月)预测,美国经济将增长 2.0%,增速比 2012 年放缓 0.3、0.3、0.2 和 0.3 个百分点。

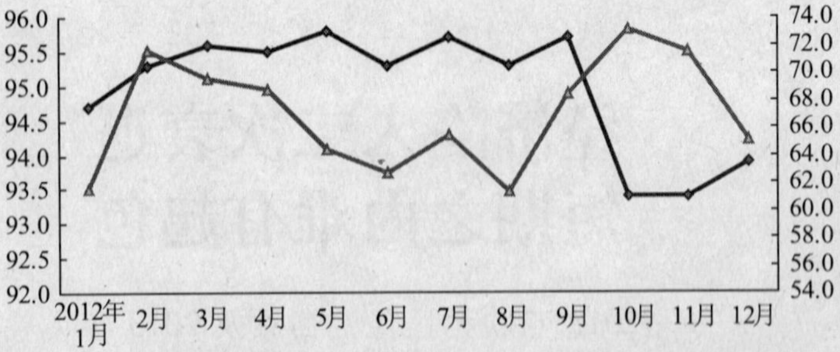

	2012年1月	2月	3月	4月	5月	6月	7月	8月	9月	10月	11月	12月
先行指标	94.7	95.3	95.6	95.5	95.8	95.3	95.7	95.3	95.7	93.4	93.4	93.9
消费者信心	61.5	71.6	69.5	68.7	64.4	62.7	65.4	61.3	68.4	73.1	71.5	65.1

图 8　美国先行指标和消费者信心指数

注：先行指标以 2004 年为 100，消费者信心指数以 1985 年为 100。

表 1　主要国际组织对于美国 GDP 增长率的预测（%）

	2010 年	2011 年	2012 年估计值	2013 年预测值
联合国（2012 年 12 月）	2.4	1.8	2.1	1.7
世界银行（2013 年 1 月）	2.4	1.8	2.3	2.0
国际货币基金组织（2013 年 1 月）	2.4	1.8	2.3	2.0
OECD（2012 年 12 月）	2.4	1.8	2.2	2.0
英国共识公司（2013 年 1 月）	2.4	1.8	2.3	2.0

（执笔：陈璇璇；成文于 2013 年 2 月）

经济陷入二次衰退 短期之内难有起色

——2012 年欧元区经济回顾及 2013 年展望

2012 年,欧债危机阴霾不散,投资者和消费者信心持续走低,失业率不断攀升,继 2008 年金融危机以来欧元区经济再次陷入衰退。2013 年,欧元区债务问题的解决仍充满不确定性,就业形势难以改善,经济将会继续萎缩。

一、2012 年欧元区经济陷入二次衰退

(一)经济已连续五个季度下滑

2012 年,欧元区 GDP 下降 0.6%。分季度看,第一季度,德国经济复苏尚能有效弥补重债国家的经济衰退,欧元区 GDP 环比降幅从上季度的 0.3% 收窄至 0.1%;第二季度,随着德国经济增速明显回落,欧元区 GDP 环比降幅扩大至 0.2%;第三季度,由于丹麦、法国和芬兰 GDP 环比由降转增以及意大利降幅收窄,欧元区 GDP 降幅再度收窄至 0.1%;第四季度,德国 GDP 环比开始下降,法国再度下降,意大利、西班牙和葡萄牙降幅扩大,欧元区 GDP 环比降幅扩大至 0.6%,至此,欧元区经济已连续五个季度下滑,陷入五年来第二次经济衰退。

(二)工业生产持续下降

2012 年,欧元区工业生产下降 2.4%。1-12 月份,欧元区工业生产同比均为负增长;11 月份下降 4%,为年内最大降幅。

(三)贸易增速大幅回落,对外投资显著下降

2012 年,欧元区进出口总额达 36567 亿欧元,增长 4.6%,增速比上年大幅回落 9 个百分点。其中进、出口额分别增长 1.6% 和 7.1%,比 2011 年大幅回落 11.8 和 6.7 个百分点。全年累计实现贸易顺差 824 亿

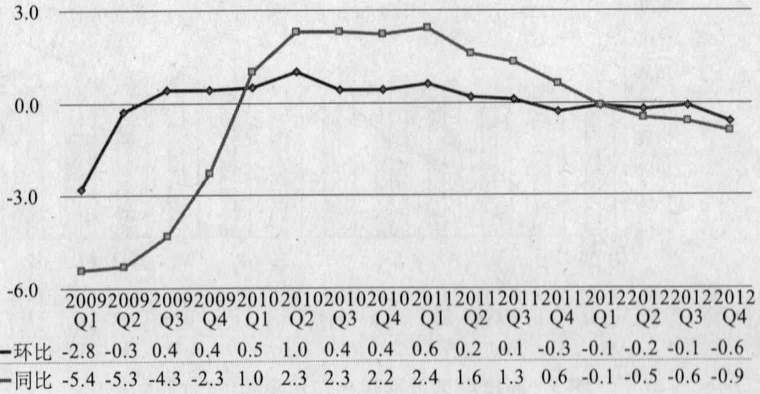

图1　2009 - 2012 年欧元区 GDP 同、环比增长率(%)

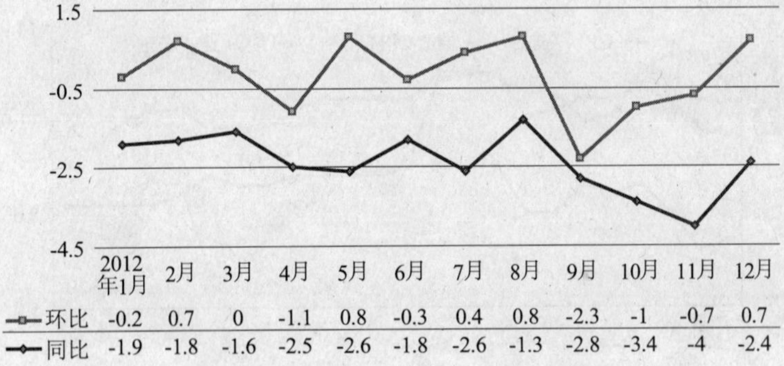

图2　2012 年欧元区工业生产增长率(%)

欧元,2011 年贸易逆差达 139 亿欧元。

2012 年,欧元区吸引外商直接投资 1618 亿欧元,同比下降 36.1%;对外直接投资 2127 亿欧元,同比下降 47.9%;净流出 509 亿欧元,同比下降 67.1%。

(四)消费价格仍居高位

2012 年,欧元区 CPI 同比上涨 2.5%,涨幅比 2011 年回落 0.2 个百分点,通胀压力有所缓解,但仍超过欧洲央行设定的 2% 的长期目标。1-7 月份,受能源类价格大幅下挫的影响,欧元区 CPI 同比涨幅从 2.7% 回落至 2.4%;8、9 月份能源类价格的骤升拉动 CPI 回升至 2.6%;11、12 月回落至 2.2%,为年内最低值。剔除能源和未加工食品的核心 CPI 同比

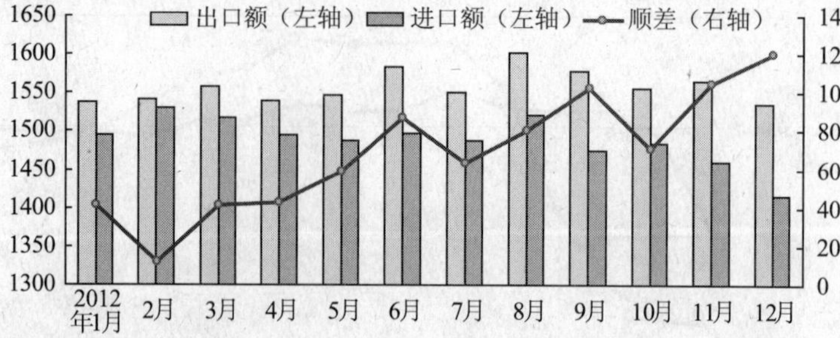

	2012年1月	2月	3月	4月	5月	6月	7月	8月	9月	10月	11月	12月
出口额（左轴）	1537	1542	1559	1539	1547	1584	1551	1602	1578	1556	1565	1536
进口额（左轴）	1496	1530	1518	1496	1488	1497	1488	1522	1475	1485	1460	1417
顺差（右轴）	41	12	41	43	59	87	63	80	102	71	105	120

图 3　2012 年欧元区进出口贸易额(亿欧元)

涨幅从年初的 1.9% 回落到年底的 1.6% 。

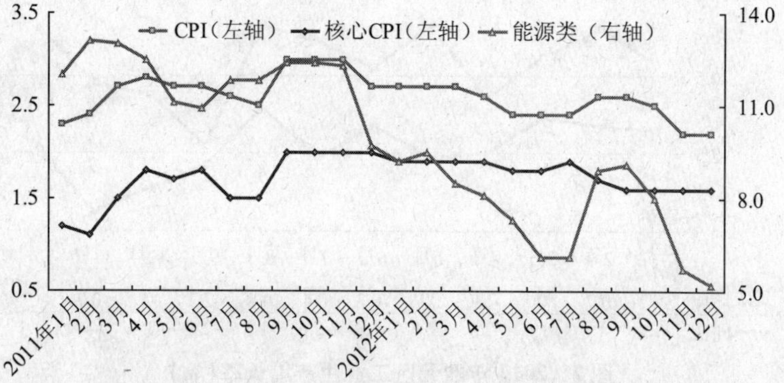

图 4　2011-2012 年欧元区消费价格同比上涨率(%)

(五)失业率持续攀升

2012 年,欧元区失业率为 11.4%,比 2011 年上升 1.2 个百分点。分月看,欧元区失业率连续攀升,屡创 1998 年以来新高,年底达 11.8%。

二、导致欧元区经济再次陷入衰退的主要因素

(一)欧债危机阴霾不散

2012 年上半年,欧债危机险情不断:希腊危机丛生,多国主权信用评级频遭下调。此外,欧元区第二大、第三大、第四大经济体法国、意大利和西班牙均出现了债务险情,意大利和西班牙国债收益率曾一度超过 7%

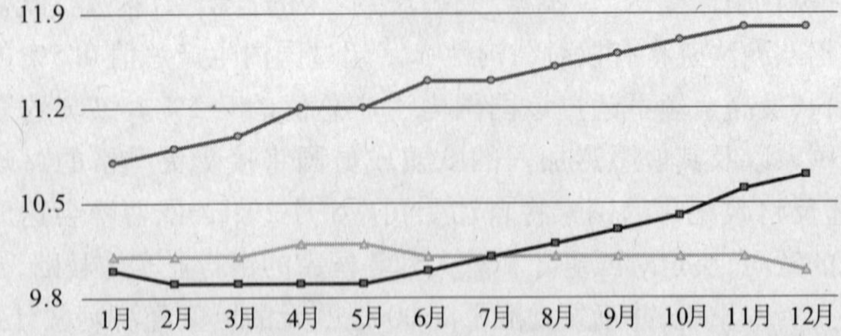

	1月	2月	3月	4月	5月	6月	7月	8月	9月	10月	11月	12月
2010年	10.1	10.1	10.1	10.2	10.2	10.1	10.1	10.1	10.1	10.1	10.1	10.0
2011年	10.0	9.9	9.9	9.9	9.9	10.0	10.1	10.2	10.3	10.4	10.6	10.7
2012年	10.8	10.9	11.0	11.2	11.2	11.4	11.4	11.5	11.6	11.7	11.8	11.8

图 5　2010-2012 年欧元区失业率(%)

的警戒线，西班牙银行业坏账问题凸显。下半年起，欧债危机有所缓解，西班牙和意大利的 10 年期国债收益率均从警戒线水平分别下降至年底的 5% 和 4.5% 左右。

(二)公共债务恶化

由于欧元区经济萎缩，债台高筑的形势更为严峻，2012 年欧元区公共债务占 GDP 比重由上年的 95.2% 扩大到 100.6%，预计 2013 年将达到 102.5%。

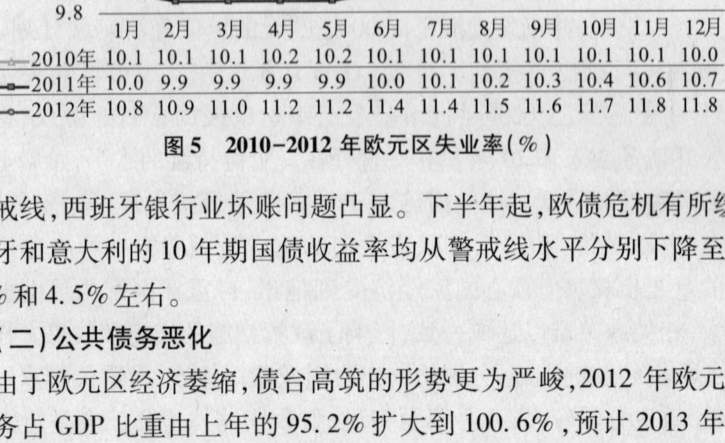

图 6　2011 年和 2012 年公共债务占国内生产总值的比例(%)

(三)应对危机采取的政策措施未能根本解决危机

2012 年 2 月 21 日，欧元区财长就希腊第二轮援助方案达成协议，将向希腊提供 1300 亿欧元资金，并要求希腊在 2020 年之前将债务占 GDP 之比降至 121%。3 月 2 日，除英国和捷克外的欧盟 25 个成员国正式签署了最新“财政契约”。根据“财政契约”中的自动惩罚规定，欧盟最高司法机构欧洲法院将有权对结构性赤字超过国内生产总值0.5%的国家进行处罚，最高金额不超过该国国内生产总值的0.1%。该契约意味着欧元区国家以及其他愿意加入的欧盟成员国将接受更严格的财政纪律监管，违反财政纪律的国家将自动受罚。6月29日，欧盟峰会达成银行业联盟的意向，决定对西班牙和意大利等国家的银行业实施救助，允许银行业直接资本重组，并正式批准了1300亿欧元的巨额经济刺激计划。9月6日，欧洲央行推出直接购买计划(OMT)，扩大在二级市场购买主权债券。11月底，欧元区与国际货币基金组织达成援助希腊的协议，将保障希腊公共债务在未来20年左右一直处在一个可持续的水平，希腊退出欧元区的风险继续降低。这些措施对于缓解欧债经济发挥了一定的作用，特别是“财政契约”和银行业联盟意向的达成是朝着根本解决危机方向采取的重要步骤。但核心国家经济受到拖累，对重债国家的救助抵触情绪较大，相关政策难以达成一致，影响了政策措施的实施和效果。作为解决债务危机的关键措施，各国纷纷出台财政紧缩方案，但重债国家经济持续下滑，政民分歧较大，社会问题突显，财政紧缩均遭到工会举行大罢工的抗议。因此紧缩方案不仅没有顺利实施，还导致国内经济社会活动等面临瘫痪的危险，带来的经济损失更是雪上加霜。

(四)投资者和消费者信心持续走低

2012年，欧元区企业家信心和消费者信心指数持续下降，全年均在临界值以下。企业家和消费者信心指数的持续下降，企业无意扩大投资和增加就业，拖累消费者支出下降。

(五)经济内生增长动力下降

2012年，欧元区投资需求及消费需求明显下滑，居民消费支出和固定资本形成总额分别拖累经济下滑0.7和0.8个百分点，而2011年为正拉动0.1和0.3个百分点，经济内生增长动力下降。

三、预计2013年欧元区经济将继续萎缩

预计2013年欧元区财政赤字将回落到欧盟规定的3%上限以内，但欧债危机的解决仍充满不确定性。受经济内生增长动力不足以及财政紧缩等因素的影响，预计2013年欧元区经济将继续萎缩，失业率将继续

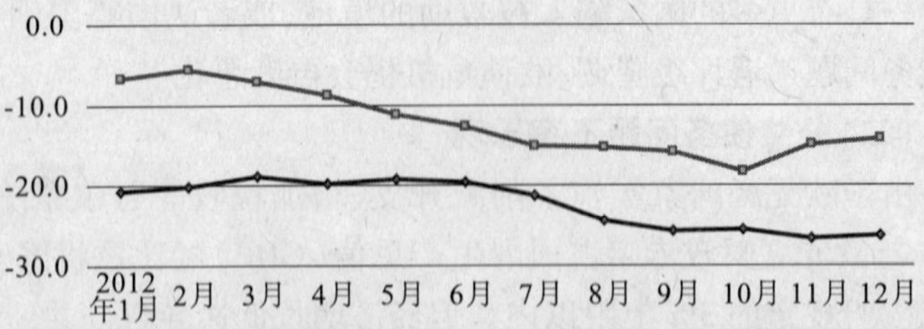

	2012年1月	2月	3月	4月	5月	6月	7月	8月	9月	10月	11月	12月
消费者信心	-20.6	-20.1	-18.9	-19.7	-19.1	-19.6	-21.3	-24.4	-25.7	-25.5	-26.7	-26.3
企业家信心	-6.8	-5.5	-7.0	-8.8	-11.2	-12.7	-15.0	-15.3	-15.9	-18.2	-14.9	-14.2

图7　2012年欧元区消费者信心指数和企业家信心指数

注:消费者信心指数及企业家信心指数为以零为基点的百分点差值。

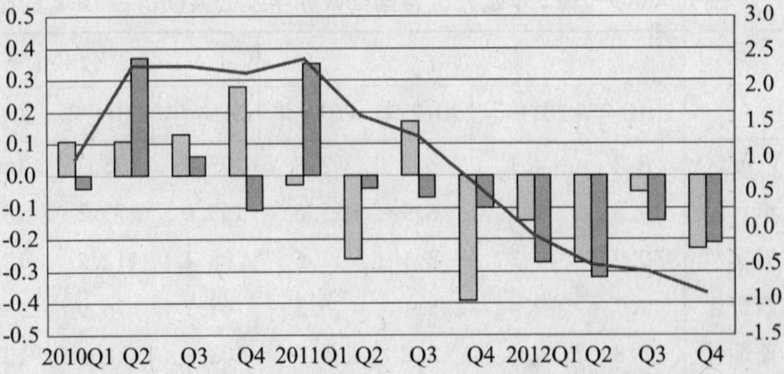

	2010Q1	Q2	Q3	Q4	2011Q1	Q2	Q3	Q4	2012Q1	Q2	Q3	Q4
居民消费支出	0.1	0.1	0.1	0.3	0.0	-0.3	0.2	-0.4	-0.1	-0.3	-0.1	-0.2
固定资本形成	0.0	0.4	0.1	-0.1	0.4	0.0	-0.1	-0.1	-0.3	-0.3	-0.1	-0.2
GDP	1.0	2.3	2.3	2.2	2.4	1.6	1.3	0.6	-0.1	-0.5	-0.6	-0.9

图8　居民消费支出及固定资本形成总额对经济增长的贡献率(同比,%)

上升。

(一)欧债危机仍充满不确定性

2012年下半年得到缓解的欧债危机的前景仍充满不确定性。由于银行业资本匮乏的西班牙尚未提出申请,欧洲央行的OMT施展空间不大。欧元区核心国家和重债国家之间的利益分歧将会影响已出台政策措施的实施以及进一步应对措施的出台及效果,重债国家各种利益群体之间的矛盾也会影响财政紧缩政策的实施。业已存在的重债国家"主权债务危机-银行业危机-经济危机"之间的恶性循环难以打破。尽管欧洲稳定机制(ESM)已经启动,但如果更多的成员国陷入被救助的地步,将对欧洲稳定机制本身的救助能力以及其他救援国救助的成本分担带来压力。一旦有更多的国家陷入被救助的境地，或者法国等国因为银行业或者债务问题遭遇评级降调，欧债危机仍会再度恶化。

（二）公共债务问题不容乐观

由于欧元区国家实施了削减开支、增加税收等财政紧缩措施，预计2013 年欧元区财政赤字占国内生产总值（GDP）的比重将降至 2.8%，回落到欧盟规定的3% 上限以内。但经济增长低迷导致公共债务增速相对较快，预计 2013 年欧元区公共债务占国内生产总值的比重将会从 2012年的 100.6% 扩大至 102.5%，大大超出《欧盟稳定与增长公约》规定的60% 上限。

表 1　2009-2012 年欧元区各国财政赤字及公共债务占 GDP 的比例（%）

	财政赤字				公共债务			
	2010 年	2011 年	2012 年	2013 年	2010 年	2011 年	2012 年	2013 年
欧元区	6.2	4.1	3.3	2.8	93.1	95.2	100.6	2102.5
希　腊	10.8	9.5	6.9	5.6	153.0	175.2	181.3	193.2
爱尔兰	30.9	13.3	8.1	7.5	98.1	112.2	123.2	127.8
西班牙	9.7	9.4	8.1	6.3	67.7	76.9	93.8	100.2
葡萄牙	9.8	4.4	5.2	4.9	103.9	118.1	125.6	133.1
意大利	4.3	3.8	3.0	2.9	126.7	119.8	127.0	129.6
荷　兰	5.0	4.4	3.8	3.0	71.6	75.9	82.5	83.6
法　国	7.1	5.2	4.5	3.4	95.5	100.0	105.1	108.2

注：2012 年为估计值，2013 年为预测值。

资料来源：OECD。

（三）国际组织对欧元区主要经济指标的预测

1. GDP 将继续负增长

主要国际机构均预测 2013 年欧元区 GDP 将继续负增长。国际货币基金组织（IMF）2013 年 1 月份和英国共识公司 2013 年 2 月份均预测2013 年欧元区 GDP 下降 0.2%。世界银行 2013 年 1 月份预测下降0.1%，欧盟委员会 2013 年 2 月预测 2013 年欧元区 GDP 下降 0.3%。

分季度来看，根据英国共识公司 2012 年 12 月份预测，2013 年前三季度同比均为负增长，分别下降 0.6%、0.4% 和 0.1%，第四季度有望转负为正,增长0.5%。

表2 英国共识公司2012年12月对欧元区GDP季度同比增长率预测结果(%)

	2011年	2012年	2013年
第一季度	2.4	-0.1	-0.6
第二季度	1.6	-0.5	-0.4
第三季度	1.3	-0.6	-0.1
第四季度	0.6	-0.9	0.5

注:2011年和2012年为实际值,2013年为预测值。

2. 消费价格将可能回落至政策控制目标范围内

国际机构均预测2013年欧元区CPI涨幅将从上年的2.5%回落至1.4%-1.8%,处于欧洲央行设定的2%的长期目标范围以内。分季度来看,根据英国共识公司2012年12月份预测,2013年一~四季度欧元区CPI同比分别上涨2%、1.9%、1.8%和1.7%。

3. 就业形势更加严峻

据共识公司2013年2月份预测,2013年欧元区失业率将从上年的11.4%上升至12%;欧盟委员会的预测值高达12.2%。

表3 各国际机构对2013年欧元区主要经济指标的预测结果(%)

机构	GDP		CPI		失业率	
	2012年	2013年	2012年	2013年	2012年	2013年
IMF(2013年1月)		-0.2		1.6①		11.5①
世界银行(2013年1月)		-0.1		-		-
OECD(2012年11月)	-0.4	-0.1	2.5	1.4	11.4	12.1
欧盟委员会(2013年2月)		-0.3		1.5		12.2
英国共识公司(2013年2月)		-0.2		1.8		12.0

注:2012年为实际值,2013年为预测值。①为2012年10月预测。

(执笔:郭瑾;成文于2013年2月)

日本经济陷入衰退 2013 年将艰难复苏

——2012 年日本经济形势及 2013 年展望

2012 年对日本经济来说，又是不平凡的一年。灾后重建力度逐渐减弱、日本“购岛”闹剧重创经济，导致日本经济逐步陷入衰退。随着量化宽松政策的刺激和中日关系的改善，2013 年下半年日本经济有望艰难复苏。

一、2012 年日本经济温和衰退

2012 年，日本经济满目疮痍，出口遭遇重创，贸易赤字再创新高，通货紧缩风险难以摆脱，工业生产乏力，内需依然疲软，众多因素拖累日本经济步入衰退。

（一）日本经济从复苏陷入衰退

2012 年第一季度，在日本灾后重建、量化宽松措施以及环保车补助政策等因素的拉动下，日本经济实现了短暂的复苏，GDP 环比增长 1.5%；但随着全球经济减速、刺激政策效应减弱及中日关系的恶化，日本经济逐步陷入衰退，GDP 连续三个季度下滑，分别下降 0.2%、1.0% 和 0.1%。从同比来看，同样呈现“前高后低”的特点，增速逐步回落，后三季度分别增长 3.8%、0.4% 和 0.3%。

（二）通货紧缩风险仍然难以摆脱

2012 年初，随着日本经济的好转，通货紧缩风险也有所缓解；但后期日本经济形势的恶化，通缩风险又有所提高。2012 年 1-5 月，消费价格同比一直上涨，此后一直处于下跌态势；剔除生鲜食品和能源的核心消费价格同比一直为负，短期内日本通货紧缩的风险难以摆脱。

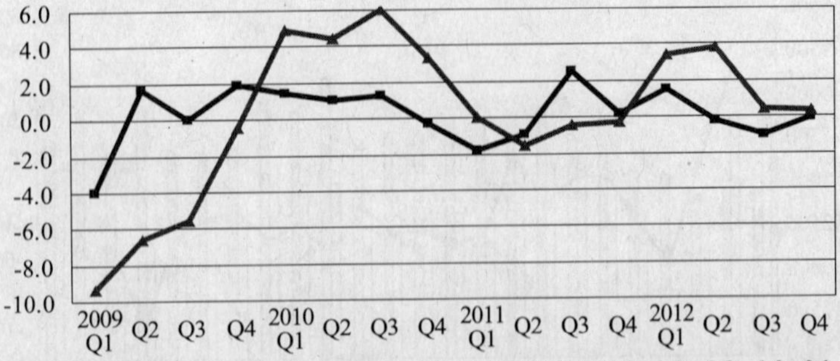

	2009 Q1	Q2	Q3	Q4	2010 Q1	Q2	Q3	Q4	2011 Q1	Q2	Q3	Q4	2012 Q1	Q2	Q3	Q4
环比	-4.0	1.7	0.0	1.9	1.4	1.0	1.3	-0.3	-1.8	-0.9	2.5	0.2	1.5	-0.2	-1.0	-0.1
同比	-9.4	-6.6	-5.6	-0.5	4.9	4.4	6.0	3.3	0.0	-1.6	-0.5	-0.3	3.4	3.8	0.4	0.3

图 1 2009-2012 年日本季度 GDP 增长率(%)

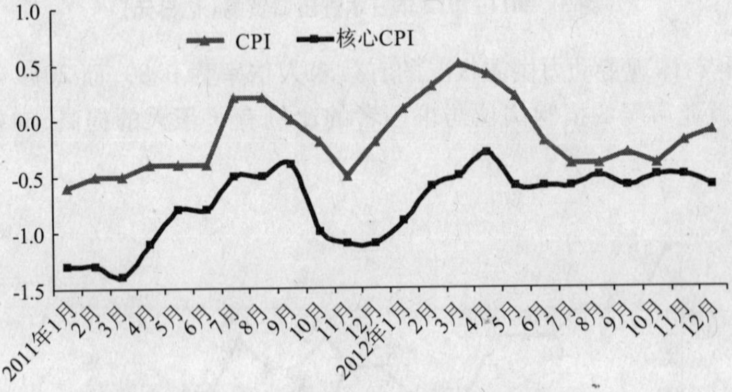

图 2 2011-2012 年日本消费价格同比涨跌率(%)

(三)出口遭遇重创,贸易逆差创新高

2012 年对日本对外贸易来说仍然是一个寒冬,日本购岛闹剧对出口造成了巨大的冲击,6 月份以来日本出口同比连续 7 个月下滑。而进口略有改善,贸易逆差创历史新高。2012 年,日本出口总额为 63.7 万亿日元,比 2011 年下降 2.7%;进口总额为 70.7 万亿日元,比上年增长 3.8%,贸易逆差高达 7 万亿日元,是 2011 年的 2.7 倍。

(四)就业形势略有好转

2012 年日本就业形势呈现改善趋势,是日本经济中难得的亮点。从 1 月份的年度高点 4.6% 降至 11 月份的 4.1%,12 月份略有反弹。2012 年,日本失业率为 4.3%,比 2011 年低 0.3 个点,比 2010 年的最高点低

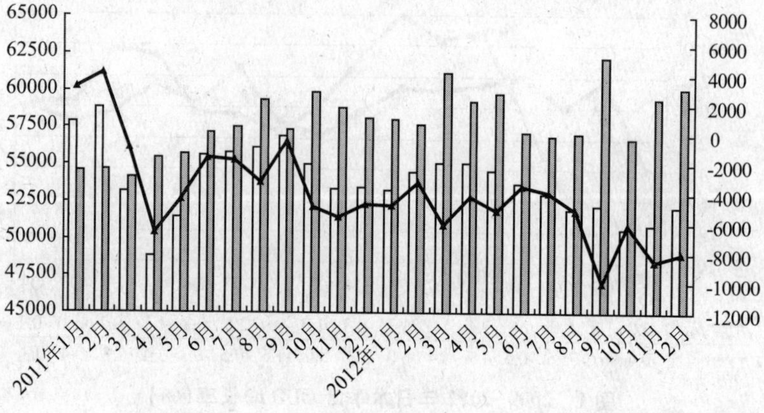

图 3 2011-2012 年日本进出口贸易(亿日元)

0.8 个点;体现劳动力供需状况的有效求人倍率为 0.80,而 2011 年仅为 0.65,就业市场的招聘岗位与求职者的比例有了很大的提高,向好势头明显。

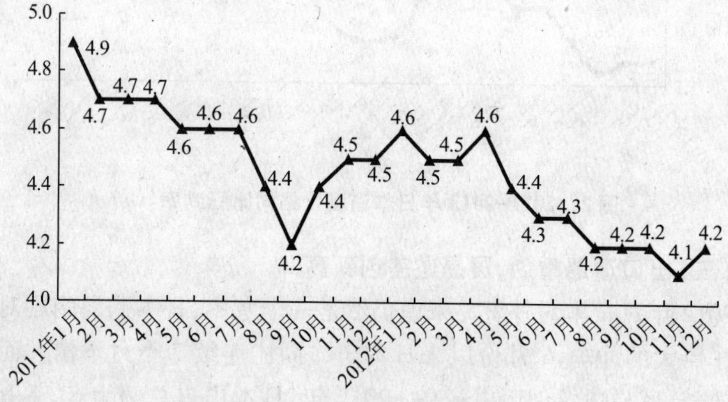

图 4 2011-2012 年日本失业率(%)

(五)金融市场剧烈波动

随着日本经济状况的走势,日本股市也跌宕起伏。2012 年 1-3 月份,日经 225 指数一路上扬,累计上涨 18%。受日本经济衰退、日元走强和购岛闹剧影响,股市一路下跌,并持续处于低迷态势;在众多量化宽松政策及日元走软刺激下,股市从 11 月份开始反弹,2013 年 2 月 19 日收盘于11372.34点，累计上涨27%，并创下2008年9月以来最高收盘水平。在日本超宽松货币政策的“诱导”下，日元汇率大幅下跌，从2012年下半年至今（截止2月19日），日元相对于美元和人民币分别累计下跌17.7%和22.4%。

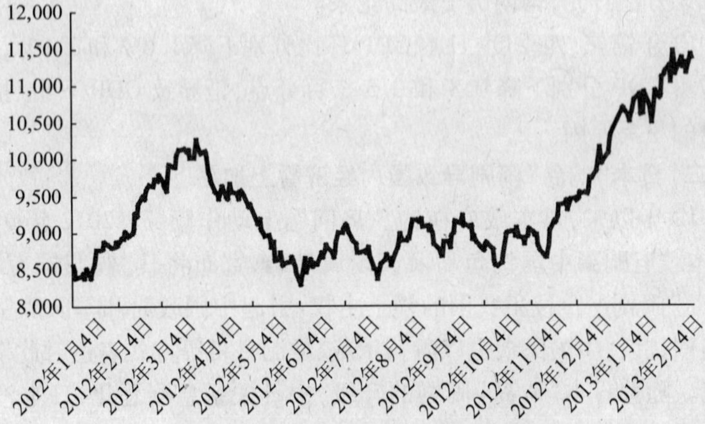

图5　2012年至今日经225指数走势

二、2012年日本经济陷入衰退的主要原因

2012年日本经济从第二季度就开始下滑，逐步陷入衰退，直接原因是日本贸易急剧恶化导致，而这与日本“购岛”闹剧也有密切的关系；从根本上来讲，日本高额主权债务和长期通货紧缩得不到解决，经济难以出现改观。

（一）日本贸易急剧恶化是拖累经济衰退的主要原因

日本是高度外向型经济，全球经济低迷对其对外贸易带来巨大的压力。特别是日本"购岛"闹剧，导致中日关系持续紧张，中日贸易也受到影响。2012年中日贸易总额下降3.6%，日本已从我国的第四大贸易伙伴下降至第五位，日本对我国出口下降了10.8%，尤其是汽车以及零部件的对华出口，跌幅最大；日本从我国进口仅增长2.6%。特别是日本“购岛”闹剧以来，2012年9-12月份，日本对我国出口大幅下降了14%。其次，由于欧洲进口产品需求调整，对日本产品的进口需求减少。2012全年，日本对欧盟出口额下降14.7%，2010年和2011年分别为增长

12.8%和0%。同时,日本与欧盟国家间的贸易收支首次出现逆差。一方面,日本出口急剧恶化,另一方面,火电取代核电后,日本液化天然气及原油进口量大幅增长,导致日本贸易出现巨额逆差。2012年日本贸易逆差高达7万亿日元,连续2年出现贸易逆差。其中,日本对中国贸易逆差达到3.5万亿日元,均创历史最高纪录。

2012年第三、四季度,日本GDP环比分别下降1.0%和0.1%,其中,出口拖累GDP分别下降0.8和0.5个百分点,是导致GDP下滑、拖累经济衰退的主要原因。

(二)日本"购岛"闹剧导致国内经济雪上加霜

2012年以来,日本政府在钓鱼岛问题上动作频频。2012年9月10日,日本政府购买中国钓鱼岛及其附属岛屿,宣布将其"收归国有"。日本"购岛"闹剧严重侵犯我国的领土主权,引起中国政府和军队的坚决反对和强烈抗议,中国民众也以游行示威、抵制日货等方式表达对此事的极度不满。随着日本"购岛"闹剧的升级,中日关系急剧恶化,日本汽车首当其冲成为被抵制的对象,对中国出口自8月份以来大幅下滑,特别是9-11月份同比分别下降44.5%、82%、68.6%和50%。日本汽车业只能减少面向中国市场的汽车产量,家电和零售业也未能逃过此劫,这些都使日本工业生产持续恶化。另外,中国赴日游客数量也大幅下降。据摩根大通预计,与2011、2012年第一季度平均值相比,第四季度中国赴日游客数量将下降70%,日本旅游收入将减少670亿日元(8.52亿美元),占预计出口损失的38%。日本"购岛"闹剧让原本阴霾的日本经济备受拖累,再次陷入经济衰退。

(三)日本主权债务创新高,相关政策难以奏效

作为当前世界第三大经济体,日本一直备受高额主权债务问题的困扰。日本经济持续低迷,财税收入不足,而且随着人口老龄化进程的加快,社会福利支出不断膨胀,致使日本主权债务问题愈发严重。截止2012年12月31日,日本国家债务(包括国债、政府短期证券和借款)总计高达997.2万亿日元,比上年同期增长了4%,创下历史新高,已达到国内生产总值的211.7%,远远高于希腊的170.6%和意大利的120.7%,仍居发达国家首位。目前,日本人均债务负担达780.3万日元,比上年增长4.3%,人口数量下降造成人均债务增速快于债务总额的增速。

同样，日本财政的入不敷出导致国债依存度也不断攀升，2012 年财年高达49%，比上年增加1.1 个百分点；财政赤字约为45.3 万亿日元，比上年高3 万亿日元，占 GDP 的比重接近10%。在日本经济衰退与通货紧缩的恶性循环中，在主权债务加重和财政赤字高企的恶性循环中，日本只能寄希望于发行国债和补充预算来缓解财政窘况。在2013 年预算草案中，创纪录新高的92.6 万亿日元支出规模中将近一半来自发行国债，而且在1 月15 日敲定2012 年度补充预算案。为警惕债务风险扩散，2012年5 月惠誉将日本长期信用评级从“AA”下调两档至“A+”，评级展望为“负面”，7 月份又下调日本三大银行的信用评级由“A”降至“A-”。随着日本主权债务不断攀升，偿债成本也在加大，税收收入也受到进一步的侵蚀，实施相关政策的空间将越来越小。要在中长期内消除财政赤字，降低主权债务，对日本政府及各届首相来说都是一个艰难的任务和巨大的挑战。

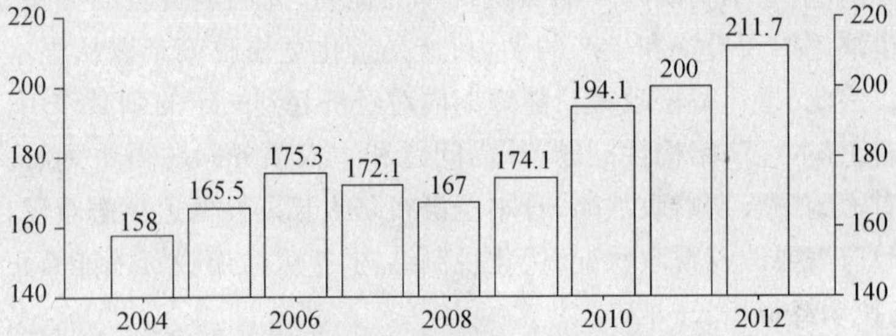

图6 日本政府主权债务占 GDP 比重(%)

(四)通货紧缩挥之不去，通胀目标难抗通缩

自上世纪90 年代初泡沫经济崩溃以来，日本陷入为期20 多年的长期性经济低迷和通货紧缩。通货紧缩从多方面对日本经济造成伤害，一是导致政府高额的主权债务负担加重，二是容易陷入通货紧缩的恶性循环，三是通货紧缩往往和经济停滞相互影响。通常物价持续下降，直接导致企业利润下降甚至亏损，大量企业降低固定资产投资规模，这意味着居民就业机会减少、失业率上升，继而导致居民收入水平下降，加剧国内需求不足，进而导致企业利润再下降，以此循环，经济陷入停滞甚至萎缩，物价上涨更加难以实现。

为解决通胀问题,2012 年 2 月,日本央行将通胀目标设定在 1%,并于 2012 年先后 5 次实行了"扩大量化宽松政策"。1 月 22 日,日本央行又将通胀目标提高至 2%,继续将关键利率维持在 0-0.1% 的实质零利率水平,此外还决定自 2014 年起实施每月定期购入资产的"无限期"、"开放式"货币宽松政策,以此向金融市场释放更多的流动性,努力实现通货膨胀的目标。

三、2013 年日本经济举步维艰,将艰难复苏

2013 年日本经济仍然举步维艰,量化宽松政策难以从根本上长期刺激经济复苏,右翼势力动向仍然会对经济造成拖累,预计日本经济将继续放缓。

(一)量化宽松政策难以从根本上刺激经济复苏

当前日本经济的主要问题是需求严重不足,并不缺乏流动性。日本经济衰退、前景不明朗以及消费税税率的提高,抑制消费者的购买欲望,企业也缺乏扩大投资和生产的动力,这是量化宽松政策难以从根本上改变的。因此,量化宽松政策只能短期内对经济起到一定的刺激作用,从长期来看,日本经济结构性问题、外需问题和主权债务问题得不到解决,缺乏强有力的中长期财政战略,日本经济将陷入长期性低迷状态难以自拔。日本政府需要改善财政状况,优化税制结构,扩大政府投资才能真正走出衰退,拉动经济增长。

(二)日本右翼势力将日本经济拖入泥潭

政治与经济向来密不可分,日本右翼势力导致日本政坛右倾化,公然挑战二战后国际秩序,日本购买中国钓鱼岛闹剧、日韩独岛之争、日俄岛屿之争,加剧了东亚国家对日本的警惕和疑虑,影响了日本企业在国外的投资收益及其产品的海外销售。日本经济高度依赖外需,其政治右倾走向不发生根本变化,只会影响与主要贸易伙伴国家的双边关系,进而严重拖累本国经济。

(三)2013 年日本经济将艰难复苏

2013 年日本经济除了要面对超高主权债务、高额财政赤字、外需疲弱出口恶化以及长期通货紧缩等难题,还要应对诸多制约,例如灾后重建的力度和效应都将逐步减弱,日本产业全球的竞争力在不断下降,产业持

续向海外转移,产业空洞化加剧等等。展望2013年,日本经济举步维艰,复苏艰难。据英国共识公司(Consensus Forecasts)2012年12月预测,日本GDP第一、二季度环比仍将下滑,分别下降0.6%和0.2%,第三、四季度将有所起色,环比增长1.2%和2.0%。据2013年2月份预测,2013年,日本GDP增长1.2%,比去年放缓0.7个百分点;通货紧缩也难以摆脱,消费价格下降0.1%,通缩风险更甚于2012年;失业率下降至4.1%,工业生产略有复苏,但民间消费支出仍然低迷。

表1　日本主要经济指标增长预测(%)

	国内生产总值	消费价格指数	失业率	工业生产	民间消费支出
2009	-5.5	-1.4	5.1	-21.9	-0.7
2010	4.7	-0.7	5.1	16.4	2.8
2011	-0.6	-0.3	4.6	-2.3	0.5
2012	1.9	0.0	4.3	-0.3	2.3
2013	1.2	-0.1	4.1	0.7	0.6

资料来源:英国共识公司(Consensus Forecasts)2013年2月;2013年为预测数。

(执笔:邹丽婷;成文于2013年2月)

2012 年金砖国家经济状况及 2013 年展望[①]

2012 年，在世界经济增长乏力的大背景下，金砖国家经济发展虽有所放缓，但总体上仍保持平稳增长并继续领跑世界，在世界经济中的地位进一步上升。预计 2013 年金砖国家经济增长将有所加快，部分国家通胀水平上升。

一、2012 年金砖国家经济总体上保持平稳增长

（一）经济增长虽然放缓，但对世界经济增长作出重大贡献

2012 年，受全球经济增长乏力，国内外需求疲软等因素的拖累，金砖国家 GDP 增速普遍回落（见图 1），中国、俄罗斯、印度[②]、巴西和南非分别增长 7.8%、3.4%、4.5%、0.9% 和 2.5%，分别比上年回落 1.5、0.9、2.3、1.8 和 1.0 个百分点。但除巴西以外，金砖其他国家经济增速均高于美、欧、日三大经济体（分别为 2.2%、-0.6% 和 2.0%）。其中，中国、俄罗斯和印度 GDP 增速均高于世界 3.2%[③]的平均增速。由于金砖国家总体增速高于世界平均水平，对世界经济增长的拉动作用继续加大。据国际货币基金组织测算，2012 年世界经济增长 3.2%[④]，其中，金砖国家为这一增幅贡献了 47.9%。

---

① 本文中各国数据除非特别注明，均来自各国官方统计机构；世界统计数据来自相关国际组织。

② 印度 2012 年 GDP 增长率来源于 IMF《世界经济展望》2013 年 1 月。

③ 国际货币基金组织 2013 年 1 月的预测数，根据购买力平价法 GDP 加权。

④ 国际货币基金组织 2013 年 1 月的预测数，根据各经济体购买力平价法 GDP 加权。

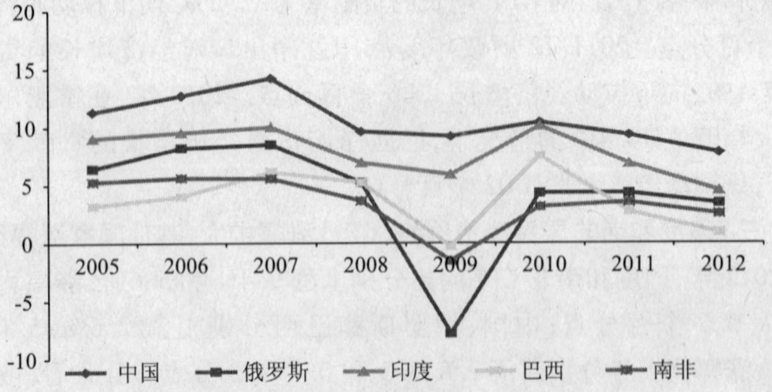

图1　2005-2012 年金砖国家 GDP 增长率(%)

注:印度 2012 年 GDP 增长率为 IMF 预测数。

(二)货物进出口增速大幅回落,对外依存度大都超过 40%

2012 年,金砖国家货物进出口贸易总额合计 61706 亿美元,比上年增长 4.3%,增速比上年回落 21.1 个百分点。但在全球贸易下降的情况下,这个增速已属难得。据国际贸易组织(WTO)初步统计,2012 年全球按美元计算的货物进出口总额下降 0.3%①。中国、俄罗斯和印度货物进出口总额分别达到 38668 亿、8647 亿和 7798 亿美元,比上年分别增长 6.2%、2.3% 和 5.6%;巴西和南非分别为 4706 亿和 1888 亿美元,比上年分别下降 4.5% 和 4.0%。2012 年,中国贸易顺差 2131 亿美元,比上年增加 762 亿美元;俄罗斯和巴西贸易顺差分别为 1938 亿和 154 亿美元,分别比上年减少 50 亿和 38 亿美元;印度和南非的贸易逆差分别达到 1986 亿和 140 亿美元,比上年分别扩大 523 亿和 112 亿美元。

2012 年,中国、俄罗斯、印度和南非对外贸易依存度②均超过 40%,分别达到 47.0%、44.3%、40.0% 和 48.3%;巴西对外贸易依存度为 19.6%。与上年相比,巴西和南非对外贸易依存度均上升了 0.2 个百分点,中国、俄罗斯和印度分别下降 2.8、1.4 和 0.9 个百分点。2012 年,中

① 2012 年世界贸易额数据为 WTO 基于世界 70 个经济体所作估算,这 70 个经济体的贸易额约占全球的 90%。

② 对外贸易依存度指一定时期内进出口总额与国内生产总值(GDP)的比值,是衡量一个国家(地区)对世界经济依赖程度的重要指标。

国货物和服务净出口对GDP增长的贡献率为-2.2%，向下拉动经济增长0.17个百分点。2011/12财政年度[①]，印度净出口对经济增长的贡献率为-27.1%，向下拉动经济增长1.86个百分点。2012年，在雷亚尔年均汇率大幅贬值14.4%的情况下，巴西净出口对经济增长的贡献率仅为2.7%，只拉动经济增长0.02个百分点。

（三）印度和南非居民消费价格（CPI）涨幅扩大，其他国家涨幅缩小

2012年，印度和南非CPI同比分别上涨9.4%和5.6%，涨幅均比上年扩大0.6个百分点；中国、俄罗斯和巴西分别上涨2.6%、5.1%和5.8%，涨幅比上年分别回落2.8、3.3和0.7个百分点。分月看，俄罗斯和印度CPI同比涨幅持续走高，两国年内最高涨幅均在12月份，分别达到6.6%和10.6%。巴西、南非和中国呈现先降后升走势，年内最高同比涨幅均在年初的1月份，分别达到6.2%、6.3%和4.5%；巴西年内最低点为6月份的4.9%，南非为7、8月份的4.9%，中国为10月份的1.7%。

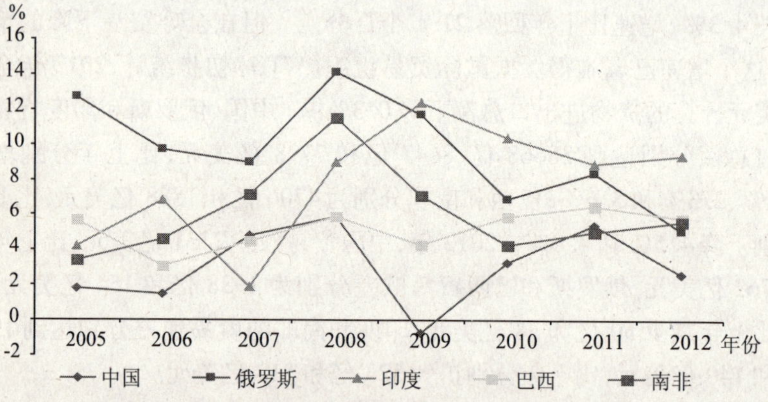

图2　2005-2012年金砖国家CPI上涨率

（四）失业率总体有所下降，但南非居高不下

2012年，金砖国家就业市场有所好转，就业人数有所增加，失业率有所下降。俄罗斯和巴西失业率呈现逐步下降态势，12月份分别为5.3%和4.6%，比年初分别回落1.3和0.9个百分点，全年失业率均为5.5%，分别比上年回落1.0和0.5个百分点；南非失业率始终居于高位，全年平

① 为2011年4月至2012年3月。

均失业率达到25.1%，比上年上升0.2个百分点；中国城镇登记失业率稳定在4.1%的水平。

（五）外汇储备有所增加，中国独占鳌头

截至2012年底，金砖国家外汇储备总额达44824亿美元，比上年末增长4.2%，约占全球外汇储备总额的41.6%。其中，中国外汇储备达33116亿美元，继续位居世界首位，增长4.1%，增幅比上年回落7.6个百分点；俄罗斯和巴西的外汇储备分别为4866亿和3731亿美元，分别增长5.2%和5.5%，分别位居世界第四位和第七位；印度外汇储备为2620亿美元，下降0.3%，居世界第九位；南非外汇储备为507亿美元，增长3.8%。

（六）金砖国家之间的贸易关系不断深化，但贸易摩擦也有所增加

2012年，中国对其他四个金砖国家的货物进出口总额达到3003亿美元，占中国货物进出口总额的7.8%，增幅与上年持平。其中，对其他金砖国家的出口达到1405亿美元，占中国出口总额的6.9%，回落0.2个百分点；进口达到1598亿美元，占中国进口总额的8.8%，提高0.3个百分点。分国家贸易平衡来看，中国对印度顺差较大，达289亿美元；对巴西和南非存在逆差，逆差额分别为189亿和293亿美元；对俄罗斯出口和进口基本持平。印度为了保护国内产业，对中国的反倾销次数不断增多、涉案金额不断增大。2012年，印度对中国发起的反倾销调查就涉及轮胎、光伏业、铝车轮、太阳能电池和药品等。此外，2012年巴西发展工业外贸部贸易保护局决定对原产中国的不锈钢餐具征收19.70美元/公斤的反倾销税。

二、当前金砖国家经济社会发展中存在的主要问题

（一）整体发展水平与发达国家仍有较大差距

2012年，金砖国家总人口达到29.7亿，占世界总人口的42.1%，经济总量却只有15万亿美元，占世界经济总量的21.0%。除俄罗斯和巴西人均GDP超过11000美元外，中国、印度和南非人均GDP分别为6091美元、1592美元和7790美元，均低于世界人均10107美元的平均水平。从一些社会指标看，金砖国家均面临艰巨的发展任务。印度、巴西和南非婴儿死亡率均在20‰以上。南非人口预期寿命还不到60岁，医疗支出

占 GDP 比重处于较低水平。印度和中国城市人口比重有待进一步提高。与此同时,金砖国家内部贫富差距较大,中国、俄罗斯、巴西和南非的基尼系数分别为 0.474、0.417、0.550 和 0.650,均在 0.4 的国际警戒线之上。

表 1 金砖国家部分经济和社会指标[1]

	巴西	俄罗斯	印度	中国	南非
人均 GDP(美元)[2]	11463(2012)	14015(2012)	1592(2011)	6091(2012)	7790(2011)
城市人口比重(%)	85.0(2012)	73.4(2012)	31.2(2011)	52.7(2012)	62.0(2011)
婴儿死亡率(‰)	20.3(2012)	8.7(2012)	47.0(2010)	12.1(2011)	37.9(2011)
人口预期寿命(岁)	73.9(2012)	69.8(2011)	65.5(2011)	74.8(2010)	57.1(2011)
医疗支出占 GDP 比重(%)[3]	8.75(2011)	5.57(2011)	4.16(2011)	5.15(2011)	4.00(2011)
基尼系数[2]	0.550(2009)	0.417(2012)	城市 0.370 乡村 0.280(2009)	0.474(2012)	0.650(2011)

注:①括号内为数据所在年份;②印度人均 GDP 数据及基尼系数为财政年度数据,指当年 4 月至次年 3 月。国际统计界普遍认为印度基尼系数低估严重。③中国为卫生总费用占 GDP 的比重。

(二)部分国家通货膨胀压力较大

2012 年,美国、欧元区和日本三大经济体不断扩大量化宽松货币政策规模,国际流动性进一步泛滥,国际大宗商品价格也在地缘政治以及投机因素作用下持续高位波动,对金砖国家形成输入性通货膨胀压力,加之部分国家国内货币政策进一步放松,使其现实和潜在的通胀压力都在增大。2012 年印度 CPI 涨幅达到 9.4%,比上年升高 0.5 个百分点,居金砖国家之首。

(三)经济增长方式相对粗放

金砖国家在保持经济持续较快增长的同时,也消耗了大量的能源,部分国家不得不从国外大量进口。2011 年,中国石油消费量达 43965.8 万吨,进口 25377.8 万吨,出口 251.4 万吨,石油进口依存度达 57.1%[1]。另据美国能源署统计,2011 年,印度和巴西的日均石油消耗量分别达 343 万桶和 279 万桶,日均进口量分别为 327 万桶和 34 万桶,分别占各自日

① 中华人民共和国国家统计局,《能源统计年鉴》2012 年。

均消耗量的95.3%和12.2%。金砖国家单位GDP能耗普遍较高,能源利用效率较低。2010年,除巴西每万国际元GDP消耗能源1.35吨标准油,比世界平均水平低25.4%外,其他金砖国家均高于世界平均水平(见表2)。

表2 金砖国家与世界及其他国家单位GDP能耗比较

单位:吨标准油/万国际元

	2000年	2005年	2008年	2009年	2010年	2010年为世界平均水平的倍数(倍)
巴　西	1.36	1.36	1.35	1.31	1.35	0.75
俄罗斯	4.91	3.84	3.28	3.35	3.48	1.92
印　度	2.52	2.14	1.99	1.99	1.86	1.03
中　国	3.51	3.26	2.76	2.72	2.65	1.46
南　非	3.25	3.16	3.15	3.13	2.88	1.59
美　国	2.04	1.85	1.74	1.71	1.70	0.94
英　国	1.30	1.12	1.00	0.98	0.99	0.55
日　本	1.42	1.34	1.24	1.25	1.26	0.70
世　界	2.03	1.95	1.82	1.83	1.81	1.00

注:GDP按2005年不变价按购买力平价法计算。

资料来源:世界银行数据库。

(四)国际竞争力有待提高

据世界经济论坛2012年9月发布的《2012/2013年全球竞争力报告》,2012/2013年度金砖国家竞争力整体有所下降。中国、巴西、南非、印度和俄罗斯全球竞争力得分分别为4.87、4.40、4.37、4.32和4.20,中国在金砖五国中得分最高,居世界144个国家和地区中的第29位,其他四国分别居第48位、52位、59位和67位。其中,中国、南非、印度和俄罗斯分别比上年下降3位、2位、3位和1位,巴西比上年上升5位(见表3)。从12个分项得分来看,排名居后72位的分项有:南非、印度和巴西的健康与初等教育,俄罗斯、巴西和印度的商品市场效率,南非、俄罗斯和印度的劳动力市场效率,俄罗斯和巴西的对投资者保护,印度和南非的高等教育与培训,印度的宏观经济环境和基础设施,以及俄罗斯的金融市场、商业成熟性和创新。所有金砖国家排名居世界前列的分项仅有市场规模1项,均居世界前25位。

表 3　2012/2013 年度金砖国家与部分发达国家全球竞争力排名

		巴西	俄罗斯	印度	中国	南非	美国	英国	日本
全球竞争力指数	本年度位次	48	67	59	29	52	7	8	10
	与上年度相比位次变化	上升 5 位	下降 1 位	下降 3 位	下降 3 位	下降 2 位	不变	不变	不变
1. 对投资者保护		79	133	70	50	43	41	13	22
2. 基础设施		70	47	84	48	63	14	6	11
3. 宏观经济环境		62	22	99	11	69	111	110	124
4. 健康与初等教育		88	65	101	35	132	34	17	10
5. 高等教育与培训		66	52	86	62	84	8	16	21
6. 商品市场效率		104	134	75	59	32	23	17	20
7. 劳动力市场效率		69	84	82	41	113	6	5	20
8. 金融市场发展		46	130	21	54	3	16	13	36
9. 技术就绪度		48	57	96	88	62	11	7	16
10. 市场规模		9	7	3	2	25	1	6	4
11. 商业成熟性		33	119	40	45	38	10	8	1
12. 创新		49	85	41	33	42	6	10	5

资料来源：世界经济论坛，《2012/2013 年全球竞争力报告》。

三、2013 年金砖国家经济增长将有所加快,国际地位会进一步上升

2013 年,在主要经济体前期采取的刺激性政策作用下,世界经济增长将有所加快,同时金砖国家的内部需求将逐渐恢复,预计 2013 年金砖国家经济增长将有所加快,对世界经济的影响力将进一步提升。

(一)促进金砖国家 2013 年经济增长的有利因素

1. 外部经济环境略有改善

第一,2013 年世界经济增长有可能小幅加快,金砖国家外需会略有改善。国际货币基金组织预测,按照购买力平价法 GDP 加权汇总,2013 年世界经济将增长 3.5%,比上年加快 0.3 个百分点;2013 年全球货物和服务贸易量将增长 3.8%,比上年加快 1.0 个百分点,其中发达国家和发展中国家进口量将分别增长 2.2% 和 6.5%,比上年提高 1.0 个和 0.4 个百分点。

第二,全球流动性充裕有利于降低金砖国家对外融资成本,为企业扩大投资提供便利。2013 年将会是全球流动性极度宽松的一年。美联储致力于推行创纪录的宽松措施,第四轮量化宽松政策(QE4)可能贯穿全年;欧洲央行在前期推出长期再融资操作、证券市场计划等非常规货币政策基础上,2012 年 9 月推出直接货币交易计划(OMT),在二级市场无限量购买期限为 1 至 3 年的欧元区成员国国债,该计划有望在 2013 年逐步推行;日本 2013 年初决定开启"开放式"量化宽松,并把 CPI 通胀目标从 1% 上调至 2%。2013 年 2 月底,反映国际金融市场借贷意愿的美元 3 个月伦敦同业拆借利率与隔夜指数调期(LIBOR-OIS)利差和欧元 3 个月 LIBOR-OIS 利差分别为 14.9 和 12.2 个基点的正常水平,分别比 2012 年年初大幅回落 34.9 和 85.2 个基点,全球资金借贷更易于获得。

2. 金砖国家的调控政策有利于经济增长

2013 年,得益于"扩内需、转方式和调结构"的调控政策,中国经济增速将有所加快,继续成为世界经济增长的"火车头";印度系列改革措施将改善其国际收支状况和提振市场信心;巴西采取的刺激需求增长的财政措施和宽松货币政策,加上巴西雷亚尔持续走软,将会促进其经济增长;南非虽受欧债危机影响较重,但将在 2013 年大力发展社会服务和基

础设施,拉动经济继续增长。

3. 金砖国家间合作趋于密切

金砖各国面临着经济社会发展和减贫的共同任务,既在某些领域如某些商品的出口上具有竞争性,同时也在资源禀赋、人口结构、产业结构和消费结构等方面差异明显,具有很强的互补性,为金砖国家之间开展合作提供较好的基础。金砖国家可在能源、资源、资金、劳动力、技术以及消费市场等领域加强合作。相对来说,印度、巴西和南非人口结构总体年轻,俄罗斯、巴西、南非和印度能源和矿产资源丰富,中国和俄罗斯资金较为充足。2012 年 3 月举行的第四次金砖国家领导人会议认真讨论了金砖国家之间货币互换问题,并决定建立货币互换机制。当年 6 月,中国与巴西签署 1900 亿人民币的货币互换协议,有效期为 10 年。金砖国家之间通过货币互换,可在不借助可兑换货币的情况下拓展相互间的贸易和投资往来。

(二)制约金砖国家 2013 年经济增长的不利因素

1. 世界经济中的不确定性因素依然较多

美国的债务上限管理以及财政紧缩政策会导致其经济增长放缓,并对全球经济产生下行压力;欧元区主权债务压力加大,在全面、可信的应对政策得到实施并取得实效前仍是全球经济的主要风险。国际风险因素会通过贸易、金融和信心等途径对金砖国家经济造成负面影响。另外,地缘政治紧张局势会减少诸如原油这样的关键商品的供应并提升价格,从而产生不利于经济增长的负面影响。

2. 通胀压力加大

全球流动性进一步泛滥以及国际市场大宗商品价格高位波动将继续对金砖国家产生较大的输入性通胀压力,加上多数成员国宽松货币政策以及内需加快增长,金砖国家通货膨胀的压力将进一步加大。

3. 美元和日元贬值将对金砖国家的出口造成负面影响

美国和日本是金砖国家的主要贸易伙伴和出口市场。在美国和日本超级宽松的货币政策作用下,2013 年美元和日元可能走软,从而导致部分金砖国家货币升值,不利于金砖国家出口稳定增长。英国共识公司 2013 年 2 月预测,2014 年 2 月底,一美元将分别兑换 6.169 中国人民币和 52.74 印度卢比,美元兑中国人民币和印度卢比与 2012 年底相比将分别贬值1.0%和3.7%。

(三)对于2013年金砖国家经济走势的预测

国际货币基金组织2013年1月预测,2013年,除南非外的其他金砖国家的经济增速都将快于或持平世界平均增速3.5%[①],中国、俄罗斯、印度、巴西和南非GDP将分别增长8.2%、3.7%、5.9%、3.5%和2.8%,比上年分别加快0.4、0.3、1.4、2.6和0.3个百分点。英国共识公司2013年3月预测,2013年中国CPI将上涨3.2%,涨幅比上年扩大0.6个百分点。2013年俄罗斯CPI将上涨5.9%,涨幅比上年扩大0.8个百分点。2012/13财年印度CPI将上涨7.8%,涨幅比上年回落1.8个百分点。2013年巴西CPI将上涨5.6%,涨幅比上年回落0.2个百分点。2013年南非CPI将上涨5.9%,涨幅比上年扩大0.3个百分点。

(执笔:国统研;成文于2013年3月)

① 为按购买力平价法GDP加权汇总。

新兴经济体宏观经济运行回顾及展望

新兴经济体在世界经济中的地位正在不断加强，一个最为突出的标志是，由新兴经济体和主要发达国家组成的20国集团取代七国集团(G7)或八国集团(G8)转变为国际经济合作的主要论坛。我们将20国集团中的11个发展中国家作为新兴经济体的代表，分析其经济形势变化的特点，发展趋势以及其与世界经济的相互影响。这些国家包括阿根廷、巴西、中国、印度、印度尼西亚、韩国、墨西哥、俄罗斯、沙特阿拉伯、南非和土耳其。

一、新兴经济体宏观运行总体平稳

2012年是新兴市场国家在全球经济危机后持续复苏的第三个年头，面对艰难的复苏，新兴经济体采取了一系列措施，加速了经济回暖，使新兴经济体经济不仅没有像一些预测所认为的那样陷于崩溃，反而较早进入了复苏阶段，但同时其复苏的基础并不牢固，在GDP、价格、就业、贸易等方面仍然面临一系列的问题。

(一)经济增速在不平衡中呈回落态势

受2009年全球经济衰退的影响，新兴经济体增长普遍减缓，2010年开始复苏增长，但复苏的速度不稳定，时快时慢。不平衡是本次世界经济复苏的一个突出特征，主要表现为新兴经济体相对于先进经济体更为强劲的增长。虽然2011年的复苏略有加快，为5.9%，但2012年又呈现明显放缓的趋势，增长速度的估计值为3.8%。从季度同比增速看，新兴经济体均已呈现增长放缓的态势。作为衡量经济增长的一个重要方面，GDP保持了一定的增速，说明这些国家经济恢复具有相对稳定的基础。但从具体数据观察，增速相差较大更加凸显了新兴经济体复苏状况的不均衡。

表 1 新兴经济体经济增速(%)

年、季	巴西	阿根廷	韩国	土耳其	南非	俄罗斯	墨西哥	印度	沙特	印尼	中国
2011.1	4.3	9.9	4.2	12.1	3.4	4.0	4.6	7.8	–	6.5	9.8
	(0.6)	(3.0)	(1.3)	(1.4)	(4.6)	(0.9)	(0.6)	(1.9)	(–)	(1.5)	(2.2)
2	3.3	9.1	3.5	9.1	3.3	3.4	3.3	7.7	–	6.5	9.6
	(0.5)	(2.2)	(0.8)	(1.3)	(1.0)	(0.6)	(1.3)	(1.8)	(–)	(2.9)	(2.5)
3	2.1	9.3	3.6	8.4	3.0	5.0	4.5	6.9	–	6.5	9.5
	(–0.1)	(1.0)	(0.8)	(1.7)	(1.7)	(1.8)	(1.3)	(1.2)	(–)	(3.4)	(2.4)
4	1.4	7.3	3.3	5.0	2.9	4.8	3.7	6.1	6.80	6.5	9.3
	(0.3)	(0.5)	(0.4)	(0.6)	(3.2)	(1.6)	(0.7)	(1.1)	(6.80)	(–1.3)	(1.7)
2012.1	0.7	5.2	2.8	3.4	2.4	4.9	4.6	5.3	5.95	6.3	8.1
	(0.2)	(0.6)	(0.9)	(2.4)	(2.5)	(0.6)	(1.2)	(0.9)	(5.96)	(1.4)	(1.5)
2	0.5	0.0	2.3	3.0	3.1	4.0	4.1	5.5	5.50	6.4	7.6
	(0.4)	(–0.8)	(0.3)	(1.8)	(3.4)	(0.1)	(0.9)	(0.6)	(5.51)	(2.8)	(2.0)
3	0.9		1.6	1.6	2.3	2.8	3.3	5.3	5.87	6.2	7.4
	(0.6)		(0.1)	(0.2)	(1.2)	(0.6)	(0.5)	(0.6)		(3.2)	(2.2)
2012 年	1.0	1.7	2.2	2.4	2.5	3.5	3.8	5.5	5.8	6.2	7.7
2013 年	3.6	2.2	3.2	3.5	2.9	3.7	2.8	6.5	4.2	6.1	8.1

注:括号中为环比增长率,2012 和 2013 分别为估计值和预测值。资料来源:各国统计局。

首先,三季度巴西和阿根廷增长不到 2.0%。巴西三季度经济同比增长 0.9%,略高于前两个季度;阿根廷二季度经济增长处于停滞状态,处于负增长的边缘。其次,韩国、土耳其、南非和俄罗斯增长都回落至 3.0% 以下。韩国和土耳其三季度同比增长均为 1.6%,分别比一季度回落 1.2 和 1.8 个百分点;南非三季度同比增长 2.3%,比前两个季度分别回落了 0.1 和 0.8 个百分点;俄罗斯三季度同比增长 2.9%,比前两个季度分别回落了 2.0 和 1.1 个百分点。再次,墨西哥三季度同比增长 3.3%,比一季度回落了 1.3 个百分点。最后,印度、沙特、印尼等高速增长的经济体也有不同程度回落。印度三季度经济同比增长 5.3%,虽然与一季度增速相同,但比二季度回落了 0.2 个百分点;沙特三季度 GDP 增长 5.87%,比一季度回落 0.08 个百分点;印尼同比增长 6.2%,保持了较高的增速,回落幅度不大,仅 0.1 个百分点。

(二)通货膨胀压力有升有降

虽然从新兴经济体平均来看,消费者价格指数上涨变化幅度不大,2012 年估计数为 5.7%,基本与上年持平,但不同经济体面临的价格上涨压力迥然不同。首先从宏观经济政策的通胀目标控制看,中国、印尼和沙特通胀控制的非常合理,总体呈回落趋势,尤其是这三个国家的消费者价格上涨率都低于其经济增长率,使得经济增长进一步加速的空间非常大。其次从消费者价格涨落趋势看,一是韩国、中国、沙特、巴西、南非和土耳其全年消费者价格呈持续回落态势。韩国和中国已经回落至 2.0% 以下;土耳其虽然绝对水平很高,但回落幅度最大,为 4.2 个百分点。二是墨西哥和印度经历了先上涨再回落的走势。墨西哥从年初的 4.0% 上涨到 9 月的高点 4.8%,然后又回落至目前的 4.2%;印度从年初的 5.3% 开始,经历了 7 月的高点 10.3%,继而逐步回落至 9.9%。三是印尼和阿根廷的通胀压力持续上升。虽然这两个国家消费者价格水平的上涨幅度不大,但一直保持着上涨的态势。印尼从年初的 3.6% 上涨到目前的 4.3%,涨幅达 0.7 个百分点;同时阿根廷也从 9.7% 持续上涨到 10.2%,上涨了 0.5 个百分点。四是俄罗斯的通胀迅速窜升。尤其是上涨速度较快,上涨幅度较大。这主要是由于石油供给的冲击,使得俄罗斯消费者价格指数从年初上涨 4.1% 直线上升至目前的 6.4%,涨幅达 2.3 个百分点,居新兴经济体价格上涨之首。

表 2　新兴经济体消费者价格上涨率（同比：%）

年、月	韩国	中国	墨西哥	印尼	沙特	俄罗斯	巴西	南非	土耳其	印度	阿根廷
2012.1	3.4	4.5	4.0	3.6	5.3	4.1	6.2	6.3	10.6	5.3	9.7
2	3.1	3.2	3.8	3.5	5.5	3.8	5.8	6.1	10.4	7.6	9.7
3	2.6	3.6	3.7	4.0	5.5	3.8	5.2	5.9	10.4	8.6	9.8
4	2.5	3.4	3.4	4.5	5.3	3.6	5.1	6.1	11.1	10.2	9.8
5	2.5	3.0	3.9	4.5	5.1	3.6	5.0	5.6	8.3	10.2	9.9
6	2.2	2.2	4.3	4.5	4.9	4.3	4.9	5.5	8.9	10.1	9.9
7	1.6	1.8	4.4	4.6	4.0	5.6	5.2	4.9	9.1	10.3	9.9
8	1.3	2.0	4.6	4.5	3.8	5.9	5.3	5.0	8.9	10.0	10.0
9	2.0	1.9	4.8	4.3	3.5	6.6	5.3	5.5	9.1	9.7	10.0
10	2.1	1.7	4.6	4.6	3.7	6.5	5.5	5.6	7.8	9.8	10.2
11	1.6	2.0	4.2	4.3	3.9	6.4	5.5	5.5	6.4	9.9	
2012 年	2.3	2.7	4.2	4.4	4.9	5.1	5.4	5.7	8.9	9.4	9.9
2013 年	2.3	3.2	3.8	5.2	5.0	6.8	6.0	5.8	7.0	7.7	9.8

注:2012 和 2013 分别为估计值和预测值。资料来源:各国统计局。

（三）就业市场尚待改善

在经济增长放慢的同时，新兴经济体的就业市场仍然有待改善，2012年失业率的估计值为8.1%。虽然中国的失业率较低，但是我们对该数字应该保持谨慎乐观。韩国虽然失业率在10月回落至历史最低水平2.8%，但2月为3.7%，处于今年的最高位。巴西和俄罗斯的失业率虽然呈降低趋势，但是从绝对数字看都在5.5%以上。墨西哥虽然也在6.0%，但有攀升趋势。印尼、印度和阿根廷虽然波动幅度不大，但也都在7.0%左右。土耳其、沙特和南非的失业率最高，其中土耳其虽然有所回落，但依旧在8%以上；沙特仍然保持在10.5%的水平，尤其是沙特不愿意雇佣女职员，导致沙特女性的失业率高达27%，为男性的4倍；南非由于两极分化的社会体制以及经济增长模式单一，失业率高达25%。

（四）出口整体有所上升

到目前为止，新兴经济体出口较上年总体略有上升，具体看存在三类情况：首先，中国、韩国、俄罗斯、印度和墨西哥等较大的出口国增长呈加快态势。中国11月出口为1793.8亿美元，9月为历史最高值1861.8亿美元；俄罗斯10月出口461亿美元，为今年的较高水平；11月韩国出口477.8亿美元，接近2011年7月的历史最高值489.5亿美元；印度3月达到历史最高值282.5亿美元，但11月出口略降为223亿美元；10月墨西哥出口达到了历史最高值339.18亿美元。其次，土耳其、巴西和印尼等国呈平稳波动态势，但波动幅度不大。巴西11月出口达205亿美元，与2011年8月最高值262亿美元相差不大；印尼10月出口152.9亿美元，与2011年8月的最高值186.5亿美元有所缩小；土耳其10月出口132.9亿美元，为年内最高值。再次，沙特呈现较为明显的减少趋势。从年初的314.5美元一直滑落至8月267.9美元。最后，阿根廷和南非表现为先升后降的走势。阿根廷11月出口为64亿美元，高于年初的59.1亿美元，但低于8月的79.5亿美元的年内高点；10月南非出口70.8亿美元，高于年初的67.4亿美元，但低于3月80.6亿美元的年内高点。

表 3　新兴经济体失业率(%)

	巴西	俄罗斯	韩国	墨西哥	土耳其	印度	中国	阿根廷	南非	印尼	沙特
2012.1	5.5	6.6	3.2	4.9	10.2						10.5
2	5.7	6.5	3.7	5.3	10.4					6.3	
3	6.2	6.5	3.4	4.6	9.9	7.0	4.1	7.1	25.2		
4	6.0	5.8	3.4	4.9	9.0						
5	5.8	5.4	3.2	4.8	8.2						
6	5.9	5.4	3.2	4.8	8.0	6.9	4.1	7.2	24.9		
7	5.4	5.4	3.1	5.0	8.4						
8	5.3	5.2	3.1	5.4	8.8					6.1	
9	5.4	5.2	3.1	5.0	9.1	6.9	4.1	7.6	25.5		
10	5.3	5.3	2.8	5.0							
2012	5.7	5.8	3.2	5.1	9.0	6.9	4.0	7.3	25.0	6.2	10.5
2013	5.1	6.2	2.8	5.8	9.4	6.9	4.0	7.9	24.9	6.0	10.5

注:2012 和 2013 分别为估计值和预测值,由于统计制度不同,印度、中国、阿根廷和南非对于失业率数据采取季度统计,印尼为半年度统计,沙特为年度统计。资料来源:各国统计局。

表 4 新兴经济体出口(亿美元)

2012 年	阿根廷	南非	土耳其	印尼	巴西	印度	沙特	墨西哥	俄罗斯	韩国	中国
1 月	59.1	67.4	103.5	156.8	161.4	252.1	314.5	272.8	397.4	412.1	1498.6
2 月	61.0	73.5	117.5	157.0	180.3	249.2	316.6	299.8	451.6	463.2	1144.1
3 月	62.8	80.6	132.1	169.7	209.1	282.5	320.5	324.1	468.7	473.4	1655.8
4 月	66.9	66.6	126.3	158.6	195.7	236.2	323.3	310.4	451.2	461.1	1631.3
5 月	75.6	77.0	131.4	163.7	232.1	248.6	313.4	331.6	458.3	469.2	1810.3
6 月	71.2	73.5	132.4	153.0	193.5	247.2	297.5	302.6	409.7	471.7	1799.4
7 月	74.4	77.0	128.4	157.4	210.0	227.7	285.1	302.8	406.5	446.7	1769.3
8 月	79.5	74.2	128.4	137.1	223.8	220.1	267.9	316.6	420.5	430.5	1779.0
9 月	68.2	68.5	129.9	161.3	200.0	238.5		293.0	440.5	454.2	1861.8
10 月	69.0	70.8	132.9	152.9	217.6	232.5		339.2	460.5	470.8	1755.6
11 月	64.0				204.7	223.0				477.8	1793.8
月平均值	68.7	72.9	126.3	156.8	202.6	241.6	304.8	309.3	436.5	457.3	1681.7
2012 年预测	825.0	875.0	1515.3	1881.0	2430.9	2899.0	3658.1	3711.6	5237.8	5488.0	20180.8

资料来源:各国统计局。

二、新兴经济体面临的主要问题

虽然新兴经济体具有很大的增长潜力,但一些制约经济进一步增长的因素也存在,例如经济结构调整、价格水平易受国际大宗商品价格波动影响、就业结构仍需改革以及进出口平衡需要不断调整等等。

(一)经济结构需要进一步优化

拉美国家如巴西、阿根廷、墨西哥是这一地区增长最快的新兴经济体,拥有非常丰富的自然资源,但这些国家主要依靠初级产品出口拉动经济增长;沙特和俄罗斯财政收入90%以上依赖石油出口;土耳其农业仍然在解决就业问题中占有50%以上的份额;南非严重分裂的二元经济结构也阻碍了经济发展;印度的工业规模不发达;墨西哥出口地理方向单一,90%的贸易是在自由贸易协定的安排下完成的;由于人口老龄化加速以及贫富差距拉大,韩国经济增长潜力可能正在减弱;印尼政府仍然对市场化进程有所限制,国有企业部门占有绝对的主导地位。新兴经济体面对的经济结构问题需要在保持一定的经济增长速度中逐步解决和优化,这一点也是我国在"十二五"期间需要着重处理的问题,所以其他新兴经济体的结构问题对我国下一步的经济改革具有现实的借鉴意义。

(二)潜在通胀压力不可忽视

整体看,大多数新兴经济体目前的主要政策目标依然是稳定增长。虽然通胀压力仍然存在,但是考虑到世界经济仍处于复苏阶段,此后通胀可能维持低速温和增长态势。由于当前政策刺激仍然是各国经济增长的重要驱动力,私人商业活动尚未真正恢复,产能利用率还处于低位。所以一般而言,短期内通胀的压力仍然是潜在的。然而,随着宏观经济状况的好转,主要新兴经济体的物价将有所回升,通胀压力必然加大。另外,各主要经济体政府在经济危机期间都实施了数额巨大的财政刺激政策和极其宽松的货币政策。这些很大程度上都是避免大衰退的必要举措,因为温和通胀条件下的工资增长速度将滞后于物价,从而增加企业利润,刺激私人投资。但是,私人预期与实际经济活动的逆转可能是非常迅速的,如果政府没有及时认识到这种逆转并且迅速收回过剩的流动性,那么通货膨胀就可能马上跃升至难以接受的程度。还有一个重要的威胁是大宗商品价格波动,尤其是食品与能源价格的上涨以及短期资本大量流入导致的流动性过剩,都可能成为新兴经济体未来物价上涨的重要驱动力。所以谨慎、及时、周密的防通胀措施必须在未来的宏观经济政策中有所体现。

(三)失业率上升导致经济社会问题

失业率增高不仅将导致严重的社会问题,而且还将侵蚀本已十分脆弱的新兴经济体经济反弹基础,阻碍经济的复苏。高失业率首先将直接影响居民可支配收入的增长,抑制居民的消费倾向,增加其储蓄倾向;同时,对于未来就业状况的悲观看法,亦将影响到居民的就业预期和工资增长预期,从而导致当期消费的进一步削减。其次在投资领域,私人消费的稳定与增长是企业投资决策的重要考虑因素。高失业率将通过影响企业对于消费、经济增长和盈利的预期,进而约束商业支出的增加。而如果没有企业投资的增长,较高的失业率恐怕难以得到改善。第三,在进出口领域,高失业率会通过国内政治制度的传导,将促使一些国家决策者实施贸易保护主义政策。

(四)贸易不平衡状况整体向好

国际贸易不平衡问题主要表现为盈余国家顺差不断扩大和赤字国家逆差持续增加。从 2012 年的贸易差额变化来看:第一,印度和土耳其是传统的贸易赤字国家,11 月印度贸易逆差为 192.9 亿美元,10 月贸易逆差达到历史最高值 209.6 亿美元。10 月土耳其贸易逆差 55.1 亿美元,是年内的最小值,有缩小的趋势,而 2011 年 9 月为历史最大贸易逆差 104.53 亿美元。第二,同为传统贸易逆差国家的南非和墨西哥经历了先缩小再扩大的走势,贸易不平衡又开始扩大。另外,长期的贸易顺差国中国、韩国、沙特、阿根廷和俄罗斯的平衡状况在不断改善,2012 年都呈现了盈余减少的走势,但韩国的贸易盈余在不断扩大。值得关注的是印尼和巴西,这两个新兴经济体基本上处于贸易平衡的经济发展模式。巴西 11 月的贸易顺差为 1.86 亿美元,1959 以来贸易差额平均为 6.69 亿美元,2006 年 7 月顺差最高值 56.59 亿美元,1996 年 12 月贸易逆差最大 18.45 亿美元;10 月印尼贸易逆差为 15.47 亿美元,1960 年以来平均贸易差额为 8.03 亿美元,2006 年最高顺差 46.41 亿美元,2012 年 10 月贸易逆差最大为 15.47 亿美元。可见这两个国家在经济发展过程中并没有出现较大的不平衡,值得其他新兴经济体借鉴。

表 5　新兴经济体贸易差额(亿美元)

2012 年	印度	土耳其	南非	墨西哥	印尼	巴西	阿根廷	韩国	俄罗斯	沙特	中国
1 月	-177.7	-71.2	-16.9	-10.2	5.3	-21.0	5.5	-22.9	205.2	197.6	270.6
2 月	-152.6	-60.4	-9.8	-3.0	-1.1	9.7	13.4	12.6	203.6	193.6	-319.8
3 月	-140.7	-74.7	-7.2	7.6	7.5	11.7	10.8	22.9	183.0	196.3	51.7
4 月	-141.6	-66.4	-12.6	-2.3	-6.1	0.9	18.3	21.4	183.2	199.1	185.2
5 月	-167.1	-86.1	-11.0	-5.0	-5.3	20.3	15.2	24.2	176.8	186.8	181.4
6 月	-110.2	-72.0	-6.8	-1.8	-8.4	-0.2	10.2	51.7	140.5	169.3	317.3
7 月	-177.9	-80.0	-8.1	-12.4	-2.7	20.3	10.7	27.0	110.5	163.3	252.8
8 月	-153.5	-59.9	-14.7	-18.4	0.4	23.4	16.3	19.6	126.4	144.1	264.3
9 月	-179.6	-69.4	-16.7	-5.3	8.0	17.5	9.1	28.9	171.3		274.5
10 月	-209.6	-55.1	-24.6	-25.8	-16.7	7.3	5.9	36.9	145.0		321.1
11 月	-192.9					-11.4		43.8			196.3
月平均值	-163.9	-69.5	-12.8	-7.7	-1.9	7.2	11.5	24.2	164.6	181.2	181.4
2012 年预测	-1967.3	-834.1	-154.0	-92.0	-22.8	85.9	138.3	290.2	1974.7	2175.0	2176.8

资料来源:各国统计局。

三、新兴经济体增长展望

新兴经济体的共同特点是：具有相对较高的经济增长率；相当的经济规模和人口总量；中上等或中下等的人均收入水平；不在公认的发达国家或最不发达国家之列；较高的经济开放度。这些特点决定了新兴经济体未来的走势，如何保持可持续的增长是这些国家的核心任务和未来目标。

（一）保持快速增长对世界经济日益重要

2009年世界经济虽然负增长，但没有继续下滑，应该归功于发达经济体以外的因素，尤其是新兴经济体的因素更加重要。在经济增长方面新兴经济体表现突出，以各国GDP占新兴经济体的GDP总量份额为权重，对各国的GDP增长率加权平均计算可得新兴经济体的经济增长率，该数值2009年为2.6%，同期世界经济增长率为-0.6%，尤其是中国、印度和印尼等国相对较高的经济增长速度令世人瞩目。预计2013年新兴经济体经济增长4.3%，比上年加快0.5个百分点。其中中国仍将保持较快增速8.1%；阿根廷，南非和墨西哥增速处于2-3%之间；巴西、韩国、土耳其和俄罗斯增速在3-4%的水平上；沙特增长将超过4%；印度和印尼仅次于中国，增长率将保持在6.0%以上。

（二）短期内价格水平在可控范围之内

从近来消费者物价指数的情况看，2013年新兴经济体的消费者价格上涨率将仍然维持在2%～6%的可控水平，平均为5.8%左右，比上年略高0.1个百分点，这一水平明显低于2008年9月危机爆发前的状况。但是，印度与俄罗斯两个国家值得一提。由于食品价格的连续加速上涨以及干旱的天气导致农产品减产直接推动了印度消费者价格同比增长率长期超过10%的水平，以至于印度央行连续将商业银行的现金储备率上调，才使得目前的通胀压力有所缓解，然而这一问题并没有完全解决，由于占CPI权重较大和粮食稳定机制不健全，食品价格将会对印度未来的通胀压力持续产生影响。在俄罗斯，受居民收入增长较慢、消费需求下降和卢布币值稳定等多种因素驱动，俄罗斯2012年上半年的通货膨胀率仅为4.0%。然而，持续上涨的石油价格和紧张的地缘政治形势，使得从下半年开始通胀水平持续上升，2013年必将超过6.5%。俄罗斯对石油的依赖一定会在未来的发展中决定着俄罗斯通胀压力的起伏和涨落，石油这一特殊商品可以轻而易举地将其消费者价格水平推升至10%甚至更高。

（三）失业率将长期保持目前状况

鉴于失业率属于滞后经济指标的特点，新兴经济体的失业率将长期保持在目前的水平，这不仅是因为与当前的经济增长放慢有关，同时还有许多其他因素决定了这一发展变化趋势。一是有所放慢的经济增速不可能创造大规模的就业机会，只有等待经济进入快速增长时期，才会形成新的就业岗位。二是新兴经济体正面临着新一轮的经济结构调整，势必将淘汰一些落后的产能和产业，同时新创造一些新兴产业，但在二者变化之间一定会使得就业压力加大，如果政府能够通过适当的促进就业政策，保证失业率不上升，就已经是非常困难，更谈不上扩大就业。三是随着科技进步，长期失业率在理论上存在着上升趋势，由于科技进步导致的失业人口将会增加，如何应对这一趋势是既古老又崭新的课题。

（四）推动世界贸易增长仍有很大空间

一个经济体在世界经济格局中的地位不仅取决于自身的经济规模和发展状况，还严重依赖于其与全球经济的融合程度。在国际贸易方面，新兴经济体与世界经济的融合状况主要体现在以下几个方面：一是从实际GDP和贸易增速看，新兴经济体进出口增长均明显超过实际GDP的增长。二是从贸易额占GDP的比例来看，2011年新兴经济体平均约为65%左右。三是2011年新兴经济体占世界货物贸易出口总额的26.5%，世界货物贸易进口总额的23.2%，占世界服务贸易出口总额的16.3%，占世界服务贸易进口总额的19.3%，且均为世界主要的贸易大国。但同时也应该看到，无论是从出口量还是从出口目的地排名来看，新兴经济体都对发达国家市场存在严重的依赖。尤其是美国、日本和欧盟是所有新兴经济体国家最重要的出口目的地。而在新兴经济体内部，相互间贸易的重要性远逊于其对发达国家市场的依赖，其中只有中国是其余10国的主要出口地。这就意味着，新兴经济体的发展在很大程度上依赖于美国、日本和欧盟的国内需求，但相互之间发展的空间仍有潜力。

四、新兴经济体之间以及与我国竞争合作的关系

这些国家既是新兴经济体，但又处于不同的发展阶段。从新兴经济

体角度看，它们有许多共性；但从不同发展阶段看，它们又有许多个性。我国是新兴经济体中重要的一员，与其他国家既存在着合作关系，也存在着竞争关系，如何保持在有序和良性竞争中推进合作关系是我们需要积极面对的重要课题：

一是推进经济结构改革，虽然我国与其他新兴经济体都面临着既要保持经济增长，又要在增长中进行经济结构改革的任务，但相互之间并没有成功的模式可以借鉴，所以相互学习，加强交流，就经济中出现的问题及时沟通就变得非常重要，尤其是在涉及具有共同经济利益的结构调整方面，加强合作就显得尤为重要。

二是减少经济贸易摩擦。在新兴经济体的一些国家中，其产业结构非常相似，在国际经济竞争中易于产生贸易摩擦。比如中国和印度的制造业成本都很低，对于承接发达国家制造业产业转移方面存在着对国内就业的冲击。另外在以资源为出口导向的国家中也会发生由于价格竞争形成的矛盾，使得发达国家从中获利，从而使新兴经济体国家出口利益减少。为了减少不必要的摩擦，新兴经济体应该在这些方面形成共识，或者达成协议，将竞争中的危害降到最低。

三是加强产业优势互补。在新兴经济体的另一些国家中，也存在着能够进行优势互补的产业结构类型，这就是加强合作的有利基础。例如印度是新兴经济体国家中服务业最发达的，其发达的服务业甚至已经打入欧美等发达国家市场，所以印度的服务业可以成为其他新兴经济体合作和学习的典范。再如，南非、俄罗斯、沙特和巴西的自然资源和石油资源异常丰富，而其他新兴经济体的经济发展离不开这些重要的生产资源，期间扩大合作的前景非常广阔。

四是强调在世界经济中的整体利益。虽然新兴经济体具有很多竞争，但在国际社会中应该采取共同立场，争取用一个声音说话，形成新兴经济体的集合力量。这有利于在与发达国家之间就某些国际经济问题进行磋商，是维护新兴经济体集体利益的有效手段。例如可以增加新兴经济体在联合国中的投票权，在国际货币基金组织中的份额，提高某些国家货币的国际化水平，进一步为新兴经济体在未来世界经济发展中发挥更大的正能量奠定坚实的基础。

（执笔：马岩；成文于 2013 年 1 月）

2012 年世界贸易形势回顾及 2013 年展望

2012 年,世界经济低速增长,欧债危机波澜起伏并引发国际金融市场动荡不安,发达国家不断推出的宽松货币政策影响部分国家货币币值稳定,贸易保护主义不断加剧,世界贸易发展遇到很大困难,全年呈现增幅回落、波动明显的特点。展望 2013 年,世界贸易增长将有所加快,但难以明显改观。

一、2012 年世界贸易形势的主要特点

(一)贸易增幅远低于 2011 年

根据荷兰经济政策分析局最新公布的数据,2012 年 1-12 月,世界贸易量平均指数为 163.0(2000 年为 100),比上年提高 3.7 个百分点,增长 2.2%,增幅比上年大幅回落 3.6 个百分点。世界出口贸易量增长 2.0%,其中发达国家增长 0.6%,发展中国家增长 3.4%;世界进口贸易量增长 2.5%,其中发达国家减少 0.05%,发展中国家增长 5.3%。

根据世界贸易组织(WTO)初步统计,2012 年按美元计算的世界货物出口额和进口额分别比上年下降 0.5% 和 0.2%,其中北美洲和亚洲出口额分别增长 4.0% 和 1.9%,进口额分别增长 3.2% 和 3.7%,而欧洲出口额和进口额则分别下降 4.1% 和 5.7%。

(二)发展中国家成为世界贸易增长的主导力量

从世界贸易的增长格局来看,世界贸易发展的主导力量呈现出此消彼长的明显变化。发达国家贸易增长相对缓慢,其中欧洲还拖累了世界贸易增长,而发展中国家则成为世界贸易增长的主要推动力,对世界贸易增长的拉动作用明显上升。2012 年,发达国家和发展中国家出口量增长率分别为 0.6% 和 3.4%,对世界出口增长贡献率分别为 14.2% 和

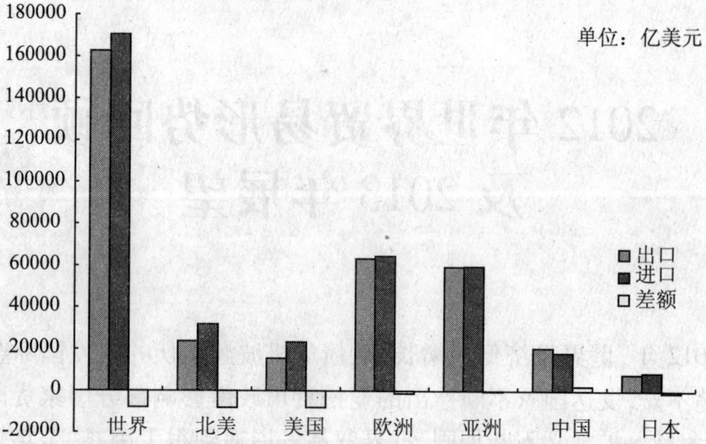

图 1. 2012 年世界、主要地区、部分国家进出口额和贸易差额

资料来源：世界贸易组织。

85.8%；进口量增长率分别为-0.1%和5.3%，对世界进口增长贡献率分别为-1.0%和100.9%。

表 1　2012 部分经济体对世界贸易量增长的贡献

	出口量增长（%）	对世界出口增长贡献率（%）	对世界出口增长的拉动作用（百分点）	进口量增长（%）	对世界进口增长贡献率（%）	对世界进口增长的拉动作用（百分点）
世界	2.0	100.0	2.0	2.5	100.0	2.5
发达国家	0.6	14.2	0.3	-0.1	-1.0	0.0
欧元区	0.3	3.9	0.1	-3.4	-30.3	-0.8
发展中国家	3.4	85.8	1.7	5.3	100.9	2.5

资料来源：根据荷兰经济政策分析局数据测算。

（三）世界贸易量波动明显

荷兰经济政策分析局数据显示，从 2012 年 1-12 月世界出口量环比增长速度（截至当月的三个月与此前三个月环比折年率的增长速度）来看，1-4 月运行基本稳定，环比增长速度分别为 1.20%、2.62%、1.11%和0.71%；5-7 月环比增速明显加快，分别达到 3.63%、5.65%和5.65%；8-10 月环比增速急剧下滑，分别为-0.16%、-1.81%和-1.68%；11-12

月呈现恢复性增长,环比增速为 1.85% 和 2.10%。

表 2　2012 年世界及主要地区和国家进出口额和贸易差额

单位:亿美元

	出口额	增幅(%)	进口额	增幅(%)	贸易差额
世界①	162680	-0.46	170530	-0.22	-7850
北美洲	23730	3.99	31781	3.24	-8051
美国	15471	4.51	23353	3.06	-7881
欧洲	63389	-4.07	64567	-5.69	-1178
亚洲	59441	1.94	59687	3.74	-246
中国	20489	7.93	18178	4.26	2311
日本	7986	-2.92	8858	3.61	-873

注:①为世界贸易组织基于 70 个经济体月度统计结果的汇总结果,相当于世界贸易额的 90%。

资料来源:世界贸易组织。

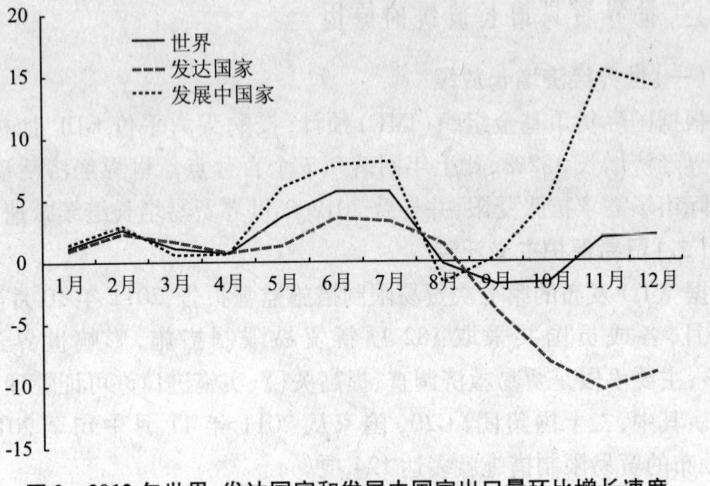

图 2　2012 年世界、发达国家和发展中国家出口量环比增长速度

注:为截至当月的三个月与此前三个月环比折年率的增长速度。

资料来源:荷兰经济政策分析局。

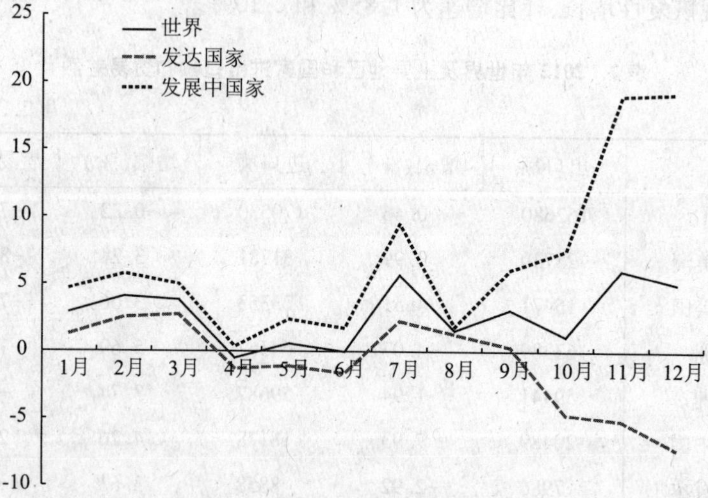

图 3　2012 年世界、发达国家和发展中国家进口量环比增长速度

注：为截至当月的三个月与此前三个月环比折年率的增长速度。

资料来源：荷兰经济政策分析局。

二、世界贸易增长放缓的原因

(一)世界经济增长放缓

根据国际货币基金组织(IMF)预计，按购买力平价 GDP 加权，2012 年世界经济增长 3.2%，比上年回落 0.7 个百分点。世界经济活动放缓，使国际市场需求扩张受限，并导致 2012 年世界贸易增长继续减速。

(二)贸易保护主义泛滥

据 WTO 发布的第七次贸易限制措施监督报告，2011 年 10 月至 2012 年 5 月，各成员国共采取 182 项新贸易限制措施，影响世界进口额 0.9%，主要手段是贸易救济调查、提高关税、实施进口许可证管理和海关监控。其中，二十国集团(G20)国家从 2011 年 11 月中旬至 2012 年 6 月，颁布的贸易限制措施就多达 124 项。

近期世界贸易保护主要有以下几个特点：

一是贸易保护的驱动因素发生了根本变化。世界经济的复苏并没有阻止贸易保护主义的蔓延，无论是新实施的贸易保护措施的数量，还是影响的贸易量都在显著上升。目前的贸易保护浪潮并不像是为对抗危机而出台的短期政策,更像是加速本国经济复苏的长期措施。

二是G20国家成为世界贸易保护措施的主导者。据世界贸易预警(GTA)最新报告统计,2009年时G20国家实施的贸易保护措施占世界贸易保护措施的比重为60%,而截至2012年6月该比重上升到了79%。

三是贸易保护领域由传统产业向高新技术和新能源等行业延伸。如在高新技术领域,欧盟委员会对我国中兴通讯和华为科技展开调查,威胁称若发现两家企业得到中国政府补贴将对其予以处罚,这两家企业也同时受到了澳大利亚和美国的禁止和指控;在新能源领域,美国和欧盟纷纷对我国光伏产业发起反倾销调查。

(三)潜在贸易融资风险上升

2013年开始实施的《巴塞尔协议III》协议规定,到2015年1月,世界各商业银行一级资本充足率下限将从现行的4%上调至6%,由普通股构成的"核心"一级资本占银行风险资产的下限将从现行的2%提高到4.5%,这将导致银行放贷能力下降。《巴塞尔协议III》还要求将3个月期的贸易融资视为一年期敞口,将导致贸易融资成本上升。此外,由于欧债危机导致欧洲银行资本风险上升,欧洲多家银行已经大规模减少了贸易融资贷款,不仅导致欧洲进口需求减少,还通过资金融资渠道对其他地区的贸易活动产生抑制作用。

(四)高失业率导致贸易保护进一步加剧

2012年各主要经济体的失业率仍然在高位徘徊。据IMF报告,2012年发达国家的平均失业率达到8.0%,高于2011年的7.9%。美国、欧元区和日本失业率分别达到8.1%、11.4%和4.3%,居高不下的失业率迫使各国政府竞相出台更具保护性的贸易政策,不利于世界贸易的健康发展。

(五)主要货币汇率波动加剧

2012年,美联储和日本央行不断推出量化宽松政策,间接导致本币贬值,其外溢效应给新兴市场国家和地区出口造成了沉重打击。2012年日元兑美元汇率累计贬值8.9%,而哥伦比亚、秘鲁、墨西哥和智利等国的货币兑美元汇率升值幅度高达10%,印尼、泰国、越南等亚洲发展中国家也承受着同样的压力,韩元兑日元的大幅升值已对韩国出口造成重大打击。据统计,韩元汇率每升值1%,韩国出口将减少0.92%。

三、2013年世界贸易形势展望

(一)先行指标显示国际贸易增长前景仍不乐观

1.波罗的海干散货运指数(BDI)持续在低位徘徊。BDI自2010年5月份达到高点4078之后一直保持下降趋势,2012年11月大幅下滑到1021点,2013年1月8日为1319点,远远低于航运业的盈亏平衡点(2000点)。

2.世界制造业采购经理人指数(PMI)出口新订单指数连续13个月处于景气临界值之下。截至2013年2月,世界出口新订单指数为49.48,仍处于景气临界值之下,显示贸易增长前景黯淡。

表3 2012年1-12月世界及三大经济体2012年以来制造业PMI出口新订单指数

	世界	美国	欧元区	日本
2012年1月	50.43	53.21	47.73	50.23
2月	49.64	52.78	48.46	47.11
3月	50.56	53.36	48.39	50.18
4月	49.53	50.25	46.22	48.47
5月	48.95	50.67	45.13	48.25
6月	47.47	48.9	44.93	47.51
7月	46.63	48.18	44.79	43.24
8月	46.94	48.74	44.54	45.54
9月	46.97	47.91	45.25	46.31
10月	46.89	48.12	45.32	46.73
11月	48.83	49.91	46.45	45.11
12月	48.72	52.82	46.64	43.31
2013年1月	49.37	51.35	49.46	44.25
2月	49.48	48.67	51.70	47.37

资料来源:Markit。

(二)2013年世界贸易将低速增长

2013年,世界经济仍充满不确定性:欧债危机能否被有效控制,美国经济能否有效避开“财政悬崖”,日本经济能否走出衰退,发展中国家能否保持经济稳定增长等,都将对世界经济增长带来较大影响。预计2013年世界经济增速将比2012年有所回升,但回升幅度有限,世界贸易的低速状况难以明显改观。

表4 主要国际组织对2012年和2013年世界货物和服务贸易量增长率的预测

单位:%

	国际货币基金组织		世界银行		联合国	
	2012年	2013年	2012年	2013年	2012年	2013年
世界	3.2	4.5	5.3	7.0	4.1	5.5
出口			5.3	7.0	3.9	5.5
发达国家	2.2	3.6	4.8	6.5	2.7	4.7
发展中国家	4.0	5.7	6.8	8.4	5.6	6.7
进口			5.2	7.3	4.2	5.5
发达国家	1.7	3.3	4.0	6.6	2.1	3.8
发展中国家	7.0	6.6	8.1	8.8	6.8	8.0

资料来源:国际货币基金组织《世界经济展望》更新版,2013年1月;世界银行《世界经济展望》,2013年1月;联合国《世界经济形势与展望》,2013年1月。

四、我国应进一步加大外贸支持力度

2012年以来,我国外贸发展遭遇较大困难:一是外部市场需求环境的变化已对我国长期依赖外需的贸易和经济结构产生了重要影响;二是随着我国劳动力、土地、资源能源等要素成本和资产价格的显著持续上升,以及人民币持续升值等,使我国出口综合成本过快上涨并削弱了我国的出口竞争优势;三是针对我国的贸易摩擦持续增加。在上述因素影响下,2010、2011和2012年净出口对我国经济增长形成负拉动,分别向下拉动我国GDP增长3.5、0.4和0.2个百分点。面对来自外部及内部的风险和压力,我们要高度重视进出口贸易存在的问题和困难,增强信心,有针对性地帮助企业克服困难,保持外贸稳定增长。

(一)继续落实和完善稳定出口政策。采取切实措施解决中小外贸企业融资难问题，加大对产品有市场、有订单的出口企业信贷和信保支持力度。结合增值税改革试点，可对鼓励类出口商品的企业进行税费减免试点。在推进价格改革中，应适当控制能源、原材料和生产性服务价格的过快上涨。

（二）加大对外贸转型升级的支持。把握世界经济和产业结构调整的趋势，加大转方式政策扶持力度，鼓励企业以市场为导向，走出创新驱动、质量带动、品牌拉动的外贸结构优化之路，实现贸易的可持续发展。

（三）围绕结构调整积极扩大进口。进一步改革进口体制，主动开放市场，重点增加先进技术设备、关键零部件以及与人民群众密切相关的生活用品的进口。积极搭建出口转内销平台，帮助外贸企业统筹国际国内两个市场，平稳度过当前困难时期。

（四）按照世贸规则积极应对贸易摩擦。贸易摩擦是国际贸易发展的伴生物，任何国家在参与国际贸易竞争中都无法避免。随着我国的产业升级，我国的资本密集型和高技术型产品的竞争性不断增强，产生的贸易摩擦会不断增多。要充分利用世贸规则化解贸易争端，适时主动出击，化被动为主动。

（执笔：高析；成文于2013年2月）

全球主要国家房地产市场走势分化明显

——2012年全球房地产形势回顾及展望

2012年，世界经济形势复杂曲折，全球主要国家房地产市场呈现明显分化走势。美国房地产市场明显回暖，欧洲主要国家房市低迷，日本房地产市场继续降温。

一、美国房地产市场明显回暖

2012年1月，美联储采取了一系列措施提振低迷的房地产市场：一是推动待售的止赎房进入出租房市场，减少待售的房产供给。二是提高居民抵押贷款的可获得性，降低抵押信贷成本。三是提高房产止赎程序效率，节约额外的成本。再加上利率超低、房价触底及投资需求增加等因素刺激，2012年，美国房地产市场在建筑市场带动下明显回暖，复苏基础不断稳固，正在逐步恢复其推动经济增长的传统角色。

（一）建筑市场稳定复苏，开工量和许可证发放量持续增长。2012年，美国建筑商信心指数屡创新高，从1月份的25升至12月份的47，连

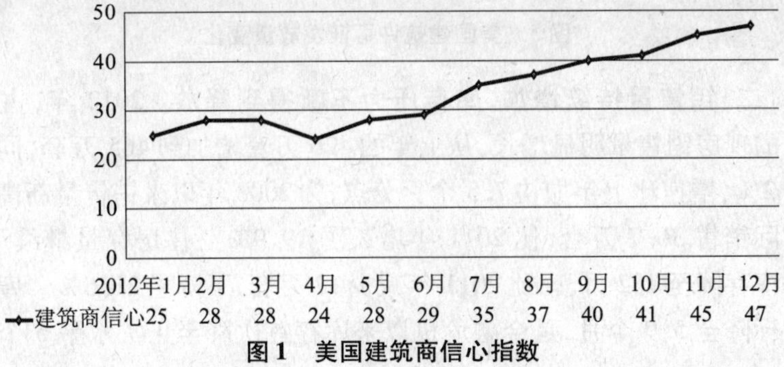

图1　美国建筑商信心指数

续 9 个月增长，是 2006 年 5 月以来最高。新房开工量加速增长，全年共完成新房开工量折合年率 78 万套，比 2011 年的 61 万套增长了 28. 1%，增速加快 24. 4 个百分点。全年建筑许可证发放量从 2011 年的 62 万套增加到 81 万套，同比增长 30. 3%，增速加快 27. 1 个百分点。

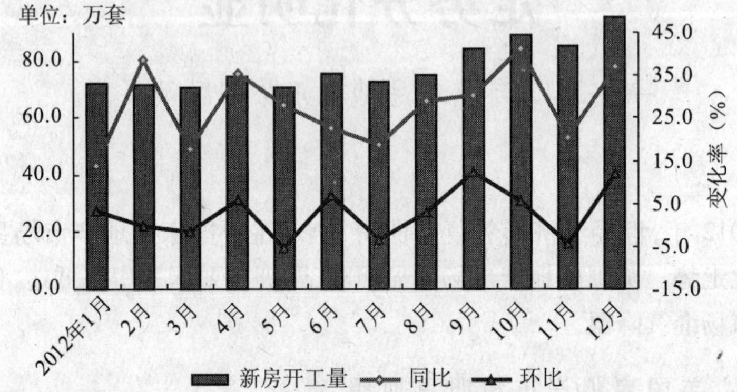

图 2 美国新房开工数量变化

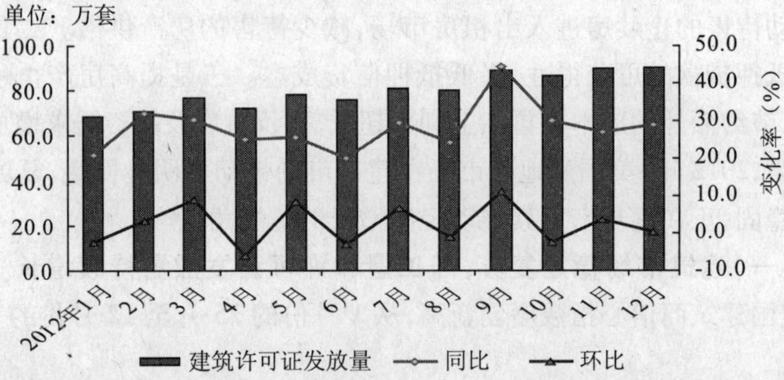

图 3 美国建筑许可证发放量变化

（二）销售量持续增加，库存压力不断得到释放。 2012 年，占市场 70% 的现房销售量明显增长，从上年的 426 万套增加到 465 万套，同比增长 9. 2%，增速比上年加快 7. 5 个百分点，为 2008 年以来销售量新高。新房实际销售 36. 7 万套，比 2011 年增长了 19. 9%。住房存量继续下降。现房库存降至 182 万套，比 2011 年减少 17 万套，下降了 21. 6%。库存空置指标降至 5. 9 个月，是金融危机以来库存首次降至正常水平 6 个月以下。新房库存空置指标降至4.8个月,明显低于2011年6.6个月。

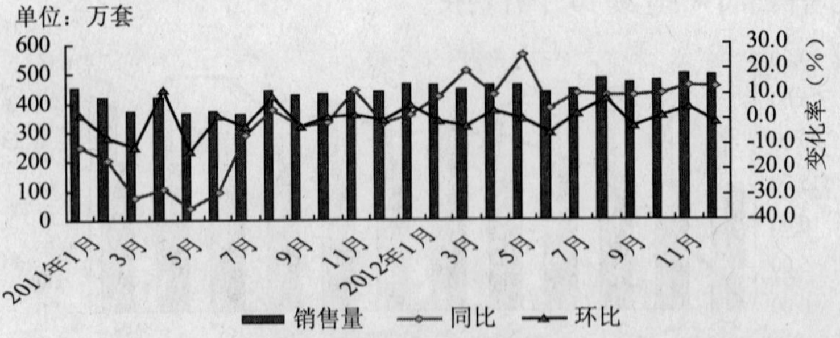

图4　美国现房销售量变动

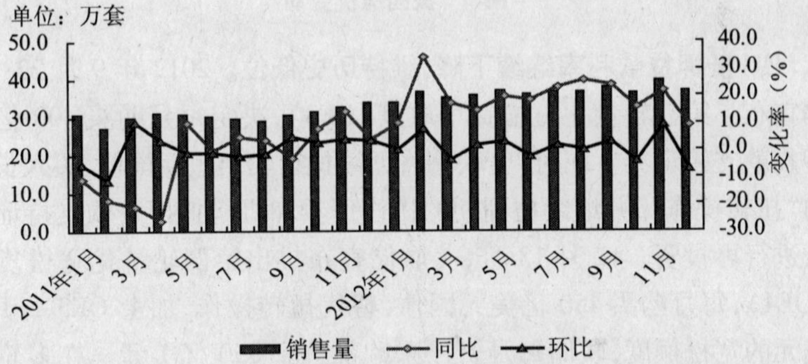

图5　美国新房销售量变动

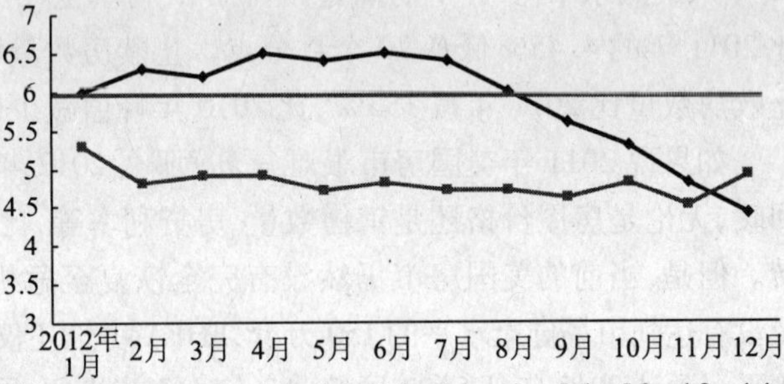

	2012年1月	2月	3月	4月	5月	6月	7月	8月	9月	10月	11月	12月
待售现房可供销售月数	6	6.3	6.2	6.5	6.4	6.5	6.4	6	5.6	5.3	4.8	4.4
待售新房可供销售月数	5.3	4.8	4.9	4.9	4.7	4.8	4.7	4.7	4.6	4.8	4.5	4.9

图6　美国住房可供销售月数变动

(三)房价稳定回升。2012年,美国现房和新房中位数价格升至17.7万美元/标准套和24.4万美元/标准套,同比上涨6.3%和7.2%,分别是2009年和2008年以来新高。11月份,FHFA房价指数升至192.8,同比增长5.6%,连续10个月增长。

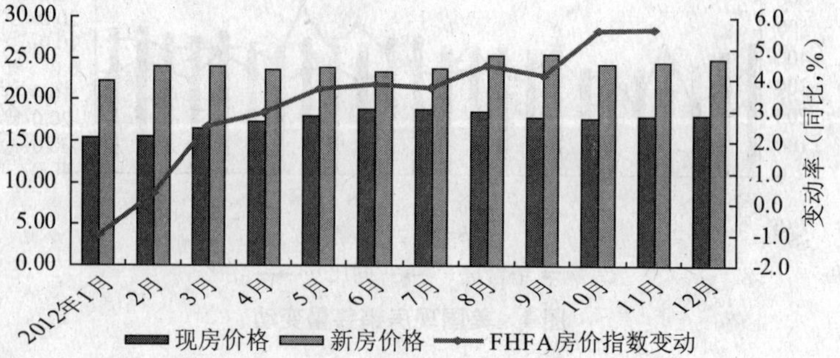

图7　美国房价变动

(四)抵押贷款利率继续下降,维持历史低位。2012年9月22日,美联储宣布了第三轮量化宽松货币政策(QE3),决定每月购买400亿美元抵押贷款支持证券。同时,美联储将继续执行卖出短期国债、买入长期国债的"扭转操作",并继续把到期的机构债券和机构抵押贷款支持证券的本金进行再投资。12月13日,美联储宣布推出第四轮量化宽松货币政策(QE4),每月购买450亿美元国债,替代扭转操作,加上QE3每月400亿美元的宽松额度,联储每月资产采购额达到850亿美元。在多轮量化宽松政策及"扭曲操作"双重压力下,美国房地产抵押贷款利率已经跌至65年来最低水平。30年期固定抵押贷款利率全年平均值降至3.66%,比2011年的4.45%低0.79个百分点。止赎房数量明显下降。2012年,止赎房数量比2011年减少3%,比2010年峰值减少36%。

如果说2011年美国房市艰难复苏,那么2012年的美国房市则明显回暖,无论是房屋价格还是销售数量、房贷利率等,比2011年均有明显好转。但是,当前的美国房市仍然没有完全恢复至危机前水平。新房开工量没有达到市场健康水平的150万套,FHFA房价还仅相当于2004年8月水平。预计2013年,随着美国消费者信心逐步恢复、居民投资不断增加,再加上美联储对房地产市场的后续支持政策,房地产市场会继续稳固复苏。

二、欧洲房地产市场下行趋势明显

2012年,欧元区经济整体恶化,四年来第二次陷入经济衰退。核心

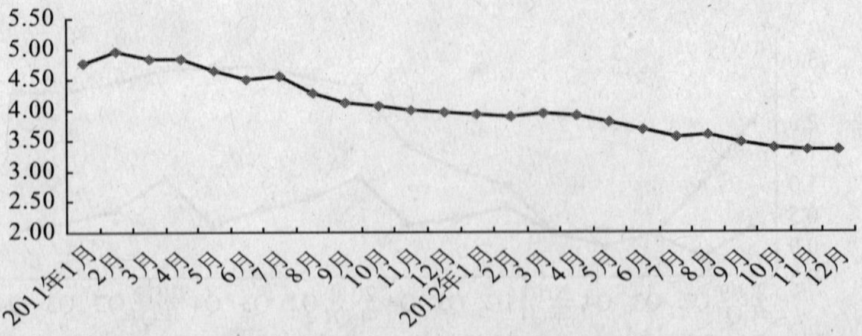

图8　美国30年期抵押贷款平均利率变化(%)

国家经济也受到拖累,债务负担加重。经济不景气使欧洲各主要国家房地产市场震荡走弱,并面临进一步下行风险。

(一)德国房市低迷,房价振荡走低。2012年,受欧债危机拖累,欧洲经济整体陷入衰退,下行风险正在向欧元区核心国家-德国扩散。德国GDP环比、同比增速均处于下滑状态,环比增速由一季度的0.5%降至三季度的0.2%,四季度为下降0.6%。同比增速由一季度的1.2%降至三季度的0.9%,四季度进一步降至0.4%。受经济下行拖累,德国房地产市场全年呈现先高后低走势。在建住宅数量从1月份的12480套升至6月份的20997套,11月份又降至15570套。10-11月同比连续两个月下降,降幅不断扩大。第四季度,住房价格同环比增速分别从一季度的2.8%和1.1%回落到2.5%和0.3%。

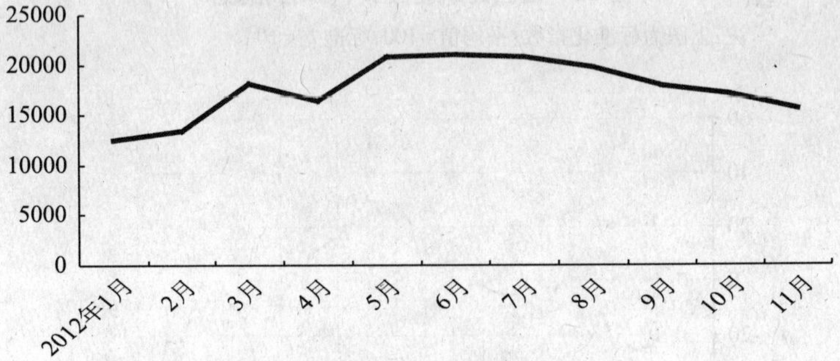

图9　德国在建住宅数量(单位:套)

(二)法国房地产市场不景气。2012年,法国建筑企业景气指数持续走低,由年初的100下降至12月份的95。新房需求持续下降,从1月份的标准化值-20下降至12月份的-45。预期新房购买数量从1月份的标

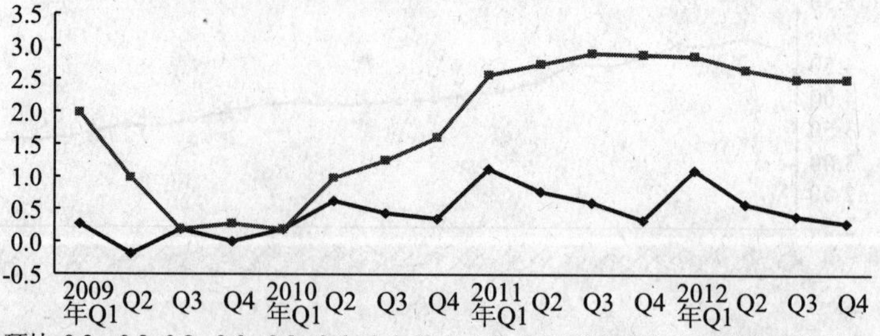

环比	0.3	-0.2	0.2	0.0	0.2	0.6	0.4	0.4	1.1	0.8	0.6	0.3	1.1	0.6	0.4	0.3
同比	2.0	1.0	0.2	0.3	0.2	1.0	1.2	1.6	2.6	2.7	2.9	2.9	2.8	2.7	2.5	2.5

图 10　德国住宅价格变化率(单位:%)

准化值-6 下降至-8。

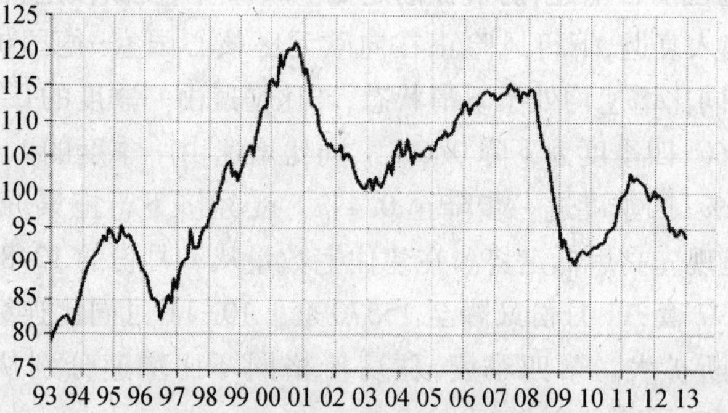

图 11　法国建筑企业景气综合指数

注:上图为标准化指数:平均值=100;标准差=10。

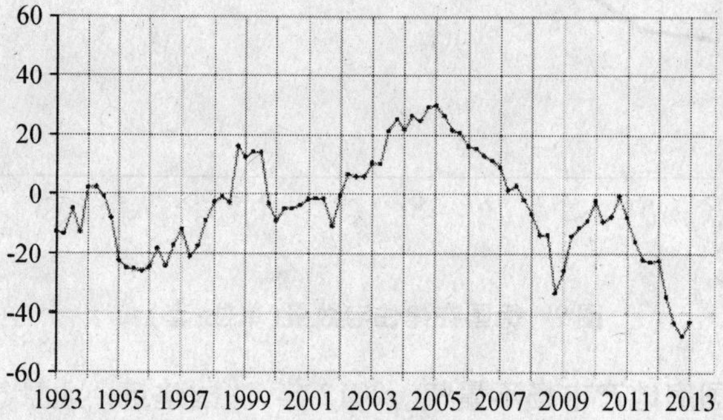

图 12　法国新房需求趋紧

注:数据均为季节调整后数据,标准化值。

表 1　法国房地产市场主要指标

	平均值*	2012年1月	2012年4月	2012年7月	2012年10月	2013年1月
新房需求量	-5	-22	-35	-43	-48	-43
新房开工量预期	-4	-6	-18	-32	-26	-25
新房购买数量	-13	0	-7	-9	-6	-8
新房租用数量	1	-14	-27	-51	-38	-40
住房存量规模	-28	-21	-10	-3	-12	-13
房屋销售平均价格	9	-7	-10	-18	-28	-24
首付	-19	-26	-36	-31	-38	-39
融资能力	-20	-53	-61	-56	-65	-50

注：* 为 1991 年 7 月以来平均值。数据均为季节调整后数据，标准化值。

（三）英国住房市场低迷。2012 年，英国房价先涨后跌，从 1 月份的每标准套 16.2 万英镑涨至 5 月份的 16.6 万英镑，后降至 12 月份的 16.2 万英镑。同比除 1、2 月小幅增长外，其余各月均出现不同程度下降，降幅基本保持在 1% 以上。英国住房市场低迷，一是由于经济陷入衰退，消费者信心明显不足。12 月份消费者信心降至-29，比上月回落 7 个百分点。二是由于住房成本较高，需求明显不足。工资涨幅明显滞后于生活成本上涨，当前实际工资水平仅相当于 2004 年水平，房价收入比高达 5%，明显高于长期趋势 4.2%，一套标准住房月供相当于平均收入的 33%。但由于抵押贷款利率维持在较低水平，以及英国 7 月份采取的量化宽松货币政策规模扩大 500 亿英镑至 3750 亿英镑，预计 2013 年英国房市会略有好转，房价稳中有升。

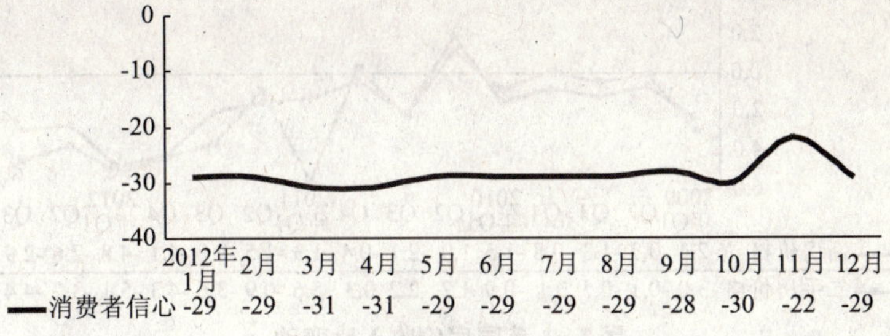

图 13　英国消费者信心指数

（四）西班牙房市陷入困境，房价振荡下行。2012 年，西班牙房价继

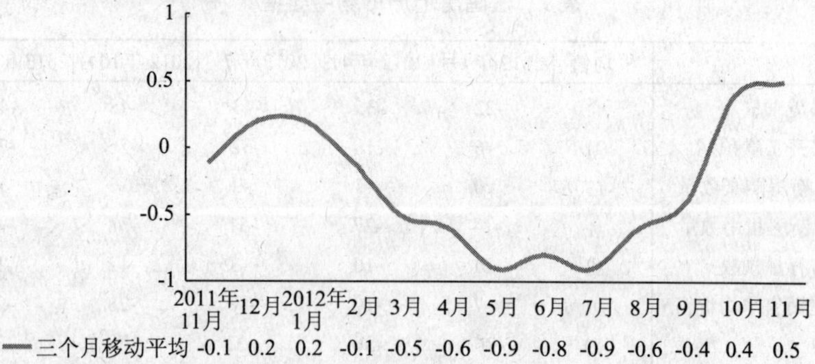

图 14　英国房价三个月移动平均变动

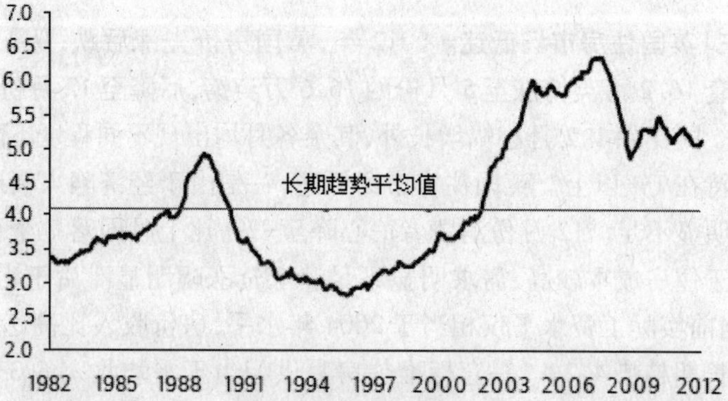

图 15　英国实际收入变动

注:上图数据为经通货膨胀缩减后数据。

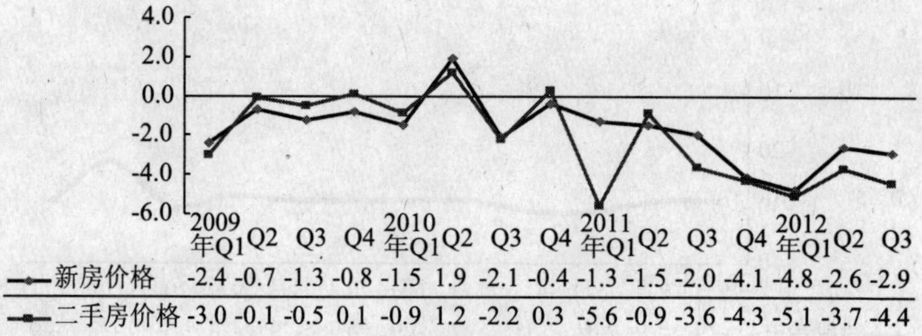

图 16　英国房价收入比变动

续下跌,前三个季度新房和二手房价格同比降幅不断扩大,从一季度的下降 11.8% 和 13.3% 扩大至三季度的下降 13.6% 和 16.4%,创下 2008 年开始统计以来的最大降幅。11 月份，反映西班牙房地产市场价格的 IMIE 指数（2001 = 1000）降至 1514，同比下降 12.3%，比 2007 年 12 月的峰值累计下降了 33.7%。

西班牙经济持续疲弱、就业前景黯淡是房市低迷的主要原因。共识公司预计 2013 年西班牙经济会下降 1.6%，降幅扩大 0.2 个百分点。11 月份失业率高达 26.6%，比去年同期又升高了 3.6 个百分点，为欧盟所有成员国中最高。其中，年轻人（25 岁以下）失业率高达 56.5%。经济低迷不振严重影响房地产市场发展，预计房价会进一步下跌。

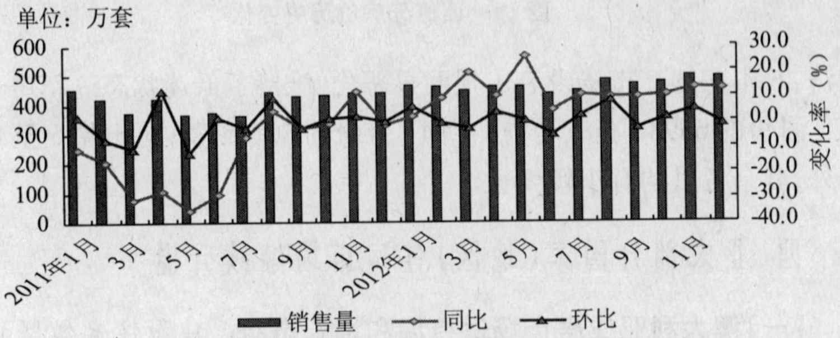

图 17 西班牙房价环比变动

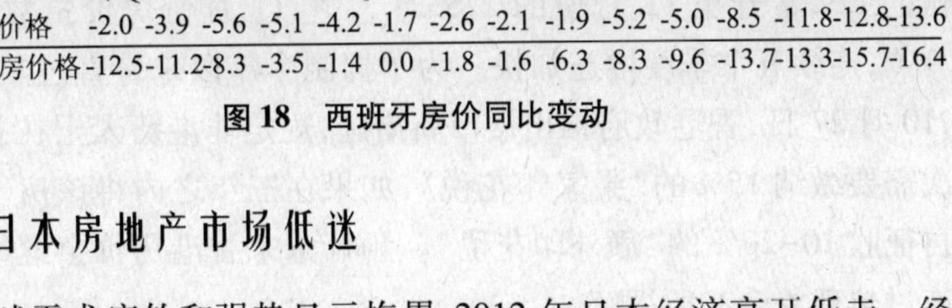

	2009年Q1	Q2	Q3	Q4	2010年Q1	Q2	Q3	Q4	2011年Q1	Q2	Q3	Q4	2012年Q1	Q2	Q3
新房价格	-2.0	-3.9	-5.6	-5.1	-4.2	-1.7	-2.6	-2.1	-1.9	-5.2	-5.0	-8.5	-11.8	-12.8	-13.6
二手房价格	-12.5	-11.2	-8.3	-3.5	-1.4	0.0	-1.8	-1.6	-6.3	-8.3	-9.6	-13.7	-13.3	-15.7	-16.4

图 18 西班牙房价同比变动

三、日本房地产市场低迷

受全球需求疲软和强势日元拖累，2012 年日本经济高开低走。经过第一季度的短暂增长后，日本 GDP 第二、三季度连续环比负增长，再次陷入衰退。下半年以来，日本政府“购岛”闹剧更使本国经济雪上加霜。但由于 2012 年日本政府推出了多轮财政刺激措施及宽松货币政策来刺激

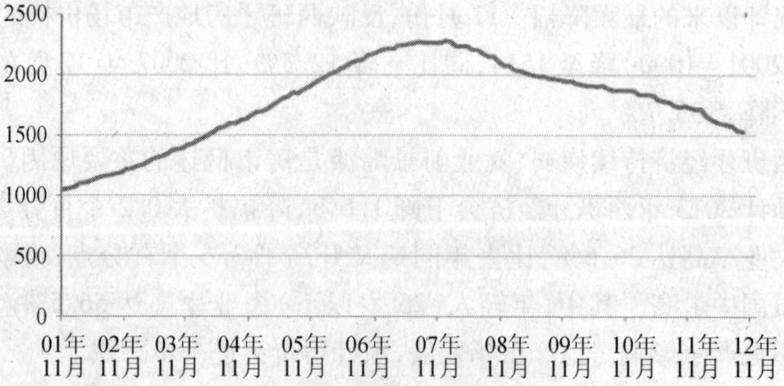

图 19　西班牙房价历史变化

经济，日本房地产市场没有出现明显恶化，维持了低迷状态。新房开工量从 1 月份的 65984 套波动增加到 11 月份的 80145 套；同比除 6 至 8 月下降外，其余各月均有小幅增长。

四、亚太部分国家（地区）住房市场继续升温

（一）澳大利亚住房市场保持温和增长态势。建设住宅数量波动增长。从 1 月份的 12163 套降至 4 月份的低点 10706 套，年底又回升到 13307 套。房价从高位回落。2012 年前三季度房价指数基本保持在 143 左右，低于 2011 年的 147. 5 高位。

（二）中国香港住房市场过热。2012 年，中国香港住房市场量价齐增。住房销售量从 1 月份的 3507 套增加到 11 月份的 7035 套，同比增速在 8-11 月连续四个月保持 45% 以上。房价也快速反弹，房价指数从 1 月份的 179. 8 升至 11 月份的 225. 2；其中，11 月份房价指数同比上涨 23. 7%，连续五个季度增速加快。为了抑制今年以来一直过热的香港楼市，10 月 27 日，香港政府推出楼市新措施，规定非港籍人士在香港买房，首次需要缴纳 15% 的“买家印花税”，如果在三年之内将该房子出手，还要再征收 10-20% 的“额外印花税”。预计未来香港房价会继续增长，但楼市过热现象会有所缓解。

（三）新加坡房价持续上涨。2012 年，在全球流动性资金纷纷涌入亚洲市场的背景下，新加坡房价再度上涨。全年房价指数上涨至 212，比 2011 年的 206 增长了 2. 8%。其中，四季度房价上涨至 212，同比增长

2.8%，连续13个季度增长，环比增长1.8%。为了抑制房价不断上涨，新加坡政府再次果断出手，严控房价。2013年1月11日，新加坡财政部、国家发展部、金融管理局及贸工部联合宣布了四年内的第七次房价调控措施，将外国买家的额外买方印花税税率从10%增加至15%，原本不受买方印花税影响的购买首间组屋（经济适用型住房）或私宅的永久居民，以及购买第二套私宅的新加坡公民，也须分别支付5%和7%的额外买方印花税。预计2013年，新加坡房价在政府调控措施干预下会理性回归。

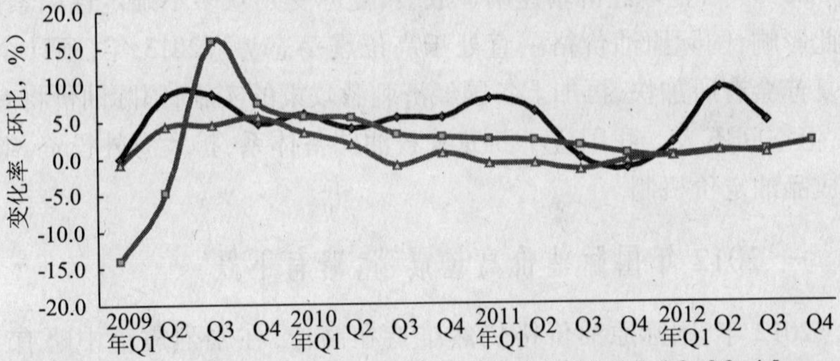

	2009年Q1	Q2	Q3	Q4	2010年Q1	Q2	Q3	Q4	2011年Q1	Q2	Q3	Q4	2012年Q1	Q2	Q3	Q4
中国香港	0.0	8.4	8.5	4.6	5.9	4.0	5.3	5.3	7.9	6.1	-0.3	-1.7	1.8	9.2	4.5	
新加坡	-14.1	-4.7	15.8	7.4	5.6	5.3	2.9	2.7	2.2	2.0	1.3	0.2	-0.1	0.4	0.6	1.8
澳大利亚	-0.8	4.3	4.4	5.5	3.4	1.8	-1.1	0.5	-1.0	-1.0	-1.9	-0.6	0.0	0.6	0.3	

图20 澳大利亚、新加坡和中国香港房价变动

（执笔：陈璇璇；成文于2013年2月）

2012 年国际油价高位震荡

——2012 年国际原油市场形势回顾及 2013 年展望

2012 年，全球经济增速明显放缓，复苏受到众多不确定性因素制约。受此影响，国际原油价格一直处于高位震荡态势。2013 年，预计全球经济复苏会有所加快，再加上各国经济刺激政策的实施，国际油价将有所回升，但空间不大。我国应不断完善石油储备体系，扩大海外投资，继续改革成品油定价机制。

一、2012 年国际油价高位震荡，略有下跌

2012 年，国际原油价格仍然维持在高位，在剧烈震荡中略有下跌。油价季度性涨跌明显，第一季度持续上涨，第二季度急剧下挫，第三季度大幅反弹，第四季度再次下滑，呈现“M”型走势。

第一季度，国际油价持续上扬。2012 年初，全球景气持续回升，金融市场有所好转，美国经济好转势头巩固，这些积极利好因素拉动世界经济温和回暖，同样带动国际油价的走高。1 月份，纽约原油期货价格升至 100.32 美元/桶，为 2011 年 6 月份以来首次突破 100 大关。特别是 2 月份，伊朗宣布对欧洲多个国家实施石油禁运，引发国际油价一路高涨，一度在 2 月 24 日达到 109.77 美元/桶的年内最高点，3 月份为 106.21 美元/桶，从 1 月份累计上涨 7.7%。

第二季度，国际油价急剧下挫。二季度，欧美经济疲软，数据表现疲弱；特别是 6 月份，希腊、西班牙和意大利等国家的国债收益率再次走高，欧债危机继续深化，国际油价顺势急剧下挫。从 4 月份开始国际油价回落，截止 6 月份，累计大幅回落 22.4%。

第三季度，国际油价大幅反弹。从 7 月 1 日起，欧盟正式全面禁止成员国从伊朗进口原油，市场对未来原油供给的担忧情绪加重，国际油价再

次绝地反弹,6-9 月份累计上涨 14.7%。

第四季度,国际油价再次下滑。欧日经济进一步恶化,全球经济增长前景黯淡,市场普遍看淡原油需求预期,国际油价随即迎来新一波下滑态势,10-12 月份累计下滑 6.7%。

2012 年,纽约原油期货价格平均为 94.2 美元/桶,比 2011 年下降 1.0%。

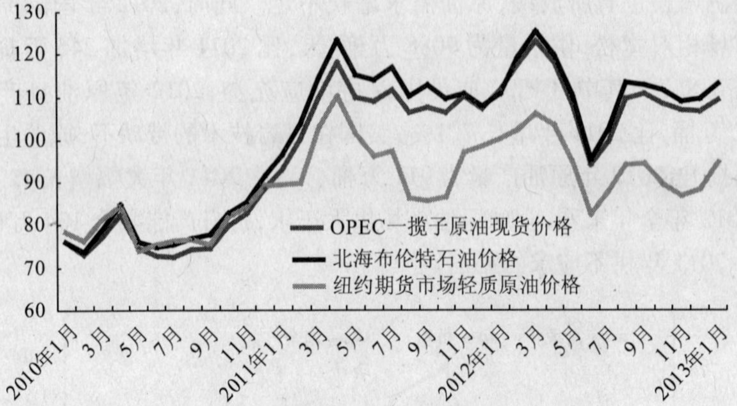

图 1　国际市场原油价格图

二、影响国际原油价格变动的因素分析

2012 年,国际原油价格跌宕起伏,是市场上积极拉动因素和不利拖累因素两者展开博弈的结果,两者在不同程度上影响油价走势,而最终不利因素成为主导,油价降幅大于涨幅,2012 年油价相对 2011 年有所下滑。展望 2013 年,国际油价仍然居高难下,将略有上涨,但空间不大。

(一)令油价承压的主要因素

1. 全球经济增速放缓是主导油价下行的主要因素

2012 年,世界经济增速放缓,低速增长。据联合国最新发布,2012 年,按汇率法 GDP 加权汇总,世界经济增长 2.2%,比 2011 年放缓 0.5 个百分点。全球需求疲弱,实体经济缺乏活力,失业状况得不到根本好转,投资者、消费者信心低迷,贸易摩擦加剧,国际金融市场波动剧烈,这些因素抑制国际原油价格的上涨。特别是美国"财政悬崖"问题尚未解决,欧债危机不断暴露新的问题,欧元区和日本经济双双陷入衰退,全球经济缺乏复苏动力必然会降低世界原油需求的增速，增加油价的下行风险。

2. 供大于求是令国际原油价格承压的内在因素

2012 年国际原油市场供给充足、需求黯淡、库存高企，从根本上导致国际油价承受下行压力。据国际能源署统计，2012 年全球原油需求量为 8984 万桶/天，比 2011 年增加 102 万桶/天，仅增长 1.1%。其中，OECD 国家经济总体萎靡不振，原油需求量比 2011 年减少 0.9%，非 OECD 国家经济增长也有所放缓，原油需求增长不足。同时，2012 年国际原油供给市场相对宽松，供给量为 9088 万桶/天，比 2011 年增加 246 万桶/天，增长 2.8%。其中，OPEC 成员国保持供应充沛，2012 年原油日产量为 3137 万桶，比 2011 年增长 7.1%；美国在页岩技术的带动下，原油生产力大幅提升，2012 年原油产量为 911 万桶/天，比 2011 年大幅增长 12.1%。从 2012 年全年来看，全球原油市场供大于求，每日产能剩余 104 万桶，扭转了 2011 年供不应求的局面。

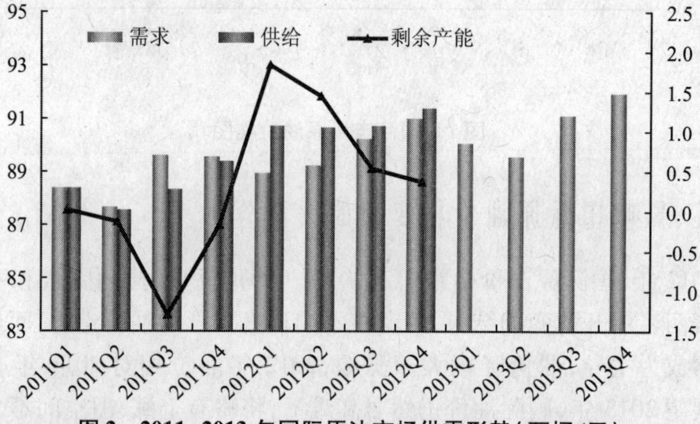

图 2　2011－2013 年国际原油市场供需形势（万桶/天）

3. 原油库存持续高企一定程度上压制了油价

美国商业原油库存与国际原油价格之间存在显著的负相关关系。2012 年，随着美国商业原油库存的不断高企，原油价格受到一定程度的抑制。由于美国经济尚未强劲复苏，原油需求低迷，维持在 2011 年的水平（2.28 万桶/天）。与此同时，由于页岩油技术的提高，美国原油供给能力大大提高，加剧库存高企的态势。2012 年 12 月，美国商业原油库存为 3.65 亿桶，比 2011 年同期大幅增加 10.4%，曾于 6 月 15 日当周达到

3.87 亿桶的年度最高点。

图 3　纽约期货原油价格与美国商业原油库存呈负相关关系

4. 美元走强增加原油价格下行风险

美元是国际原油市场主要的结算货币，占结算总量的 80% 左右。据石油输出国组织计算，美元每贬值 1%，每桶原油价格就上涨 4 美元。2012 年美元的走高压低了以美元计价的国际原油的价格，一季度，美元兑主要货币实际汇率指数(1973 年 3 月 = 100)有所下降，二季度大幅走高，7 月份升至年度最高点 84.6，从 4 月份累计涨幅为 2.7%，随后震荡回落，基本与原油价格走势相反。

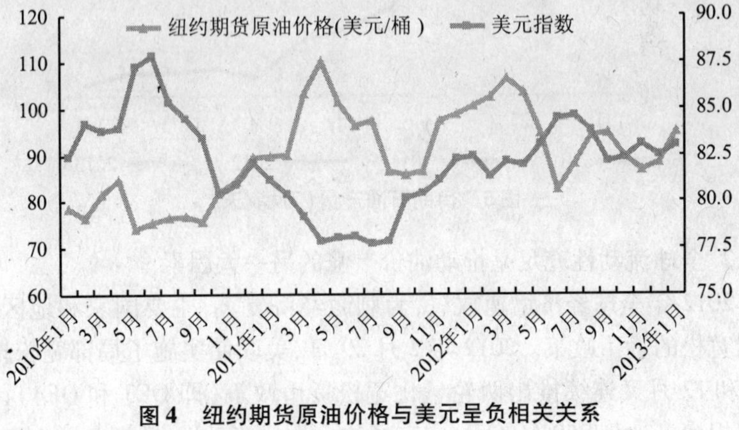

图 4　纽约期货原油价格与美元呈负相关关系

(二) 拉动油价上行的主要因素

1. 地缘政治加大油价上涨动力

2012 年,伊朗与西方国家争端不断,紧张的地缘政治关系仍然是支撑油价上行的主要因素。1 月 30 日,欧盟外长会议决定禁止成员国从伊朗进口、转运原油和成品油,以及为伊朗的石油贸易提供融资和保险服务。作为“报复”,伊朗宣布对欧洲多个国家(西班牙、意大利、法国、希腊、葡萄牙和荷兰)实施报复性断油,并威胁封锁石油要道霍尔木兹海峡。7 月 1 日,欧盟对伊朗的禁运正式生效,由于韩国进口伊朗石油的保护和赔付服务 100% 来自欧洲企业,因此韩国是首个受牵连的亚洲国家。据欧佩克统计,2012 年伊朗原油出口量平均为 150 万桶/天,比 2011 年下降 40%,出口年收入损失超过 400 亿美元;原油产量也从 2011 年的 363 万桶/天降至 2012 年的 297 万桶/天,降幅为 18.2%,年底产量只有 265 万桶/天。另外,伊朗和西方国家在核问题上的持续对立,叙利亚内部动乱及与土耳其的边境冲突,加剧了中东地区的紧张局势,原油供给受到威胁,油价上涨压力增大。

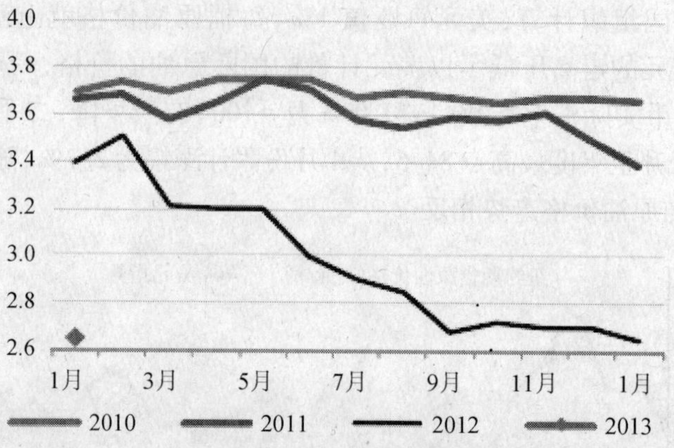

图 5　伊朗石油产量(万桶/天)

2. 全球流动性充足是推动油价上涨的另一大因素

2012 年全球经济增速放缓,为刺激经济复苏,主要国家和地区不断采取宽松的货币政策。2012 年 2 月 29 日,美联储实施了局部宽松措施;9 月和 12 月又连续推出两轮量化宽松货币政策(即 QE3 和 QE4),每月购债规模已达到 850 亿美元,向市场注入大量流动性;欧洲各国也实行了财政紧缩和货币宽松政策,欧洲央行推出第二轮长期再融资操作;日本也先后 5 次实行了“扩大量化宽松政策”,纷纷向市场注入大量流动性。流动性充足一是可以刺激经济复苏,增加石油需求;二是美元充足容易导致其贬值,从而提高油价;三是多余的流动资金进入原油市场,产生投机行为。

(三)2013 年国际油价将居高难下

支撑 2013 年石油价格处于高位的主要因素:一是在宽松货币政策的刺激下,2013 年全球经济将略有好转。据联合国预测,按汇率法 GDP 加权汇总,2013 年世界经济增长 2.4%,2014 年为 3.2%,分别比 2012 年加快 0.2 和 0.8 个百分点。全球经济复苏特别是亚洲市场经济增长的加快,将会支撑原油价格。二是全球流动性充足以及中东地缘政治的不确定性也会拉动油价的上涨。但是,由于全球石油供给较为充足,特别是伊拉克和利比亚石油生产已基本恢复,油价上涨空间有限。总体而言,2013 年国际油价可能会居高难下,继续在高位波动。

三、政策建议

石油作为一种不可再生的重要战略物资,关系到各国经济、政治甚至国家安全。作为石油净进口大国,一方面,我国经济走势牵动着国际油价走向;另一方面,随着我国石油对外依存度不断扩大,石油安全已成为我国面临的重大挑战。

(一)完善石油储备体系,扩大战略石油储备

2012 年,我国原油表观消费量 4.76 亿吨,同比增长 4.9%,对外依存度高达 56.4%,因此完善石油储备体系、扩大战略石油储备是我国能源安全的重要保障。截止 2011 年底,我国石油储备规模达 3.62 亿桶,初步形成约 40 天消费量的储备能力。其中,战略石油储备 1.42 亿桶,企业商业石油储备能力为 2.2 亿桶。但这一储备规模与欧美国家相比仍有差距,美国战略石油储备大概为 7 亿桶,能消费 95 天,日本和德国分别为 111 天和 123 天,法国、意大利等国家也均高于国际能源署 90 天的标准。因此,我国需要构建合理化的石油储备体系,筹集多元化的石油储备资金,发展多层次的石油储备主体,选择多样化的石油储备形式,从而从根本上扩大我国战略石油储备,保障我国能源安全。

(二)继续坚定实施"走出去"战略,扩大石油对外投资

2013 年 2 月 26 日,中国第三大国有石油公司中国海洋石油有限公司宣布完成对加拿大尼克森油气公司的收购，耗时 7 年，收购价高达 151 亿美元，这是迄今中国最大的一笔海外并购交易。同样，中国石油化工集团和中国石油天然气集团也完成多次海外并购交易，交易数量和规模都在迅速增长，国家能源保障也得到了提升。但是，我国石油企业的海外并购的政治风险需要正确评估，在西方市场的商务运营需要有效操作，以保证项目后期投资成功。我国政府也要继续鼓励石油企业扩大在全球油气领域的投资规模，实施多元化的全球油气开发利用战略。

（三）加快成品油定价机制的改革，真正与国际原油市场接轨

目前我国现行的成品油遵循“22 天+4%”的定价机制，即当国际市场原油的移动平均价格连续 22 个工作日上涨幅度超过 4% 时，可相应调整国内成品油价格。虽然油价的调整是跟踪国际原油价格的市场化行为，但存在“调整滞后、易涨难跌”的缺陷，导致 2 月 25 日大陆油价上调、台湾油价下调的局面。因此，政府要因势利导，及时推行成品油定价机制改革，缩短油价调整周期，使国内油价更及时、更市场化、更理性化。

（执笔：邹丽婷；成文于 2013 年 2 月）

世界经济将低速运行
复苏道路依然艰难

——2013年主要国际组织对世界经济的预测

2012年,世界经济低速增长,实体经济缺乏活力,失业状况没有根本好转,投资者、消费者信心低迷,消费需求疲弱,贸易摩擦加剧,初级产品价格高位波动,国际金融市场波动剧烈。虽然9月份以来美国及主要新兴经济体出现局部回升迹象,但各国经济增长的内生动力不足。对于2013年的世界经济走势,国际组织普遍认为经济前景会略好于2012年。发达国家经济会继续恢复,但困难较多;新兴经济体力图加快增长,但动力不足。世界经济将继续低速运行。

一、联合国世界经济展望

(一)世界经济可能会继续低迷。联合国2012年12月19日发布了的最新《2013年世界经济形势与展望》报告指出,世界经济增长继2012年大幅走弱后,在2013年很可能会继续低迷,且在未来两年面临再度衰退的风险。初步预计,按汇率法GDP加权汇总,2013年世界经济将增长2.4%,略高于2012年的2.2%。新的一年,世界经济将面临许多不确定因素和风险,而发达国家经济的疲软将是世界经济疲弱的根源。2013年,发达国家经济将增长1.1%,与上年基本持平。新兴经济体仍将是引领世界经济复苏的主要力量,其贡献越来越大,但是因为全球外部需求下降的原因,新兴经济体的增长也将受到拖累。初步预计,2013年,发展中国家经济将增长5.1%,比上年加快0.4个百分点。

(二)世界经济低迷的主要原因。首先,美国财政悬崖只是暂时、部分缓解,完全解决或明显缓解仍存在许多不确定性,影响投资者和企业信心。第二,上半年欧债危机不断深化,下半年虽然有所缓解,但不确定性

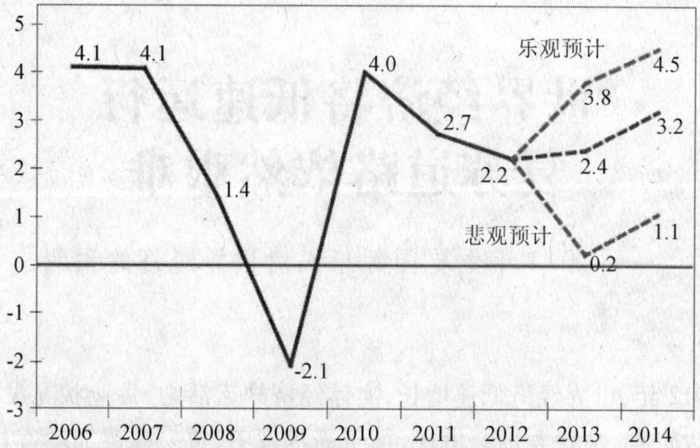

图 1　2006-2014 年世界 GDP 增长率(%)

和危险性仍然存在，各方面所采取的多项措施的有效性和各国政府治理经济能力还是受到市场的质疑。第三，新兴经济体能否采取相关措施来应对外来不定因素对于各自经济所带来的挑战，一方面要避免经济硬着陆，另一方面也要保证在保持经济增长速度的同时避免通货膨胀的发生。最后，是各国刺激政策措施空间在缩小，而政策的边际效应也在递减。

(三)世界贸易仍需恢复。受金融危机影响，2009 年世界贸易大幅下降，2010 年又迅速反弹，增速达 13.3%。但 2011 年世界贸易增长大幅回落至 7%，2012 年进一步回落至 3.3%，不及前十年世界贸易平均增速的一半。主要是由于发达国家经济疲弱，对进口的需求大幅下滑。尤其是欧洲，三年内两次出现经济衰退。与此同时，贸易保护和摩擦不断升级，使清淡的贸易雪上加霜。初步预计，2013 年，世界贸易将增长 4.3%，继续维持低迷态势。如果世界经济在未来的几年没有明显的恢复，世界贸易的低迷状态将难以改善。

(四)政策挑战。当前宏观政策处于一个困难的境地，尤其在发达国家。当前大多数发达国家普遍采取的是财政紧缩和宽松货币政策的结合，这种组合的目的，一是降低公共债务和债务融资成本，二是预防脆弱的银行体系再发生问题，最终提振金融市场和投资者、消费者信心。具体措施是通过结构性改革、劳动力市场及商业法规的建设、经济环境的改善等去恢复经济增长并降低失业率。但政策制定者发现，降低债务存量远比预期的难度大。首先，财政整顿更多地是依靠紧缩支出，但这又在短期内影响经济增长，尤其是经济不景气的时候。其次，在很多发达国家，减少公共投资比减少其他支出项目来得容易且数额更大，这又对中期经济增长造成影响。再者，财政紧缩，会引起利益格局的改变，尤其是那些关乎民生的项目，在短期内会引起收入分配的不平等，当失业率很高时，所产生的影响越大。最后，在财政收支和税收政策改革上，还存在着收入与支出效益的替代影响，导致的结果也很难把握。

（五）制定政策时需要注意的影响因素。在当前经济不景气的情况下，为避免经济再次萧条，制定政策时要注意以下因素：

一是关注政策的不确定性。大致有两种情况，当遇到前文提到的欧债危机进一步恶化、美国财政悬崖解决不彻底及中国经济硬着陆时，应快速通过不同的方法进行处理。再者是在当前经济形势下，政策实施要高度关注其他国家政策执行过程中产生的国际溢出效应。

二是财政政策要更多地具有反周期特性，并最大程度地创造新的就业机会和兼顾社会公平。

三是对全球金融市场不稳定的原因进行深入研究和治理。一方面是加强财政与金融政策的协同配合，另一方面是加速金融体系的调整和改革。

四是发展中国家要充分利用好现有的政策空间。尤其是那些需要较大的发展需求，但财政政策空间又比较有限的国家。

二、国际货币基金组织（IMF）世界经济展望

（一）经济复苏仍在继续，但势头有所减弱。2012 年下半年，发达国家由于经济增长速度过低，失业状况无法得到显著改善。主要新兴经济体一度强劲的经济增长也开始放缓。相对于 2012 年 4 月及 10 月份的预测，IMF2013 年 1 月对 2013 年经济增长率的预测进行了下调，预计按购买力平价法 GDP 加权汇总的世界经济将增长 3.5%，发达国家将增长 1.4%，新兴经济体将增长 5.5%，但比 2012 年分别加快 0.3 个、0.1 个和 0.4 个百分点。

（二）影响世界经济的主要因素。一是发达国家的财政整顿和依旧脆弱的金融体系。大多数发达国家都在依计划逐步推进财政整顿，尽管

整顿有其必要性,但毫无疑问的是,它同时也在抑制需求,而且当前财政乘数偏大,对经济的影响就更大。金融体系仍旧无法高效运转,在很多国家,银行依然脆弱无力,而较低的经济增长又导致其状况进一步恶化。二是经济运行中存在的不确定性。对这一不确定性的具体性质和影响进行评估是十分必要的,但却不易做到。说其必要,是因为如果能够减轻不确定性,那么经济复苏便可能强于当前的预期。而说其不易,是因为直接描述不确定性的指数,如美国的 VIX 指数(芝加哥期权交易波动指数)或欧洲的 VStoxx 指数(彭博公司 Euro Stoxx 50 波动指数)仍处在很低的水平。不确定性似乎已进一步扩散,人们对欧洲政策制定者控制欧元区危机的能力的担忧,以及对美国政策制定者至今未能确定财政计划的担忧。三是通过贸易和金融渠道,发达国家经济的低增长和不确定性对原本具有内在脆弱性的新兴经济体产生了影响。

(三)世界经济增长的不确定性仍然很大。一是债务危机迟迟得不到遏止,欧洲多数国家难以重新建立对未来的信心,除非欧洲决策部门采取必要的措施。总体来看,欧洲经济恢复尚需时日。二是美国"财政悬崖"造成的影响,减税政策到期和削减财政支出将使美国经济受到冲击,尽管"财政悬崖"发生的可能性很低,但其对投资者的信心影响较大。据美国国会预算办公室预测,增税及减少财政赤字问题带来的"财政悬崖",可能在 2013 年使美国经济重新陷入衰退。三是日本经济将出现二次衰退,2012 年后两个季度,日本 GDP 均出现了负增长。通货紧缩阴影挥之不去,2012 年 6-12 月,日本 CPI 连续 7 个月同比下降,预计 2013 年仍将持续通缩。近期的"购岛"闹剧也使日本的制造业出口贸易受到严重影响。如果这些问题不能很好地解决,世界经济增幅将有六分之一的概率会低于 2%。

(四)世界贸易仍将低迷。IMF 最新预测,2013 年世界贸易量将增长 3.8%,比 2012 年提高 1 个百分点。但仍低于 2011 年的 5.9% 和 2010 年的 12.6%。发达国家进出口贸易均有所改善,进口将增长 2.2%,出口将增长 2.8%;新兴经济体进口将增长 6.5%,出口将增长 5.5%。

(五)全球通胀压力进一步减缓。IMF 最新预测,2013 年,发达国家 CPI 将上涨 1.6%,比上年回落 0.4 个百分;新兴经济体 CPI 将上涨 6.1%,与上年持平,全球通胀压力有所下降。但部分新兴经济体通胀水平仍然较高，如印度、俄罗斯、土耳其、墨西哥等，政策空间大为压缩，如果遭遇新的外部冲击，这些国家很难采取有效措施刺激消费、拉动经济。

三、世界银行世界经济展望

（一）2013 年世界经济增长的利弊因素。2012 年是全球金融危机爆发后的第四年，但世界经济仍在艰难复苏。2013 年，世界经济增长将受多种因素制约。

有利因素：金融市场已出现明显改善。主要是由于发达国家和整个欧盟地区改善财政可持续性的措施以及欧洲央行采取保卫欧元的强化措施。而且，与过去历次缓解紧张局势的情形不同，过去金融市场状况往往是局部改善，而此次诸多市场风险指标都已回落到 2010 年年初--即对欧元区财政可持续性的担忧出现之前的水平。金融市场紧张局势缓解在发展中国家也已出现，表现在发展中国家的国际资本流入在 5-6 月间曾骤减 30% 至 40%，但现在流入已达到新高；发展中国家债券利差（EMBIG）自 6 月份以来已下降 127 个基点，目前低于其长期平均水平（约为 282 基点）；发展中国家的股市自 6 月份以来上升了 12.6%（高收入国家股市上升 10.7%）。

不利因素：一是发展中国家依然是全球经济增长的主要推动力，但其产出已出现减速；二是发达国家由于结构重组和财政整顿，使经济增长受到一定程度的抑制。三是实体经济复苏乏力，且企业信心低落。尽管金融市场释放出令人鼓舞的信号，但全球在实体经济方面则是喜忧参半。包括巴西和中国等主要中等收入国家在内的发展中国家的经济增长从 2012 年三季度开始加速，。四季度的初步迹象显示东亚太平洋地区经济增长继续加速。但在高收入国家中，虽然美国的住房和消费需求强劲，但三季度的投资和工业活动却异常疲弱。日本经济已显现萎缩迹象，原因之一是与中国围绕岛屿主权归属引起的政局紧张和汽车购买优惠政策到期。欧洲经济活动虽然在三季度已停止快速萎缩，但四季度经济再度下滑。

（二）世界经济将维持低速增长。2013 年，虽然目前的风险平衡已使世界经济不像前几年那样偏向下行，但环境依旧脆弱且容易带来更大的失望。初步预计，按汇率法 GDP 加权汇总，2013 年世界经济将增长

2.4%,比2012年加快0.1个百分点。到2014年和2015年逐渐回升至3.1%和3.3%。发展中国家经济将增长5.5%,2014年升至5.7%,2015年升至5.8%,基本与这些国家的潜在增长率保持一致。发达国家经济将增长1.3%,与上年持平。预计2014年将增长2%,2015年将增长2.3%。2013年,欧元区经济会收缩0.1%,预计到2014年才有可能恢复正增长,2014年约小幅回升至0.9%,2015年升至1.4%。

(三)应采取的政策措施。美国:需要稳步推动制定可信的中期财政整顿计划的进程,以避免围绕债务上限不断诉诸于边缘政策。政策上的不确定性已影响增长。假如决策者不能就有关措施达成一致,对货币丧失信心和市场紧张局势全面升级,就有可能导致美国和世界经济增长率下滑。欧元区:虽然欧元区爆发严重信心危机导致欧元区金融市场整体冻结的概率已大大降低,但仍需要继续推进国家层面的金融改善,并制定加强泛欧银行联盟和主权救援基金方案的计划。如果政策不能保持改革势头,欧元区一些较脆弱的国家就有可能被冻结在市场之外,从而引发世界经济增长放慢。发展中国家:解决高失业率和产能过剩仍是欧洲及中西亚非地区发展中国家的重点。不过,多数发展中国家生产已满负荷或接近满负荷运行。对他们而言,进一步刺激需求可能会适得其反,反而提高了负债率和通胀率,同时也不能在加快经济增长方面获得明显的回报。未来一段时间,发达国家经济增长会持续缓慢并可能曲折波动,在这种外部环境下,发展中国家要想保持强劲增长就需要进一步深化改革。通过结构性改革提高劳动生产率、人力资本投资、改善治理和投资环境,才是保证经济持续稳定增长的根本。

(四)粮食生产。为保证全球粮食安全,特别是较脆弱的发展中经济体的粮食安全,应进行长期的结构性改革,包括提高当地生产率、改善当地储存和运输基础设施、减少毁损和促进加强国外市场准入等。

(五)财政货币政策。发展中国家应逐渐恢复枯竭的财政和货币缓冲机制,从而确保假如再度出现严重外部冲击的情况下,其经济能够如同在2008/09年危机期间那样做出强有力的应对。

四、经济合作与发展组织(OECD)世界经济展望

(一)世界经济将缓慢复苏。尽管2012年四季度世界经济出现局部

好转,但经济运行仍未摆脱困境。OECD 对 2013 年世界的预测,还是基于各国政府能够采取积极的和有效的政策措施基础上的,否则,世界经济仍是不稳定的和低迷的。OECD 最新预测,2013 年,按购买力平价 GDP 加权汇总,世界经济将增长 3.4%,略快于 2012 年的 2.9%。OECD 国家将增长 1.4%,远低于世界平均增长速度。其中,美国将增长 2%,欧元区将下降 0.1%,日本将增长 0.7%。

(二)主要景气指标较弱。尽管美国和加拿大的消费者信心及新订单等指标表现较好,但在欧元区和日本则较弱。制造业 PMI 也显示,主要 OECD 国家都还在非景气区间,工业生产低迷,制成品库存水平较高,会抑制未来经济的发展。

(三)全球贸易将不活跃。OECD 最新预计,2012 年,全球贸易将增长 2.8%,这是一个较低的速度,主要是受耐用品及投资品需求下降的影响。贸易保护加剧,贸易摩擦增多。2013 年全球贸易将增长 4.7%,比上年略有加快。

(四)就业形势仍然严峻。欧元区经济进入二次衰退,日本经济继续下滑,主要经济体消费者、投资者信心下降,实体经济缺乏活力,欧债危机仍没有彻底解决。这些因素使 OECD 整体失业率继续攀升,初步预计,上涨势头会持续到 2013 年的年中。2013 年,OECD 失业率将达到 8.2%,比 2012 年的 8% 上升 0.2 个百分点。

表 1 世界及 OECD 主要经济指标增长率(%)

	2000-09 年平均	2010	2011	2012	2013	2014
OECD 经济增长率	1.7	3	1.8	1.4	1.4	2.3
美国	1.7	2.4	1.8	2.2	2	2.8
欧元区	1.3	1.9	1.5	-0.4	-0.1	1.3
日本	0.5	4.5	-0.7	1.6	0.7	0.8
OECD 失业率	6.5	8.3	8	8	8.2	8
OECD 通货膨胀率	2.5	1.9	2.6	2.1	1.7	1.9
OECD 财政赤字占 GDP 比重	2.8	7.7	6.5	5.5	4.6	3.6
全球贸易增长率	4.9	12.8	6	2.8	4.7	6.8
世界经济增长率	3.3	4.9	3.7	2.9	3.4	4.2

五、共识公司(Consensus Forecasts)世界经济展望

(一)世界经济局部好转。2012 年三季度末,在美国、部分新兴经济体的带动下,世界经济出现局部好转迹象。2013 年,如果欧债危机没有很好地解决、日本经济继续恶化的话,世界经济增长分化的格局会持续,并有进一步加剧的可能性。共识公司最新预测,按照汇率法 GDP 加权汇总,世界经济将增长 2.6%,略高于 2012 年的 2.5%。美国经济将增长 1.9%,中国、印度将分别增长 8.1% 和 6.5%。欧元区经济进入二次衰退,在 2012 年下降 0.5% 的基础上,2013 年进一步下降 0.1%。日本经济将继续低迷,2013 年将增长 0.6%,比 2012 年回落 1.2 个百分点。

(二)通货膨胀压力略有减轻。2012 年上半年,新兴经济体消费价格持续上涨,通货膨胀压力剧增。在各国调控政策的干预下,下半年价格开始回落。但新兴经济体全年通货膨胀水平仍然达到 5% 以上。2013 年,将会达到 5.3%,压力仍然较大,宏观调控政策的空间有限,应对外来冲击的能力会下降。发达国家情况略好,2013 年,美国通货膨胀率将达到 2%,欧元区将达到 1.9%。但日本仍摆脱不了通货紧缩,全年将下降 0.2%,对低迷的经济极为不利。2013 年,全球通货膨胀水平将达到 2.9%,略低于 2012 年的 3%。

(三)原油价格将基本稳定。2012 年,世界经济增长疲弱乏力,全球需求不旺,美国西德克萨斯中级原油平均价格为 94.2 美元/桶。2013 年,世界经济将继续保持低速增长态势,不考虑非正常因素,原油价格将基本维持在上年水平。

表 2　美国西德克萨斯中级原油价格

指　　标	价格(美元/桶)
2012 年平均价格	94.2
2013 年 3 月底平均价格	92.5
2013 年 12 月底平均价格	96.4
预测的最高价格	120.6
预测的最低价格	80

表3 2010-2013年主要国际组织对世界主要经济指标的预测①

单位:%

机构	GDP增长率				CPI上涨率				世界贸易增长率			
	2010	2011	2012	2013	2010	2011	2012	2013	2010	2011	2012	2013
联合国②	4.0	2.7	2.2	2.4	1.5	2.3	2.2	2.6	13.3	7.0	3.3	4.3
国际货币基金组织	5.1	3.8	3.2	3.5	3.7	4.9	3.9	3.7	12.6	5.9	2.8	3.8
世界银行③	3.3	2.7	2.3	2.4	2.3	5.3	-0.6	-0.1	15.7	6.2	3.5	6.0
经济合作与发展组织④	4.9	3.7	2.9	3.4	1.9	2.6	2.1	1.7	12.8	6.0	2.8	4.7
共识公司	4.3	3.1	2.5	2.6	2.8	3.8	3.0	2.9				

注:①各国际组织2012、2013年数据为预测数。②CPI为发达国家数据。③CPI为G7数据。④CPI为OECD国家数据。

(执笔:郑泽香;成文于2013年1月)

三、国际比较研究

全球外商直接投资下降 发展中国家引资首超发达国家

2012 年,世界经济走势疲弱,投资者信心下降。受此影响,全球外商直接投资(英文简称 FDI)增长势头大幅受挫,投资格局也产生了重大变化,发展中国家吸引的外商直接投资有史以来首次超过了发达国家。

一、2012 年全球外商直接投资整体下降

2012 年,全球 FDI 流入一改前两年持续回升趋势,仅为 1.3 万亿美元,比上年大幅下降 18%,低于国际金融危机前 2005-2007 年的平均水平。

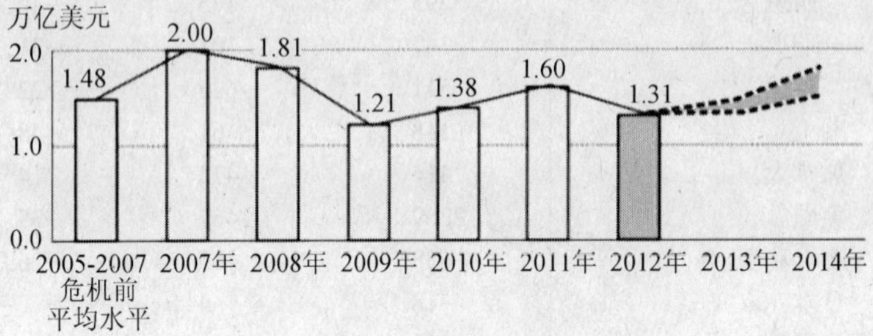

图 1　全球 FDI 流入(万亿美元)

注:2011 年为修订后数据,2012 年为估算数据,2013 年和 2014 年为预测数据。

资料来源:联合国贸发会议。

发达国家 FDI 流入由 2011 年的 8078 亿美元减少至 2012 年的 5489 亿美元,大幅下降 32%,其中欧盟和美国的降幅均在 35% 左右,日本连续三年出现净撤资。发展中国家和转型经济体 FDI 流入分别下降 3.2% 和 13.1%。

表 1　2011-2012 年国家及地区的 FDI 流入（亿美元）

	2011①	2012②	增长率（%）
世界	16042	13107	-18.3
发达国家	8078	5489	-32.1
欧洲	4593	2935	-36.1
欧盟	4400	2870	-34.8
奥地利	147	50	-65.9
比利时	1033	193	-81.3
捷克共和国	54	100	84.3
丹麦	148	21	-86.1
法国	409	589	43.8
德国	404	13	-96.8
希腊	11	26	128.7
爱尔兰	115	396	245.1
意大利	343	53	-84.7
卢森堡	144	226	57
荷兰	136	-21	—
波兰	189	41	-78.2
葡萄牙	104	92	-11.8
西班牙	295	175	-40.6
瑞典	147	101	-31.1
英国	511	625	22.2
瑞士	118	61	-48.2
加拿大	414	472	14
美国	2269	1467	-35.3
澳大利亚	658	485	-26.3
日本	-18	-4	—
发展中国家	7027	6804	-3.2
非洲	434	458	5.5
埃及	-5	35	—
尼日利亚	89	53	-40.8
安哥拉	-56	-31	—
南非	58	64	10.3
拉丁美洲和加勒比海	2170	2326	7.2
阿根廷	87	110	27.3
巴西	667	653	-2
智利	173	264	52.7

续表

	2011①	2012②	增长率(%)
哥伦比亚	136	158	15.9
秘鲁	82	110	34.2
墨西哥	208	174	-16.5
亚洲	4407	3990	-9.5
西亚	486	470	-3.3
沙特阿拉伯	163	188	15.1
土耳其	159	124	-22.1
东亚	2375	2131	-10.3
中国	1160	1117	-3.7
中国香港	961	725	-24.6
韩国	102	90	-11.9
南亚	396	323	-18.4
印度	316	273	-13.5
东南亚	1150	1065	-7.3
柬埔寨	9	18	104.3
印度尼西亚	192	192	-0.1
马来西亚	120	100	-16.8
缅甸	10	19	90
菲律宾	13	15	15.5
新加坡	640	544	-15.1
泰国	78	81	3.9
越南	74	84	12.5
转型经济体	937	814	-13.1
东南欧	72	35	-51.9
独联体	865	780	-9.9
哈萨克斯坦	137	156	13.4
俄罗斯	529	441	-16.6
乌克兰	72	80	11.5

注:2012 年世界 FDI 流入是基于 199 个国家或地区全年估算数或部分最新数据而作的预测。预测数是根据他们提供的 2012 年最新数据,通常是前三季度折年率而估算出来的。各地区 2012 年的数据是根据 2012 年该地区有估算数据的经济体 2011 年占相应地区的比重推算出来的。

①为修订后数据。

②为联合国贸发会议初步估算数据。

资料来源:联合国贸发会议。

二、全球外商直接投资格局产生重大变化

（一）发展中国家吸引的外商直接投资有史以来首次超过发达国家。2012 年，发展中国家 FDI 流入 6804 亿美元，比发达国家多出 1315 亿美元，这在历史上还是第一次。非洲和拉丁美洲 FDI 流入均保持小幅增长，亚洲 FDI 流入比上年峰值略微减少，但仍处于历史较高水平。而发达国家 FDI 流入急剧降至七年前的水平。2012 年全球 FDI 流入共减少 3000 亿美元，其中近 90% 是由于发达国家 FDI 流入下降造成的。多数欧盟国家降幅在 40% 以上，美国 FDI 流入也锐减 35.3%。

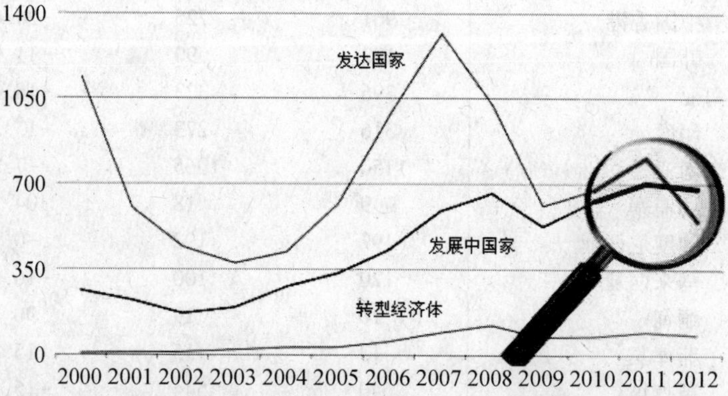

图 2　2000-2012 年发达国家、发展中国家及转型经济体 FDI 流入（十亿美元）

资料来源：联合国贸发会议。

2012 年，位居全球 FDI 流入前 10 名的国家（地区）分别为美国、中国、中国香港、巴西、英国、法国、新加坡、澳大利亚、加拿大和俄罗斯。其中，美国为 1467 亿美元，连续 9 年位居全球首位。2012 年上半年，中国曾一度超过美国成为全球第一大引资国，但全年仍排在美国之后位列第二。中国在 2012 年吸引外资 1117 亿美元，虽然比上年下降 3.7%，但与全球 FDI 流入下降 18%、亚洲下降 9.5% 的情况相比，中国吸引外资的表现依然不俗，继续保持了全球外商投资主选地的地位。

表 2　2012 年 FDI 流入位居世界前 20 位的国家(地区)

国家/地区	2011年		2012年	
	位次	金额（亿美元）	位次	金额（亿美元）
美国	1	2269	1	1467
中国	2	1160	2	1117
中国香港	4	961	3	725
巴西	5	667	4	653
英国	9	511	5	625
法国	11	409	6	589
新加坡	7	640	7	544
澳大利亚	6	658	8	485
加拿大	10	414	9	472
俄罗斯	8	529	10	441
爱尔兰	31	115	11	396
印度	14	316	12	273
智利	19	173	13	264
卢森堡	25	144	14	226
比利时	3	1033	15	193
印度尼西亚	17	192	16	192
沙特阿拉伯	20	163	17	188
西班牙	15	295	18	175
墨西哥	16	208	19	174
哥伦比亚	27	136	20	158

资料来源:联合国贸发会议。中国数据来源于我国商务部。

(二)跨国并购大幅下挫,但发展中国家逆势上涨。2012 年,全球跨国并购大幅下降 41%,为 2009 年以来最低水平。这反映了全球经济运行的不确定性和投资者信心的下降,欧洲国家表现尤为明显。相比之下,

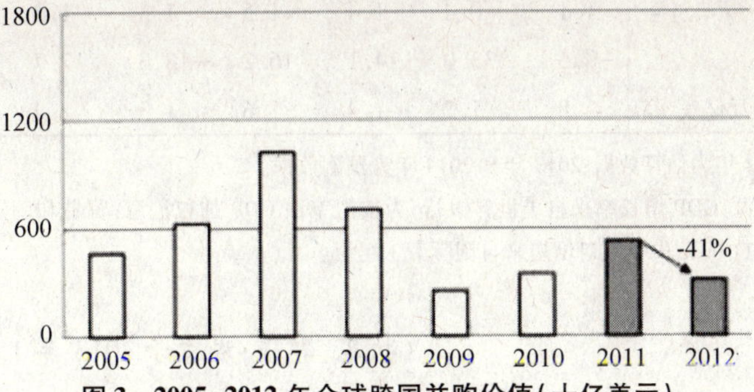

图 3　2005-2012 年全球跨国并购价值(十亿美元)

资料来源:联合国贸发会议。

发展中国家投资者则在海外大举并购,在全球跨国并购中的份额升至37%,创历史新高。

三、预计今明两年全球外商直接投资将温和增长

今明两年,全球经济预计将维持缓慢、不平衡的增长格局,全球FDI流入可能温和增长,预计2013年和2014年将分别达到1.4万亿美元和1.6万亿美元。据国际货币基金组织(IMF)预计,未来两年全球贸易和固定资本形成增速将有所回升。随着宏观经济状况逐步改善,跨国公司可能会利用其手中持有的现金进行新的投资。如果投资信心得以恢复,跨国公司也可能着眼于后危机时期的商业规划和布局展开新一轮战略性投资。此外,处于主权债务危机中的欧洲重债国家由于财政紧缩计划可能被迫进一步出售国有资产,也会提供更多的跨国投资机会。但是,也要看到,全球FDI的回升仍面临诸多不利因素,如主要发达国家和全球金融体系的结构性问题还可能使宏观经济环境恶化,全球主要经济体对投资的限制也可能会增多等。如果这些风险不能消除,全球FDI的复苏可能会继续受阻。

表3　全球GDP、贸易、固定资本形成总额、失业人口和FDI增长率(%)

	2008	2009	2010	2011	2012	2013	2014
GDP	1.4	-2.1	4.0	2.7	2.3	2.4	3.1
贸易	3.0	-10.4	12.6	5.8	3.2	4.5	5.8
固定资本形成总额	2.3	-5.6	5.3	4.8	4.6	5.3	6.0
失业人口	1.1	0.4	1.4	1.5	1.3	1.3	1.3
FDI	-9.5	-33.0	14.1	16.2	-18.3	7.7	17.1
FDI金额(万亿美元)	1.8	1.2	1.4	1.6	1.3	1.4	1.6

注:2012年为估算数据;2013年和2014年为预测数据。

资料来源:GDP增长率来自于世界银行,为按汇率法GDP加权汇总;贸易和固定资本形成总额增速来自IMF;失业人口增速来自国际劳工组织。

(执笔:郭瑾;成文于2013年1月)

专栏

2012 年中国全球化指数居世界第 73 位

在全球化浪潮的不断推动下，越来越多的国家正在走向开放与合作。为了衡量各国的全球化水平，瑞士经济研究院（KOF）推出全球化指数。全球化指数是一项综合性指数，是 23 个具体指标标准化后的加权平均值，包括经济全球化、政治全球化和社会全球化三个方面的内容。2012 年全球化比较指数是 KOF 根据 209 个经济体 2009 年数据推算得出。

一、全球化指数比较

（一）中国全球化指数位次为第 73 位。2012 年中国全球化指数为 59.37，在世界的排名为第 73 位，总得分比上年上升 0.02 分，排名与 2011 年持平。

（二）欧洲国家全球化程度最高。在名次最高的 30 个经济体中，有 25 个经济体来自欧洲。其中，西欧国家占据前十名中的 9 席。比利时、爱尔兰和荷兰分别占据前三的位置。全球化程度倒数三名的国家依次是东帝汶、基里巴斯和赤道几内亚。

（三）新加坡成为唯一进入前十的亚洲国家。新加坡凭借其在经济全球化和社会全球化中的出色表现，成为前十名中唯一上榜的亚洲国家。2012 年新加坡全球化指数得分为 89.18，位列全球第五，其中经济全球化指数居全球榜首，社会全球化指数位列世界第三。在其他亚洲国家中，排名较高的是马来西亚（29 位）和以色列（30 位）。亚洲强国日本排名第 55 位。中国香港此次未被 KOF 纳入调查范围。

表 1　2012 年中国全球化指数与世界前十位国家的比较

国家和地区	全球化指数						
	2012		2011		经济全球化	社会全球化	政治全球化
	位次	指数	位次	指数			
比利时	1	92.76	1	92.84	92.15	89.75	97.91
爱尔兰	2	91.95	12	86.02	93.27	91.43	90.86
荷兰	3	90.94	2	91.50	91.91	87.87	93.99
奥地利	4	90.55	3	91.10	85.98	90.28	97.31
新加坡	5	89.18	5	89.15	97.39	91.04	75.10
瑞典	6	88.23	6	88.47	88.98	82.13	95.86
丹麦	7	88.11	4	89.34	86.00	86.19	93.76
匈牙利	8	87.38	9	86.91	90.50	80.59	92.71
葡萄牙	9	86.73	7	86.98	83.54	84.50	94.36
瑞士	10	86.64	10	86.33	78.39	89.43	94.12
中国	73	59.37	73	59.35	51.25	48.09	86.70

二、全球化指数分项比较

全球化指数包括经济全球化、政治全球化和社会全球化三个分项指数：

（一）经济全球化指数。经济全球化是指商品、劳务、资金、技术在全球范围的流动和配置。经济全球化指数最高的国家是新加坡，数值为 97.39；卢森堡位居第二，数值为 94.63；爱尔兰第三，数值为 93.27。2012 年中国经济全球化指数为 51.25，排名第 107 位，比 2011 年后退 5 位。

（二）社会全球化指数。2012 年社会全球化指数最高的国家是塞浦路斯，数值为 91.76，爱尔兰、新加坡分列第二、第三位。数值分别是 91.43 和 91.04。中国社会全球化指数为 48.09，排名世界第 93 位，比去年前进一位。

（三）政治全球化指数。2012 年政治全球化指数居前三位的国家分别是意大利(98.43)、法国(98.21)和比利时(97.91)。中国政治全球化指数由去年的 43 位上升到 41 位，得分也比上年增加 0.55。

表 2　2012 年中国全球化分项指数与世界前十位国家的比较

位次	国家和地区	经济全球化指数	位次	国家和地区	社会全球化指数	位次	国家和地区	政治全球化指数
1	新加坡	97.39	1	塞浦路斯	91.76	1	意大利	98.43
2	卢森堡	94.63	2	爱尔兰	91.43	2	法国	98.21
3	爱尔兰	93.27	3	新加坡	91.04	3	比利时	97.91
4	马耳他	92.23	4	奥地利	90.28	4	奥地利	97.31
5	比利时	92.15	5	比利时	89.75	5	西班牙	96.68
6	荷兰	91.91	6	瑞士	89.43	6	英国	96.43
7	匈牙利	90.50	7	加拿大	88.72	7	瑞典	95.86
8	瑞典	88.98	8	荷兰	87.87	8	波兰	95.17
9	巴林	88.96	9	丹麦	86.19	9	葡萄牙	94.36
10	阿联酋	88.74	10	法国	85.65	10	加拿大	94.16
107	中国	51.25	93	中国	48.09	41	中国	86.70

三、中国全球化程度不断加深

短期来看，中国全球化指数在 2005 年后增长趋势不很明显。但从长远趋势看，在社会、政治、经济这三个层面上，中国的全球化程度都在不断加深，特别是在 1990 年代之后，中国全球化进程明显加快。

中国的政治全球化程度一直遥遥领先于经济全球化和社会全球化程度。这表明中国作为联合国安理会常任理事国，在国际政治和安全事务中发挥着重大作用，已经成为构成国际政治格局的主要力量之一。中国的经济全球化和社会全球化程度虽然目前在 209 个国家中排名仍处于中下游水平，但与 30 年前相比有巨大进步。

1970 年,中国经济全球化指数仅为 19.91,还不到 2012 年数据的一半。中国社会全球化指数在 1998 年大幅提高。这表明,随着互联网的推广应用,全球信息化加强了中国社会与国际的联系,中国社会开放的进程随之加速推进。

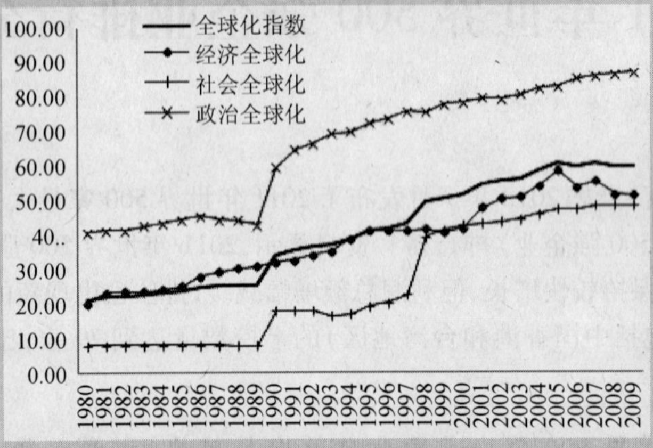

图 1　中国全球化指数变化趋势

（执笔:杨家亮;成文于 2012 年 9 月）

2011 年世界 500 强企业排行分析

《财富》杂志 2012 年 7 月发布了 2011 年世界 500 家最大企业(以下简称世界 500 强企业)排行榜。资料显示,2011 年世界 500 强企业的营业总额仍保持较快增长,但利润总额增幅减缓,排位也出现新的变化。中国企业(包括中国香港和台湾地区)的上榜数量达到 79 家,比上年增加了 10 家。

一、世界 500 强企业营业总额增长较快,利润总额增速大幅减缓

2011 年,世界经济增长乏力,需求不足,世界 500 强企业营业总额达到 294885 亿美元,增长 13.2%,增幅比上年提高 0.5 个百分点。但利润总额达到 16301 亿美元,增长 7.0%,比上年大幅回落 52 个百分点。

2011 年是《财富》杂志公布世界 500 强企业排名以来的第 18 年①。与 1995 年相比,2011 年营业总额增长 1.6 倍,年均增长 6.1%;利润总额增长 4.0 倍,年均增长 10.6%。企业的地区分布也从 26 个国家和地区扩展到 37 个。

二、超强企业继续领先,石油精炼业营业额和利润额均列各行业之首

2011 年,世界 500 强企业排名前十位企业与上年变化不大,前三名与上年相同,但排位有所变动。在世界 500 强企业的 53 个行业中,石油精炼业的营业额和利润额均居各行业首位。

---

① 注:1994 年只公布营业额资料。从 1995 年开始,同时公布营业额和利润额资料。

表1　1994-2011年世界500强企业营业总额和利润总额及其增长情况

年　份	营业额（亿美元）	比上年增长（%）	利润额（亿美元）	比上年增长（%）
1994年	102460	-	-	-
1995年	113784	11.1	3233	14.7
1996年	114348	0.5	4044	25.1
1997年	114535	0.2	4520	11.8
1998年	114634	0.1	4403	-2.6
1999年	126960	10.6	5540	25.7
2000年	140650	10.8	6670	20.4
2001年	140100	-0.4	3060	-54.1
2002年	137290	-2.0	1330	-56.0
2003年	148824	8.4	7291	4.5倍
2004年	167981	12.9	9295	27.5
2005年	189294	12.7	12149	30.3
2006年	209003	10.4	15292	25.9
2007年	236185	13.0	15929	3.9
2008年	251755	6.6	8217	-48.3
2009年	230851	-8.3	9605	16.9
2010年	260206	12.7	15268	59.0
2011年	294885	13.2	16301	7.0

（一）超强企业连续领先，前三甲企业与上年相同

2011年世界500强企业排行榜显示，名列前三甲的企业与上年相同。其中，荷兰皇家壳牌石油公司以4844.9亿美元居榜首，美国埃克森美孚和沃尔玛公司分列第二和第三位。

前十强企业中，有7家是石油公司，分别是荷兰皇家壳牌石油公司、埃克森美孚公司、英国石油公司、中国石油化工集团公司、中国石油天然气集团公司、雪佛龙公司和康菲石油公司；一般商品零售、公用事业和汽车公司各1家，分别是沃尔玛公司、（中国）国家电网公司和丰田汽车公司。

(二)石油精炼业营业额和利润额均居各行业首位

从营业额看,2011 年世界 500 强企业中营业额最高的行业是石油精炼业,44 家上榜企业的营业额达 50896 亿美元,占世界 500 强企业营业总额的 17.3%。

营业额排在第 2 位至第 5 位的行业依次是:银行业,营业额为 32296 亿美元,占世界 500 强企业营业总额的 11.0%;汽车及零部件业,营业额为 23587 亿美元,占 8.0%;食品杂货业,营业额为 13096 亿美元,占 4.4%;电信业,营业额为 12365 亿美元,占 4.2%。

从利润额看,石油精炼业位居各行业榜首。实现利润额 3189 亿美元,占世界 500 强企业利润总额的 19.6%。

利润额排在第 2 位至第 5 位的行业依次是:银行业,利润额达 3093 亿美元,占世界 500 强企业利润总额的 19.0%;汽车及零部件业,利润额达 1177 亿美元,占 7.2%;采矿及原油生产业,利润额达 1003 亿美元,占 6.2%;制药业,利润额达 810 亿美元,占 5.0%。

表 2　2011 年世界 500 强企业中营业额和利润额最高的十个行业

营业额最高行业	企业数(家)	营业额(亿美元)	占 500 强企业(%)
石油精炼	44	50896	17.3
银行	54	32296	11.0
汽车及零部件	33	23587	8.0
食品杂货	24	13096	4.4
电信	20	12365	4.2
人寿与健康保险(股份)	20	12122	4.1
公用设施	22	11498	3.9
电子及电气设备	14	10039	3.4
采矿及原油生产	17	8986	3.0
财产与意外保险(股份)	14	8082	2.7
石油精炼	44	3189	19.6
银行	54	3093	19.0
汽车及零部件	33	1177	7.2

续表 2

营业额最高行业	企业数（家）	利润额（亿美元）	占 500 强企业（%）
采矿及原油生产	17	1003	6.2
制药	10	810	5.0
电信	20	706	4.3
能源	11	535	3.3
人寿与健康保险(股份)	20	418	2.6
计算机及办公设备	12	414	2.5
财产与意外保险(股份)	14	370	2.3

三、发达国家企业上榜企业数减少，新兴市场和发展中国家上榜企业继续增加

2011 年世界 500 强企业分布在 37 个国家和地区。其中，发达国家和地区企业上榜 396 家，占 79.2%，比上年下降 2.8 个百分点。发达国家企业的营业额达到 236273 亿美元，占世界 500 强企业营业总额的 80.1%，比上年下降 3.3 个百分点；利润额为 4305 亿美元，占 73.6%，下降 3.7 个百分点，但在世界 500 强企业中仍居主导地位。新兴市场和发展中国家上榜企业继续增加，营业额和利润额也大幅增长。

（一）美国上榜企业减少 1 家，营业额占世界 500 强企业比重下降。

2011 年美国上榜企业数量从上年的 133 家减至 132 家，是《财富》开始公布世界 500 强以来最少的一年。2011 年美国上榜企业实现营业额 84069 亿美元，比上年增长 9.7%，占世界 500 强企业的 28.5%，比重比上年下降 0.9 个百分点。实现利润额 5540 亿美元，比上年增长 14.5%，占世界 500 强企业的 34.0%，比重比上年提高 2.3 个百分点。尽管上榜企业减少，但 2011 年美国的上榜企业数和营业总额仍均居各国之首，说明美国企业在世界经济中的主导地位未变。

（二）欧洲上榜企业减少 11 家，营业额和利润额占比均下降。

2011 年欧洲上榜企业达 160 家，而上一年度为 171 家。欧洲上榜企业的营业额 101562 亿美元，比上年增长 7.9%；利润总额 5367 亿美元，下

降 8.9%。其营业额和利润额在世界 500 强企业的占比分别为 34.4% 和 32.9%，比上年下降 1.8 和 5.7 个百分点。

分国别看，法国上榜企业有 32 家，比上年减少 3 家。营业额为 21153 亿美元，增长 4.1%。利润额 894 亿美元，下降 6.5%；德国上榜企业 32 家，比上年减少 2 家。营业额达 21929 亿美元，增长 13.7%。利润额 799 亿美元，下降 6.2%。

（三）日本上榜企业数与上年持平，营业额和利润额占比均下降。

日本上榜企业 68 家，与上年持平，上榜企业数仍居第三位。营业额达 36309 亿美元，比上年增长 10.5%；利润额达 725 亿美元，下降 17.8%。营业额和利润额分别占世界 500 强企业的 12.3% 和 4.4%，比上年下降 0.3 个和 1.4 个百分点。其中，营业额仅次于美国和中国，居世界第 3 位。

（四）新兴市场和发展中国家上榜企业增加，营业额和利润额均大幅增长。

随着新兴市场和发展中国家经济实力逐渐提升以及企业竞争力的不断增强，上榜企业数量继续增加，企业实力显著增强。2011 年上榜企业达 104 家，比上年增加了 14 家。实现营业额 58612 亿美元，比上年增长 35.5%；实现利润额 4305 亿美元，增长 32.1%。营业额占世界 500 强企业的 19.9%，比上年提高 3.3 个百分点；利润额占 26.4%，提高 5.1 个百分点。

表 3　世界 500 强企业最多的前五个国家情况

位次（按企业数排列）		国家	企业数		营业额（亿美元）	占世界 500 强企业的比重（%）		利润额（亿美元）	占世界 500 强企业的比重（%）	
2011 年	2010 年		2011 年	2010 年		2011 年	2010 年		2011 年	2010 年
1	1	美国	132	133	84069	28.5	29.4	5540	34.0	31.7
2	2	中国	79	69	42459	14.4	12.2	2283	14.0	11.9
3	3	日本	68	68	36309	12.3	12.6	725	4.4	5.8
4	4	法国	32	35	21153	7.2	7.8	894	5.5	6.3
5	5	德国	32	34	21929	7.4	7.4	799	4.9	5.6

注：中国包括中国香港和台湾地区。

金砖国家中的中国、巴西、印度和俄罗斯四国上榜企业数量延续了前几年持续增加的良好势头。中国上榜企业79家,居新兴市场和发展中国家之首,仅次于美国(132家),居世界第二位;巴西有8家上榜,比上年增加1家;印度和俄罗斯各有8家和7家企业上榜,与上年持平。

四、中国上榜企业数再创新高,实力显著提升

2011年中国上榜企业数再创新高,达到79家,比上年增加10家。其中,内地上榜69家,香港4家,台湾地区6家。内地新上榜企业有13家,分别是:中国电力建设集团有限公司(第390位)、天津市物资集团总公司(第416位)、中国华电集团公司(第433位)、山东魏桥创业集团有限公司(第440位)、山西煤炭运销集团有限公司(第447位)、中国电力投资集团公司(第451位)、山东能源集团有限公司(第460位)、鞍钢集团公司(第462位)、浙江吉利控股集团(第475位)、绿地控股集团有限公司(第483位)、新兴际华集团(第484位)、开滦集团(第490位)和招商银行(第498位)。2010年排名第354位的中国中钢集团公司在2011年落榜。

2011年香港有4家企业上榜,分别是来宝集团、中国华润总公司、怡和集团和香港和记黄埔有限公司;台湾地区有6家上榜,分别是鸿海精密集团、广达电脑有限公司、台湾中油股份有限公司、台塑石化股份有限公司、仁宝电脑工业股份有限公司和纬创集团。

2011年中国上榜企业(包括中国香港和台湾地区)营业总额达42459亿美元,比上年增长33.7%;利润总额2283亿美元,增长25.2%。营业额占世界500强企业的14.4%,比上年提高2.2个百分点;利润额占14.0%,提高2.1个百分点。

在2011年中国内地上榜的企业中,国有企业虽然仍占多数,但民营企业表现不俗,有5家民营企业上榜。其中,山东魏桥创业集团有限公司(第440位)和浙江吉利控股集团(排名第475位)首次上榜。另外3家上榜的民营企业分别是中国平安保险(集团)股份有限公司(排名第242位)、江苏沙钢集团(排名第346位)和华为投资控股有限公司(排名第351位)。

中资银行排位大幅提前。中国工商银行从上年的第77位升至第54

位,是除了中石油、中石化和国家电网外排名最前的企业。中国建设银行从第 108 位升至第 77 位;中国农业银行从第 127 位升至 84 位;中国银行从第 132 位上升到第 93 位;交通银行从第 398 升至第 326 位;招商银行也首次进榜,排名第 498 位。

尽管中国内地企业在上榜数量上进一步增加,但在行业上却依然集中。上榜企业多是一些具有垄断性质行业的企业,包括石化、电力、银行等。我国在信息技术、现代物流、高端制造等行业的上榜企业明显少于美、日等发达国家。

(执笔:王强;成文于 2012 年 8 月)

附表1 2011年世界500强企业中前100家企业排行榜

次位		企业名称	国家和地区	营业额		利润额	
2011	2010			亿美元	比上年增长%	亿美元	比上年增长%
1	2	荷兰皇家壳牌石油公司	荷兰	4844.9	28.1	309.2	53.6
2	3	埃克森美孚	美国	4529.3	27.7	410.6	34.8
3	1	沃尔玛	美国	4469.5	6.0	157.0	-4.2
4	4	英国石油公司	英国	3864.6	25.1	257.0	-
5	5	中国石油化工集团公司	中国	3752.1	37.2	94.5	23.9
6	6	中国石油天然气集团公司	中国	3523.4	46.7	163.2	13.6
7	7	国家电网公司	中国	2591.4	14.5	56.8	24.6
8	10	雪佛龙	美国	2456.2	25.1	269.0	41.4
9	12	康菲石油	美国	2372.7	28.3	124.4	9.5
10	8	丰田汽车	日本	2353.6	6.1	35.9	-24.6
11	11	道达尔	法国	2315.8	24.5	170.7	21.9
12	13	大众公司	德国	2215.5	31.8	214.3	136.7
13	9	日本邮政控股	日本	2110.2	3.5	59.4	21.4
14	18	嘉能可国际	瑞士	1861.5	28.4	40.5	213.6
15	35	俄罗斯天然气工业公司	俄罗斯	1578.3	33.0	444.6	39.4
16	29	意昂集团	德国	1570.6	25.6	-30.9	-139.8
17	23	埃尼集团	意大利	1536.8	16.6	95.4	14.0
18	17	荷兰国际集团	荷兰	1505.7	2.4	65.9	79.2
19	20	通用汽车	美国	1502.8	10.8	91.9	48.9
20	22	三星电子	韩国	1489.4	11.3	120.6	-11.8
21	24	戴姆勒	德国	1481.4	14.4	78.8	32.3
22	16	通用电气	美国	1476.2	-2.6	141.5	21.5
23	34	巴西国家石油公司	巴西	1459.2	21.5	201.2	4.9
24	19	伯克希尔哈撒韦	美国	1436.9	5.5	102.5	-20.9
25	14	安盛集团	法国	1427.1	-12.0	60.1	65.1
26	15	房利美	美国	1374.5	-10.6	-168.6	-
27	25	福特汽车	美国	1362.6	5.7	202.1	208.1
28	27	安联集团	德国	1341.7	5.3	35.4	-47.1
29	31	日本电报电话公司	日本	1330.8	10.6	59.2	-0.4
30	26	法国巴黎银行	法国	1274.6	-1.0	84.1	-19.0
31	28	惠普	美国	1272.5	1.0	70.7	19.3
32	30	美国电话电报公司	美国	1267.2	1.7	39.4	80.1
33	38	苏伊士	法国	1260.8	12.7	55.7	-9.0

续表 1

次位		企业名称	国家和地区	营业额		利润额	
2011	2010			亿美元	比上年增长%	亿美元	比上年增长%
34	49	墨西哥石油公司	墨西哥	1253.4	23.5	-73.6	-
35	70	瓦莱罗能源公司	美国	1251.0	45.4	20.9	545.1
36	66	委内瑞拉国家石油公司	委内瑞拉	1247.5	31.4	26.4	14.3
37	37	麦克森公司	美国	1227.3	9.5	14.0	16.7
38	40	日立	日本	1224.2	12.6	44.0	57.7
39	32	家乐福	法国	1217.3	-0.4	5.2	-10.0
40	67	挪威国家石油公司	挪威	1195.6	36.4	140.6	123.0
41	58	Jx 控股公司	日本	1192.6	24.3	21.6	40.6
42	48	日产汽车	日本	1191.7	16.3	43.2	16.0
43	60	鸿海精密集团	台湾地区	1175.1	23.5	27.8	13.3
44	51	西班牙国家银行	西班牙	1174.1	17.0	74.4	-31.3
45	83	Exor 集团	意大利	1173.0	50.1	7.0	286.2
46	21	美国银行	美国	1150.7	-14.2	14.5	-
47	47	西门子	德国	1133.5	10.4	85.6	62.5
48	33	忠利保险	意大利	1126.3	-6.3	11.9	-47.2
49	69	卢克石油	俄罗斯	1114.3	29.5	103.6	15.0
50	41	威瑞森电信	美国	1108.8	4.0	24.0	-5.7
51	36	摩根大通	美国	1108.4	-4.0	189.8	9.2
52	56	意大利国家电力公司	意大利	1105.6	13.8	57.7	-0.8
53	46	汇丰控股	英国	1101.4	7.3	168.0	27.6
54	77	中国工商银行	中国	1090.4	35.5	322.1	32.0
55	111	苹果公司	美国	1082.5	66.0	259.2	85.0
56	57	CVS Caremark	美国	1077.5	11.8	34.6	1.0
57	52	国际商用机器	美国	1069.2	7.1	158.6	6.9
58	43	农业信贷银行	法国	1051.6	0.1	-20.4	-222.2
59	61	特易购	英国	1038.4	10.3	44.8	9.3
60	39	花旗集团	美国	1029.4	-7.3	110.7	4.4
61	53	卡地纳健康集团	美国	1026.4	4.1	9.6	49.3
62	71	巴斯夫	德国	1021.9	20.8	86.0	42.6
63	62	联合健康集团	美国	1018.6	8.2	51.4	11.0
64	45	本田汽车	日本	1006.6	-3.5	26.8	-57.0
65	82	Sk 集团	韩国	1004.0	28.0	15.1	165.0
66	50	松下电器	日本	993.7	-2.1	-97.8	-1231.7

续表 2

次位		企业名称	国家和地区	营业额		利润额	
2011	2010			亿美元	比上年增长%	亿美元	比上年增长%
67	72	法国兴业银行	法国	984.6	16.7	33.2	36.1
68	86	马来西亚国家石油公司	马来西亚	973.6	26.6	219.2	25.4
69	79	宝马	德国	956.9	19.5	67.9	59.2
70	74	安塞乐米塔尔公司	卢森堡	944.4	13.2	22.6	-22.4
71	42	雀巢	瑞士	944.1	-10.3	106.9	-67.4
72	65	麦德龙	德国	927.5	4.1	8.8	-22.1
73	68	法国电力集团	法国	908.1	5.2	41.9	209.8
74	81	日本生命保险公司	日本	907.8	15.5	28.5	8.3
75	76	克罗格公司	美国	903.7	10.0	6.0	-46.1
76	88	慕尼黑再保险集团	德国	901.4	18.3	9.8	-69.6
77	108	中国建设银行	中国	896.5	33.6	261.8	31.4
78	85	好市多公司	美国	889.2	14.1	14.6	12.2
79	54	房地美	美国	882.6	-10.3	-52.7	-
80	63	富国银行	美国	876.0	-6.1	158.7	28.4
81	87	中国移动通信集团公司	中国	875.4	14.2	117.0	20.2
82	78	西班牙电话公司	西班牙	873.7	8.6	75.1	-44.2
83	98	印度石油公司	印度	860.2	25.0	8.8	-48.7
84	127	中国农业银行	中国	848.0	40.1	188.6	34.6
85	90	标致	法国	833.0	12.2	8.2	-45.6
86	80	宝洁	美国	825.6	3.6	118.0	-7.4
87	73	索尼	日本	822.4	-1.9	-57.8	-
88	117	巴西银行	巴西	818.9	30.2	75.8	18.1
89	75	德国电信集团	德国	815.5	-1.4	7.7	-65.5
90	94	雷普索尔-Ypf 公司	西班牙	811.2	15.1	30.5	-50.9
91	139	来宝公司	中国	807.3	42.4	4.3	-28.8
92	122	ADM 公司	美国	806.8	30.8	20.4	5.5
93	132	中国银行	中国	802.3	35.5	192.1	24.5
94	84	美源人伯根公司	美国	802.2	2.9	7.1	11.0
95	128	泰国国家石油有限公司	泰国	796.9	33.0	34.6	31.9
96	141	日本明治安田生命保险	日本	774.6	37.6	21.9	42.7
97	89	东芝	日本	772.6	3.4	9.3	-42.0
98	93	德国邮政	德国	763.1	7.3	16.2	-52.0
99	134	信实工业公司	印度	761.2	29.2	41.2	-2.8
100		中国建筑工程总公司	中国	760.2	36.2	11.1	64.7

附表 2　2011 年中国企业在世界 500 强企业中的排名情况

	企业数（家）	企业名称	次位		营业额		利润额	
			2011	2010	亿美元	比上年增长%	亿美元	比上年增长%
中国内地	69	中国石油化工集团公司	5	5	3752.1	37.2	94.5	23.9
		中国石油天然气集团公司	6	6	3523.4	46.7	163.2	13.6
		中国国家电网公司	7	7	2591.4	14.5	56.8	24.6
		中国工商银行	54	77	1090.4	35.5	322.1	32.0
		中国建设银行	77	108	896.5	33.6	261.8	31.4
		中国移动通信集团公司	81	87	875.4	14.2	117.0	20.2
		中国农业银行	84	127	848.0	40.1	188.6	34.6
		中国银行	93	132	802.3	35.5	192.1	24.5
		中国建筑工程总公司	100	-	760.2	36.2	11.1	64.7
		中国海洋石油总公司	101	162	755.1	44.1	88.4	22.1
		中国铁道建筑总公司	111	-	714.4	-	4.9	-
		中国中铁股份有限公司	112	95	712.6	1.8	10.3	-6.5
		中国中化集团公司	113	168	709.9	43.3	11.8	47.6
		中国人寿保险（集团）公司	129	113	672.7	4.1	10.5	-70.1
		上海汽车工业（集团）总公司	130	-	672.5	-	31.3	-
		东风汽车公司	142	145	629.1	12.8	13.2	39.0
		中国南方电网有限责任公司	152	149	605.4	11.2	7.6	-26.3
		中国第一汽车集团公司	165	197	570.0	31.2	23.0	8.1
		中国五矿集团公司	169	229	545.1	45.1	7.5	44.1
		中信集团公司	194	221	493.4	26.6	56.5	14.6
		宝钢集团	197	212	489.2	21.3	18.7	-16.3
		中国北方工业（集团）总公司	205	250	481.5	35.2	6.0	12.0
		中国交通建设集团有限公司	216	211	459.6	13.7	12.2	-12.4
		中国电信集团公司	221	222	451.7	17.4	5.6	25.6
		神华集团	234	293	433.6	33.6	56.7	33.3
		中国南方工业集团公司	238	227	431.6	13.6	1.8	-21.7
		中国平安保险公司	242	328	421.1	45.6	30.1	17.8
		中国华能集团公司	246	276	414.8	23.2	0.3	-10.9
		中国航空工业集团公司	250	311	408.3	31.7	9.3	32.1
		中国邮政集团公司	258	343	400.2	42.5	30.8	136.0
		河北钢铁集团	269	279	387.2	15.4	2.0	18.3
		中国冶金科工集团公司	280	297	376.1	17.3	-4.0	-234.6
		中国人民保险公司	292	289	365.5	12.2	8.0	39.8
		首钢集团	295	326	361.2	23.8	2.1	-10.7
		中国铝业公司	298	331	358.4	24.1	0.8	-
		中国航空油料集团公司	318	431	343.5	51.8	1.7	19.0
		武汉钢铁（集团）公司	321	341	342.6	21.6	6.6	191.7
		中国交通银行	326	398	338.7	39.6	78.5	36.1
		冀中能源集团	330	458	336.6	58.4	1.3	-3.4
		中国联合网络通信集团有限公司	333	371	333.4	28.1	2.2	20.5

续表

	企业数（家）	企业名称	次位		营业额		利润额	
			2011	2010	亿美元	比上年增长%	亿美元	比上年增长%
		中国国电集团公司	341	405	325.8	35.7	-0.9	-180.2
		江苏沙钢集团	346	367	321.0	21.6	4.8	22.0
		中国铁路物资总公司	349	430	319.9	41.4	1.6	44.9
		华为技术有限公司	351	352	315.4	15.3	18.2	-48.3
		中国建筑材料集团有限公司	365	485	300.2	50.1	6.6	109.6
		中国机械工业集团有限公司	367	435	298.5	32.7	6.3	15.5
		中国大唐集团公司	369	375	296.0	14.2	-1.3	-
		联想集团	370	450	295.7	37.0	4.7	73.1
		中国远洋运输集团	384	399	288.0	18.7	-6.5	-156.1
		中国电力建设集团有限公司	390	-	282.9	-	3.5	-
		中粮集团有限公司	393	366	281.9	6.5	7.3	-9.0
		河南煤业化工集团有限责任公司	397	446	279.2	26.6	2.2	-31.4
		中国化工集团公司	402	475	277.1	33.8	1.0	531.3
		天津市物资集团总公司	416	-	264.1	38.4	0.3	15.7
		中国电子信息产业集团有限公司	425	408	260.2	9.5	2.0	51.6
		浙江物产集团	426	484	258.3	29.2	1.0	4.9
		中国华电集团公司	433	-	252.7	31.4	-0.2	-125.2
		中国船舶重工集团公司	434	463	251.4	19.4	8.4	9.7
		山东魏桥创业集团有限公司	440	-	249.1	46.6	11.3	17.6
		山西煤炭运销集团有限公司	447	-	245.3	43.3	2.2	-43.0
		中国太平洋保险(集团)股份有限公司	450	-	244.3	17.0	12.9	1.7
		中国电力投资集团公司	451	-	244.0	30.0	-1.2	-151.9
		山东能源集团有限公司	460	-	241.3	38.1	15.6	30.0
		鞍钢集团公司	462	-	240.9	7.6	2.5	-35.7
		浙江吉利控股集团	475	-	233.6	125.9	0.9	-91.1
		绿地控股集团有限公司	483	-	228.7	63.4	9.7	42.9
		新兴际华集团	484	-	228.3	92.3	2.4	52.6
		开滦集团	490	-	225.2	63.4	1.1	67.3
		招商银行	498	-	220.9	49.2	55.9	46.8
中国香港	4	来宝集团	91	139	807.3	42.2	4.3	-28.8
		中国华润总公司	233	346	434.4	56.1	18.8	16.1
		香港怡和集团	275	320	379.7	26.3	34.5	11.8
		香港和记黄埔有限公司	362	362	300.2	11.5	72.0	179.0
中国台湾	6	鸿海精密集团	43	60	1175.1	23.5	27.8	13.3
		广达电脑有限公司	279	247	377.7	5.7	7.8	32.9
		台湾中油股份有限公司国泰人寿保险股份有限责任公司	337	350	327.7	18.9	-11.0	-317.6
		台塑石化股份有限公司	408	410	271.8	14.5	7.7	-41.1
		仁宝电脑工业股份有限公司	468	340	235.9	-16.3	3.7	-49.3
		纬创集团	493	500	224.1	14.7	3.1	-19.2

2011 年世界 1000 家最大银行排名分析

根据英国《银行家》杂志(The Banker,以下简称《银行家》)公布的按照一级资本额排序的统计数据,2011 年世界 1000 家最大银行(以下简称 1000 家大银行)的总资产和一级资本小幅增长,税前利润总额和一级资本回报率略有下降。以中国为代表的新兴市场国家银行业资本实力和盈利能力有了较大提高,但当前国际国内经济形势的复杂严峻,也给中国银行业带来了潜在风险,必须采取多种措施,不断提高中国银行业的抗风险能力和竞争力,并在国际金融领域发挥更重要的作用。

一、1000 家大银行的主要发展指标

在世界经济形势持续动荡的背景下,1000 家大银行总资产和一级资本小幅增长,税前利润总额和一级资本回报率略有下降。近两年来,世界各国银行业都积极扩充资本,提高融资水平,对银行利润恢复功不可没。

(一)一级资本总额继续增长

2011 年,1000 家大银行的一级资本总额为 57460 亿美元,比上年增长5.7%,低于2010 年10.6%的增长速度。1000 家大银行按一级资本的排列次序基本稳定,前 25 名大银行与上年相同,且大多是来自发达国家,只有少量来自中国。排行榜前五名分别为美洲银行、摩根大通、中国工商银行、汇丰控股和花旗集团。

(二)资本回报率略有下降

2011 年 1000 家大银行一级资本回报率(税前利润总额/一级资本总额)为 12.2%,与 2010 年的 13.1%略降 0.9 个百分点。许多小银行表现突出,资本回报率较高。阿根廷的 Galicia 银行的资本回报率达 70.7%,居首位;中国的鄂尔多斯农村商业银行、印度尼西亚的人民银行,分别以

61.0%和59.6%的回报率位列第二和第三。

表1 1996-2011年1000家大银行一级资本、总资产、税前利润、资本回报率及其增长情况

单位：亿美元

年份	一级资本		总资产		税前利润		资本回报率（%）
	总计	比上年增长（%）	总计	比上年增长（%）	总计	比上年增长（%）	
1996年	14956		327000		2161		14.44
1997年	14881	-0.05	332000	1.52	2049	-5.18	13.77
1998年	16758	12.61	355000	6.92	1744	-8.27	10.11
1999年	17848	6.50	367000	3.38	3097	77.58	17.35
2000年	17700	-0.83	379000	3.27	3170	2.36	17.91
2001年	18314	3.47	396000	4.49	2228	-2.97	12.34
2002年	19742	7.80	439000	10.86	2524	14.09	12.79
2003年	23773	20.42	524000	19.36	4174	65.37	17.56
2004年	27395	15.24	605000	15.46	5441	30.35	19.86
2005年	28413	3.71	638258	5.50	6451	18.56	22.70
2006年	33651	18.40	742322	16.60	7863	21.90	23.37
2007年	38994	15.90	902560	21.60	7808	-0.70	20.02
2008年	42760	9.70	963950	6.80	1150	-85.30	2.69
2009年	49150	14.94	955320	-0.90	4010	2.49倍	8.16
2010年	54340	10.60	1016400	6.40	7090	77.00	13.10
2011年	57460	5.70	1072330	5.50	7020	-1.00	12.23

资料来源：英国《银行家》。

（三）贷款存款率

贷款存款率是衡量银行在经济危机时期风险规避能力的重要指标，过高的贷款存款率表明银行投资过热，风险大；而过低的贷款存款率则说明银行没有尽其能力发放贷款，难以达到应有的盈利水平。从2011年1000家大银行的统计数据来看，西欧地区银行的贷款存款率数据高于全球其他地区银行，为116.72%；其次分别是中南美地区（112.33%）和中东欧地区（108.01%）。

二、1000 家大银行的发展特点

与上年相比,2011 年 1000 家大银行的地区分布结构基本稳定。北美地区上榜银行数 179 家,西欧地区 240 家,东欧地区 49 家,亚洲地区 348 家,中东地区 91 家,拉美地区 62 家,非洲地区 31 家。

(一)欧债危机拖累银行业总体增长

欧债危机导致西方大银行损失扩大,许多银行发生巨额亏损。反映在 1000 家银行榜上,全球银行业整体增势显著放缓。其中,总资产和一级资本分别增长 5.5% 和 5.7%,增速比上年放缓 0.9 个百分点和 4.9 个百分点,一级资本增速放缓较为明显。税前利润结束了金融危机以来持续两年的恢复势头,同比下降 1%,略超 7000 亿美元。1000 家大银行的总资本资产比率为 5.4%,与去年基本持平。尽管西欧国家已成为本次欧债危机的重灾区,但部分国家的银行依然表现良好,如英国,其上榜银行税前利润降幅远低于欧元区,汇丰控股和巴克莱银行盈利进入全球前 20 名。

(二)拥有国外资产的欧洲银行盈利较好

拥有国外资产是许多欧洲大银行的优势。此次《银行家》杂志首次编制的外国分支机构利润排行榜中,汇丰香港排在首位,因为香港是汇丰控股第二大市场。西班牙的桑坦德银行在拉美地区拥有众多盈利的分支机构,拉美地区为桑坦德银行贡献了 70% 的税前利润。西班牙对外银行在墨西哥和委内瑞拉的分支机构贡献了 60% 的税前利润,并持有一家土耳其银行 25% 的股权。另外,意大利联合信贷银行也受益于在土耳其和俄罗斯的分支机构。希腊国家银行控股土耳其金融银行也有较好的收益

(三)全球银行业重心继续向新兴市场转移

次贷危机主要冲击美国银行业,欧债危机则主要影响西欧银行业,新兴市场银行业在本轮全球金融危机中始终持续了较快发展。按一级资本收益率排名,在资本收益率最高的前 25 个国家中,除了高度依赖矿产资源的澳大利亚和加拿大外,其余都是新兴市场国家。全球银行业重心在过去 5 年中持续向新兴市场转移。2006 年,金砖国家(不包括南非)在 1000 家大银行中的总资产、总资本和税前利润占比分别为 7.5%、10.0% 和 8.6%,2011 年分别上升到 16.4%、18.6% 和 39.8%。2011 年金砖国

家(不包括南非)的上榜银行合计一级资本达1.07万亿美元,超过美国上榜银行。中国银行业上榜数量达到104家,首次赶超日本并仅次于美国;四家中国银行位居世界前10大银行之列,达到历史最好水平。

(四)新兴市场银行跨境并购日趋活跃

欧洲银行业受危机冲击大,资本短缺严重。作为政府支持重组计划的一部分,西欧银行业被迫出售各地分支机构。西方银行的困境,对正在急于跨出国门、寻求国际化发展的新兴市场银行业是一个难得的并购机会。2011年,俄联邦储蓄银行收购了奥地利沃克斯银行在中东欧的机构网点,目前正收购比利时德夏银行位于土耳其的分支机构。智利科普班卡银行收购了桑坦德银行在哥伦比亚的经营机构。汇丰银行宣布在2012年将数家拉美机构出售给哥伦比亚的银行,包括设在哥伦比亚、秘鲁、乌拉圭、巴拉圭、哥斯达黎加、萨尔瓦多和洪都拉斯的分支机构。当然,汇丰银行和桑坦德银行仍然保持了相当庞大的全球网络,这些交易只是为了更合理地配置资源而非全面撤退。

三、中国银行业的发展状况分析

在此次1000家大银行排名中,中国银行业再攀"高峰",都取得了斐然成绩。

(一)中国内地上榜银行大幅增加四大商业银行同时跻身世界10大银行行列

2011年,中国内地进入1000家大银行排行榜的银行数达110家,比上年增加9家。中国四大商业银行首次同时跻身世界10大银行行列,其一级资本额及其排位分别为:中国工商银行,1400.3亿美元,列第3位;中国建设银行,1191.4亿美元,列第6位;中国银行,1111.7亿美元,列第9位;中国农业银行,964.1亿美元,列第10位。

(二)中小银行取得长足进步

除了中国顶尖大银行表现抢眼外,中小型银行也取得了的长足进步。在攀升最快的前25家银行中,中国的银行占16席,且大多为中小型银行。中国内地的海口农村商业银行、珠海华润银行和青海银行,分别在攀升最快排名中列第1位、第2位、第5位。中小型银行的崛起是中国银行业结构优化以及行业内部差距缩小的体现,也说明中国银行业正在形成相互促进、共同发展的良好势头。

（三）领跑金砖国家

中国银行业在金砖国家成员中也遥遥领先。相比中国 110 家上榜银行，金砖的其他四个国家一共有 94 家银行上榜，与中国相比存在较大的差距。在银行名次上，中国的银行也遥遥领先。在当前国际大环境下，包括中国在内的金砖国家在国际舞台上发挥着越来越重要的作用，中国银行业所取得的良好成绩代表着发展中国家崛起的动力和方向。来自发展中国家的银行将在国际上发挥越来越重要的作用。

四、中国银行业发展面临的挑战

目前，国际金融危机影响仍在持续，世界经济复苏的过程将缓慢而曲折。同时，中国经济回升的内在动力仍然不足，结构性矛盾仍很突出。受经济发展影响，银行业运行和风险管理面临新老矛盾相互交织、不确定因素较多的困难。比如，产业结构调整对银行的行业信用风险管理带来挑战，当前贷款在行业结构上向重化工业、房地产等领域集中，在期限上向中长期贷款集中，在客户上向大企业集团和政府融资平台集中；随着利率市场化和人民币汇率形成机制改革以及经济金融对外开放的不断推进，银行业市场风险越来越突出；市场资金波动性加大，流动性风险管理难度上升，等等。

面对最新的世界银行排名，有喜人的成绩，也有凸显的问题，中国银行业也应冷静分析，积极应对后危机时代世界银行业格局转变和可能出现的风险，努力促进中国银行业结构的不断优化，不断提高中国银行业的抗风险能力和竞争力，努力实现中国银行业的健康发展。

（执笔：高析；成文于 2012 年 10 月）

附表1　2011年世界1000家最大银行排行榜前25家银行

排名	银行	国家	一级资本（百万美元）	增长率（%）	总资产（百万美元）	增长率（%）	税前利润（百万美元）	增长率（%）	资本回报率（%）	资产回报率（%）	BIS资本充足率[①]（%）	不良贷款比率（%）
1	美洲银行	美国	159232	-2.69	2136578	-5.67	-231	82.58	-0.14	-0.01	16.75	7.63
2	摩根大通	美国	150384	5.57	2265792	7.00	26749	7.60	17.79	1.18	15.40	5.06
3	中国工商银行	中国	140028	23.49	2456295	20.87	43218	32.86	30.86	1.76	13.17	0.94
4	汇丰控股	英国	139590	4.81	2555579	4.11	21872	14.89	15.67	0.86	14.10	4.30
5	花旗集团	美国	131874	4.50	1873878	-2.09	14654	19.40	11.11	0.78	16.99	3.04
6	中国建设银行	中国	119135	24.31	1949219	19.41	34744	31.48	29.19	1.78	13.68	1.09
7	三菱日联金融集团	日本	117018	1.79	2664171	7.39	17628	93.18	15.06	0.66	14.91	2.20
8	美国富国银行	美国	113952	4.21	1313867	4.43	23314	24.67	20.46	1.77	14.76	6.43
9	中国银行	中国	111173	17.54	1877520	18.88	26765	24.70	24.08	1.43	12.97	1.00
10	中国农业银行	中国	96413	21.60	1853319	18.73	25108	37.72	26.04	1.35	11.94	1.55
11	法国巴黎银行	法国	91858	0.25	2542880	-4.81	12487	-28.26	13.59	0.49	14.00	4.30
12	苏格兰皇家银行	英国	88112	-6.35	2329767	2.42	-1095	25.59	-1.24	-0.05	13.80	7.88
13	法国农业信贷银行	法国	80222	3.64	2431932	5.10	5147	-41.92	6.42	0.21	11.70	3.80
14	西班牙国际银行	西班牙	79897	-1.41	1619349	-0.51	10243	-36.30	12.82	0.63	13.56	3.81
15	英国巴克莱银行	英国	78036	-6.87	2417369	3.70	9090	-4.23	11.65	0.38	16.40	4.40
16	瑞穗金融集团	日本	77879	4.93	2012909	4.06	8721	31.41	11.20	0.43	15.49	1.63
17	日本三井住友金融集团	日本	76377	0.40	1741213	5.04	10102	17.18	13.23	0.58	16.94	2.83
18	劳埃德银行集团	英国	68024	-7.80	1500561	-3.30	-5476		-8.05	-0.36	15.60	10.00
19	德意志银行	德国	63462	11.52	2800133	9.91	6974	31.24	10.99	0.25	14.50	1.63
20	高盛集团	美国	63262	-11.19	923718	1.36	6169	-52.15	9.75	0.67	16.88	0.17
21	意大利联合信贷银行	意大利	55530	-3.49	1199146	-3.50	-9998		-18.00	-0.83	12.37	3.42
22	中央农林金库	日本	53837	8.07	879646	4.71	903	-39.77	1.68	0.10	24.67	1.83
23	法国 BPCE 集团	法国	53175	-3.03	1472969	5.09	6033	-21.50	11.35	0.41	11.60	3.50
24	摩根士丹利	美国	52352	-1.00	749898	-7.16	5404	-6.97	10.32	0.72	17.82	1.46
25	荷兰国际集团	荷兰	49973	-4.96	1243651	-25.41	6856	14.55	13.72	0.55	14.26	2.00

资料来源：英国《银行家》。

注①资本充足率是指资本总额与加权风险资产总额的比例。资本充足率反映商业银行在存款人和债权人的资产遭到损失之后，该银行能以自有资本承担损失的程度。BIS资本充足率指按照国际清算银行标准计算的资本充足率。

附表 2　2011 年 1000 家大银行中排名前 20 位的中国内地银行

序号	银行名称	2011 年排名	2010 年排名	一级资本（百万美元）	一级资本增长率(%)
1	中国工商银行	3	6	140028	23.49
2	中国建设银行	6	8	119135	24.31
3	中国银行	9	9	111173	17.54
4	中国农业银行	10	14	96413	21.60
5	交通银行	30	35	41817	21.84
6	中信银行	48	66	27224	51.30
7	招商银行	56	60	24814	28.41
8	上海浦东发展银行	57	64	23172	27.17
9	中国民生银行	62	73	20011	28.06
10	兴业银行	69	83	17710	31.69
11	中国光大银行	83	101	14406	22.89
12	深圳发展银行	97	179	11919	137.55
13	华夏银行	111	171	9850	89.20
14	广发银行	123	144	8289	28.74
15	北京银行	132	145	7929	23.93
16	上海银行	172	194	5409	24.76
17	江苏银行	200	226	4412	29.13
18	重庆农村商业银行	206	232	4165	25.93
19	上海农村商业银行	213	235	3964	13.30
20	浙商银行	241	279	3317	22.06

资料来源：英国《银行家》。

2012年全球竞争力指数排名情况分析

世界经济论坛(WEF)近期发布了《2012-2013年全球竞争力报告》。报告显示,在144个主要经济体的全球竞争力指数排名中,2012年中国竞争力指数居第29位,比上年下降了3位。中国在宏观经济稳定以及市场规模等方面具有明显的竞争优势,但也面临着许多挑战,应努力提高制度环境质量,深化高等教育改革,改善企业经营环境,加强金融监管,加大科技投入力度。

一、全球竞争力指数的指标体系及评价方法

全球竞争力排名基于撒拉-伊-马丁教授为世界经济论坛设计的全球竞争力指数,于2004年开始发布。它通过衡量经济、社会、政治、文化、教育等各个领域的情况来全面反映一个国家的竞争力水平,是一个高度综合的指数。

(一)竞争力指数指标体系

2012年全球竞争力指数指标体系仍然沿用2007年的结构,主要包括三个分类指数,即基础条件、效率推进和创新与成熟性因素。三个分类指数又包括了12个大类指标(也称12个竞争力支柱)、111个小类指标。

111个小类指标的数据来源,一是从国际公认的机构获得,特别是联合国教科文组织、国际货币基金组织及世界卫生组织的统计数据,如升学率、政府债务、预算赤字、平均预期寿命等;二是通过世界经济论坛举行的年度"高管意见调查"问卷来获得,用以补充对所有经济体更为定性的评估。2012年,在144个参评的全球经济体中,共有超过15000位商业领导者接受了问卷调查,调查内容涵盖了影响一个国家商业环境的各种因素。

表 1　全球竞争力指数的分类指数和大类指标体系

	分类指数	大类指标(括号中为小类指标数)
全球竞争力指数(GCI)	A. 基础条件	1. 制度(22)
		2. 基础设施(9)
		3. 宏观经济环境(5)
		4. 健康与初等教育(10)
	B. 效率推进	5. 高等教育与培训(8)
		6. 商品市场效率(16)
		7. 劳动力市场效率(8)
		8. 金融市场发展(8)
		9. 科技准备(7)
		10. 市场规模(2)
	C. 创新与成熟性因素	11. 商务成熟性(9)
		12. 创新(7)

(二)竞争力指数评价方法

《全球竞争力报告》将全球划分为五大区域:欧洲和北美地区、亚太地区、拉丁美洲和加勒比海地区、中东和北非地区,以及撒哈拉以南非洲地区。

报告认为,各经济体经济发展水平由两个标准来定位:一是按市场汇率计算的人均 GDP 水平,二是用货物与服务出口总额中矿产出口比重来衡量各国的要素驱动。其中,第二个标准用来评定经济体经济增长动力,因为自然资源只是经济发展的基础之 ,其他因素诸如劳动、资本、技术进步等才是经济增长的真正驱动因素。根据上述两个标准,一个国家的经济发展程度被划分为三个阶段:第一阶段是生产要素驱动阶段,该阶段经济体主要依靠非熟练工和自然资源等因素发展生产、从事经济活动,工资和生产力发展水平最低;第二阶段是效率驱动阶段,该阶段的经济体由于工资水平提高和科学技术发展,开始寻找更有效的生产方式,并努力提高生产效率和产品质量;第三阶段是创新驱动阶段,该阶段的经济体市场成熟性最好,能够生产和提供创新产品和服务,工资和经济发展水平最高,并能维持高收入和较高的生活水平。另外,根据一些经济体的经济增长和变化情况,世界经济论坛还定义了从第一阶段到第二阶段的过渡阶段和从第二阶段到第三阶段的过渡阶段。

2012 年全球竞争力指数的评价仍采用对各类指标加权汇总的方法，阶段不同，在计算竞争力总指数时分类指数的权重也不相同。表 2 列出了不同发展阶段的人均 GDP 临界值及各分类指数的权重。对于处于第一到第二、第二到第三的过渡阶段的经济体，随着其经济的不断发展，各分类指数的权重在两个相邻阶段的权重之间平滑变化。

表 2　不同经济发展阶段的划分标准及竞争力各分类指数的权重

指　　标	第一阶段：要素驱动	从第一阶段到第二阶段的过渡阶段	第二阶段：效率驱动	从第二阶段到第三阶段的过渡阶段	第三阶段：创新驱动
人均 GDP(美元)	小于 2000	2000–2999	3000–8999	9000–17000	大于 17000
基础条件分类指数权重	60%	40–60%	40%	20–40%	20%
效率推进分类指数权重	35%	35–50%	50%	50%	50%
创新与成熟性因素分类指数权重	5%	5–10%	10%	10–30%	30%

在 2012 年参加测评的 144 个经济体中，处于第一阶段的有 37 个经济体，处于第一阶段到第二阶段过渡阶段的有 17 个经济体，处于第二阶段的有 33 个经济体，处于第二阶段到第三阶段过渡期的有 22 个经济体，处于第三阶段的有 35 个经济体。中国在 2008 年时尚处于第一阶段到第二阶段的过渡阶段，自 2009 年至今处于第二阶段。

(三)构造竞争力指数变量的调整

由于第 3 个大类指标即宏观经济环境中的利率范围数据在国际间的可比性受限，该指标不再被收集。第 7 个大类劳动力市场效率中去掉了刚性就业指数，因为世界银行不再提供该数据。另外，第 1 个大类制度中添加了一个变量，即通过“高管意见调查”获得的政府对商业团体提供服务程度的数据。考虑到移动设备上网用户快速发展，第 9 个大类科技准备中添加了一个移动宽带变量。

有些变量的数据来源也有变化。为消除可能出现的地域性误差，第 12 个大类创新指标中人均申请专利的数据源由专利合作条约(PCT)替代了以前一直使用的美国专利商标局(USPTO)。

二、全球竞争力指数排名情况

《全球竞争力报告》显示，竞争力指数排名位居全球前10位的经济体依次为：瑞士、新加坡、芬兰、瑞典、荷兰、德国、美国、英国、中国香港和日本。瑞士自2009年取代美国成为世界上最具竞争力的经济体以来，已经连续四年获此殊荣；英国仍然具有较强的竞争力，升至第8位。欧洲国家的竞争力差距持续扩大。世界经济论坛创始人兼执行主席克劳斯·施瓦布教授指出，区域之间和区域内，特别是欧洲地区内竞争力差距持续扩大是现在社会动荡的主要原因，将会危及未来的繁荣。他敦促各国政府采取果断行动提高竞争力，引导世界经济重返可持续增长轨道。

（一）瑞士连续四年为全球最具竞争力经济体，北欧国家排名继续位居前列

2012年瑞士的全球竞争力指数为5.72，连续四年位居世界第一位，其2009、2010和2011年的竞争力指数分别为5.60、5.63和5.74，说明瑞士的竞争力在超越美国占据世界首位后继续不断提升并巩固了位次。瑞士最显著的优势包括创新（居全球第一位）、劳动力市场效率（居第一位）、商务成熟性（居第二位）和高等教育与培训（居第三位）。瑞士拥有全球最强的科研机构，它们与商业部门合作紧密，再加上科研上的高投入以及知识产权的严格保护，确保了大部分基础研究可转变成市场可售产品。

欧洲有10个国家和地区进入排名前20位。凭借预算盈余和较低的公共债务，北欧国家排名继续位居前列。芬兰全球竞争力指数为5.55，排名第3，比2011年上升一位；瑞典竞争力指数为5.53，排名第4，比2011年下降一位；丹麦为5.29，排名第12，比2011年下降四位。

在欧元区，荷兰排名上升两位至第5；德国继续位居第6；法国下降三位至第21；而西班牙（保持第36）、葡萄牙（下降四位至第49）及希腊（下降六位至第96）等南欧国家仍陷在竞争力削弱的泥潭中，存在宏观经济失衡、融资渠道不畅、失业问题严重和创新不足等问题。

（二）美国竞争力连续四年下降，2012年已降至第7位

深陷金融危机和债务风波的美国竞争力排名连续四年下降。2012年美国竞争力指数为5.47，虽然指数有所升高，但排名又再降两位至第

7。尽管美国拥有庞大的经济规模和灵活的劳动力市场,优秀的高等教育研究机构与富有创新力的企业有着研发合作相结合的支持体系,但美国的宏观经济环境脆弱,该项大类指数从2011年的第90位骤降至今年的第111位。另外,过去几年中美国没能很好地应对宏观经济波动,公共债务攀升及其制度环境的某些方面也继续让商界领导者担忧,尤其是公众对政府的信任度降低和对于政府效率明显低下、资源浪费的担心,都对其竞争力水平形成了明显制约。

(三)新加坡仍为亚太地区排名最高的经济体

2012年,新加坡的全球竞争力指数为5.67,继续排名第2。新加坡凭借其运作良好的制度和基础设施,以及优秀的初等教育、高效率的商品市场、劳动力市场和金融市场,继续引领亚太地区竞争力排名。

但是,亚洲(仅指东亚、东南亚和南亚,不包括西亚和中亚,下同)发展中国家的竞争力差距非常明显。在144个经济体的排名榜单中,几乎各个档位都有亚洲国家的身影,其发展趋势也显示出巨大差异。日本、中国香港、中国台湾、马来西亚、韩国和中国内地均位列全球竞争力前30位,展现出亚洲经济体的强劲实力。中国香港排名比2011年上升两位至第9,首次进入前10名;日本排名下降一位至第10,仍居全球最具竞争力的经济体之列。中国台湾排名第13位,与上年相同。韩国上升五位至第19,马来西亚下降四位至第25。但过去数年来亚洲经济体竞争力上升的势头趋于放缓,排名30以内的6个亚洲国家和地区中,除了中国香港和韩国排名上升外,其他经济体排名均下降或持平。

排名30以外的亚洲国家中,印度尼西亚排名下降四位至第50,印度下降三位至第59,越南下降八位至第75。菲律宾上升10位至第65,柬埔寨跃升13位至第85,但两国总体排名依然相对落后。孟加拉国和巴基斯坦则排名居后,分别为第118位和第124位。

多数亚洲经济体竞争力排名相对靠后,主要是因为依然存在交通设施不完善、能源基础设施不足、技术采用率低、腐败普遍存在且根深蒂固,以及官僚作风等问题。在经济增长放缓过程中,高增长时被掩盖的诸多弊病开始逐渐凸显。

(四)拉美地区经济体竞争力排名都在30位以外

在拉美地区,智利的全球竞争力指数最高,为4.65,排第33位,比

2011 年下降三位。随后依次为巴拿马(指数为 4.49,排名第 40,比 2011 年上升九位)、巴巴多斯(指数为 4.42,排名第 44,比 2011 年下降二位)、巴西(指数为 4.40,排名第 48,比 2011 年上升五位)、墨西哥(指数为 4.36,排名第 53,比 2011 年上升五位)。本地区大部分国家的竞争力都处于持续上升之中。

(五)2012 年新参评的经济体竞争力水平靠后

2012 年世界经济论坛继续扩大其报告涵盖的地域范围。此次报告总共涵盖 144 个主要经济体,比上年增加 2 个,是迄今为止涵盖经济体最多的一次。新参评的经济体包括加蓬、几内亚、利比里亚、塞舌尔和塞拉利昂。2011 年由于动乱而未被列入排名的利比亚又重新被计算排名。但是,突尼斯的数据出现结构断裂造成与往年数据不可比,伯利兹和安哥拉缺乏调查数据,叙利亚因安全原因导致调查无法进行,以上四国未被列入排名。

在 2012 年新参评和恢复参评的 6 个经济体中,塞舌尔竞争力指数为 4.10,排名第 76,最为靠前。加蓬竞争力指数为 3.82,排名第 99。利比里亚竞争力指数为 3.71,排名第 111。利比亚竞争力指数为 3.68,排名第 113。几内亚竞争力指数为 2.90,排名第 141。排位最靠后的是塞拉利昂,竞争力指数为 2.82,排名第 143。

三、中国竞争力指数略有下降

2012 年中国全球竞争力指数由 2011 年的 4.90 降至 4.83,排名在经过五年稳定上升后,由第 26 位降至第 29 位。但中国继续在发展中国家经济体中位列前茅,也仍然具有巨大的提升潜力。

从竞争力的 3 个分类指数来看,基础条件指数为 5.25,排名第 31 位,比上年下降一位;效率推进指数为 4.64,排名第 30 位,比上年下降三位;创新与成熟性因素指数为 4.05,排名第 34 位,比上年下降三位。

从 12 个大类指标来看,中国最具优势的仍然是广阔并且增长迅速的国际和国内市场规模,市场规模综合排名最靠前,得分为 6.82,仅低于排名首位的美国(得分为 6.93),居全球第 2 位;宏观经济环境指标也是中国竞争力优势的重要体现,得分为 6.22,与 2011 年持平,但排名从第 10 位降至第 11 位。

排名居中(第20位至第50位)的指标有制度、基础设施、健康与初等教育、劳动力市场效率、商务成熟性和创新。

差距较大的仍然是高等教育与培训和科技准备,排名均在60位以外,分别为62位和88位,得分为4.32和3.50,这两个指标的得分和排名也有所下降。此外,排名第51至60之间的有两大类指标,其得分和排名与上年相比有明显下降:商品市场效率从第45位降至第59位,金融市场发展从第48位降至第54位。

表3 中国全球竞争力指数的排名和得分

指　　标	2012年		2011年	
	排名	得分	排名	得分
全球竞争力指数	29	4.83	26	4.90
分类指数A:基础条件	31	5.25	30	5.33
大类指标:1.制度	50	4.22	48	4.32
2.基础设施	48	4.46	44	4.63
3.宏观经济环境	11	6.22	10	6.22
4.健康与初等教育	35	6.11	32	6.16
分类指数B:效率推进	30	4.64	26	4.70
大类指标:5.高等教育与培训	62	4.32	58	4.34
6.商品市场效率	59	4.31	45	4.42
7.劳动力市场效率	41	4.60	36	4.68
8.金融市场发展	54	4.31	48	4.42
9.科技准备	88	3.50	77	3.57
10.市场规模	2	6.82	2	6.77
分类指数C:创新与成熟性因素	34	4.05	31	4.15
大类指标:11.商务成熟性	45	4.25	37	4.37
12.创新	33	3.85	29	3.92

与德国、美国、英国、日本、加拿大、澳大利亚和法国等主要发达国家相比,除了在基础条件上稍稍领先于美国之外,无论是在总体水平还是在三大分类指数方面,中国依旧处于劣势。

但从构成全球竞争力三大分类指数的12个大类指标角度考察，中国的竞争力具有自己的特点：一是宏观经济环境是唯一领先主要发达国家的指标。二是市场规模除落后于美国外，领先其他发达国家。三是与德国、澳大利亚和法国相比，中国在劳动力市场效率方面占优。四是制度、健康与初等教育、商品市场效率、创新方面略弱于发达国家，排名相差10位以内。五是基础设施、高等教育与培训、金融市场发展、科技准备、商务成熟性在与主要发达国家比较中处于明显劣势，排名最少相差10位以上。

表4　2012年中国与主要发达国家全球竞争力12个大类指标排名情况

	德国	美国	英国	日本	加拿大	澳大利亚	法国	中国
1. 制度	16	41	13	22	11	18	32	50
2. 基础设施	3	14	6	11	13	18	4	48
3. 宏观经济环境	30	111	110	124	51	26	68	11
4. 健康与初等教育	22	34	17	10	7	13	21	35
5. 高等教育与培训	5	8	16	21	15	11	27	62
6. 商品市场效率	21	23	17	20	13	24	46	59
7. 劳动力市场效率	53	6	5	20	4	42	66	41
8. 金融市场发展	32	16	13	36	11	8	27	54
9. 科技准备	15	11	7	16	20	19	14	88
10. 市场规模	5	1	6	4	13	21	8	2
11. 商务成熟性	3	10	8	1	26	30	21	45
12. 创新	7	6	10	5	22	23	17	33

在金砖国家中，中国仍处于领跑位次，之后依次为巴西、南非、印度和俄罗斯。与上年相比，金砖国家排名一升四降：巴西由上年的第53位升至第48位；中国由第26位降至第29位，南非由第50位降至第53位，印度由第56位降至第59位，俄罗斯由第66位降至第67位。中国在基础设施、宏观经济环境、健康与初等教育、劳动力市场效率、市场规模与创新方面均居金砖国家首位。在制度、高等教育与培训和商品市场效率方面中国具有一定的竞争优势，但在制度和商品市场效率这两大类上落后于

南非,在高等教育与培训上落后于俄罗斯。在金融市场发展、科技准备和商务成熟性方面中国处于明显劣势,金融市场发展和商务成熟性仅优于俄罗斯而居第四位,科技准备优于印度而居第四位。

表5　金砖国家竞争力排名比较

	2012年	2011年	2012年与上年相比
中　国	29	26	下降三位
巴　西	48	53	上升五位
南　非	52	50	下降两位
印　度	59	56	下降三位
俄罗斯	67	66	下降一位

表6　金砖国家全球竞争力12个大类指标排名情况

	中国	巴西	南非	印度	俄罗斯
1. 制度	50	79	43	70	133
2. 基础设施	48	70	63	84	47
3. 宏观经济环境	11	62	69	99	22
4. 健康与初等教育	35	88	132	101	65
5. 高等教育与培训	62	66	84	86	52
6. 商品市场效率	59	104	32	75	134
7. 劳动力市场效率	41	69	113	82	84
8. 金融市场发展	54	46	3	21	130
9. 科技准备	88	48	62	96	57
10. 市场规模	2	9	25	3	7
11. 商务成熟性	45	33	38	40	119
12. 创新	33	49	42	41	85

四、对中国进一步提高全球竞争力的思考

2012年全球竞争力评价结果显示,作为发展中经济体的一员,中国的竞争力继续保持领先,但指数与排名均有所下降。中国保持和提升竞争力将更具挑战性。

(一)进一步提高制度环境质量,维护社会稳定

《全球竞争力报告》显示,中国制度环境质量比上年略有提高,主要

劣势在于公共安全及秩序。过去几年里,恐怖主义威胁导致中国商业活动成本排位持续大幅度下降,从上年的第 94 位降至第 102 位,有组织犯罪从第 88 位降至第 98 位,这两个指标属于制度指标中排名最低的两个小类指标。因此,政府应该继续重点打击涉黑犯罪,严防恐怖主义,确保公共安全。

(二)进一步深化高等教育改革,提高人才素质

目前,中国已普及了初等教育,但在高等教育、中等教育与培训方面竞争力相对较低。虽然中学入学率升至第 90 位,大学入学率升至第 79 位,但依然较为落后。另外,教育体系的质量降至第 57 位,研究及培训服务的有效性降至第 55 位,员工培训的程度保持第 45 位。在全球化进程中,劳动力市场对高知识、高技能人才需求不断增长。企业的创新、技术的进步,需要拥有高技能员工和专业的、持续的员工培训,以保证员工技能的不断提升。对国家而言,经济要转型,简单的劳动密集型产业终将被技术密集型产业和现代服务业所替代,投资高等教育,提供更为优质的教育,进一步提高整体教育质量,能够给社会带来创新的活力,实现从劳动力大国向人才强国的转变。

(三)进一步提升商品市场效率,改善经营环境

中国企业的总体经营环境并不乐观。从分类指标可以看出,中国企业经营存在明显的障碍,导致几项分类指标在全体排名中都在百名之后。例如,企业税负(保持上年的第 125 位)、贸易及关税占税收的比重(从上年的第 126 位升至 122 位)、创办企业所需要的手续(从第 131 位降至 134 位)和所需天数(从第 112 位降至第 115 位)。要提升企业竞争力、改善经营环境,首先要降低创办企业的难度,简化或合并流程、提高效率;降低企业所承担的税费、减轻企业尤其是小微企业的负担;对关税负担较重的出口企业给予适当的关税减免,对于被征收不合理关税的企业以及已处于贸易争端中的企业要采取支持的态度,积极运用世贸组织争端解决机制妥善处理贸易摩擦和纠纷。

(四)进一步加强金融监管,防范金融风险

在效率推进指标方面,中国在金融市场发展大类排名上不占优势,拖累了整个国家的竞争力表现。中国金融部门的效率和可信赖度依然居后,主要是金融服务有效性依然排名不高(从上年的第 60 位降至第 68

位),银行业健全度不够(从上年的第60位降至第64位)以及合法权利指数没有改进(依旧保持排名第60位)。因此,应进一步深化金融改革,加强监管体系与运行体系的协调配合,防范和化解金融风险;改进面向企业尤其是小微企业的金融服务,鼓励商业银行加强对小微企业的贷款支持;在继续推进金融市场自由化的同时,确保金融安全。

(五)进一步加大科技投入力度,提高科技准备水平

中国目前已处于效率驱动经济发展阶段,正努力迈向从效率驱动到创新驱动的过渡阶段。就中国当前所处的这一发展阶段而言,科技准备对中国的竞争力提升至关重要,经济可持续发展必须依赖于科技高度发展所形成的巨大驱动力。中国的科技准备指标仅列第88位,依旧在金砖国家中倒数第二。其中,最新科技的有效性从2011年的第100位降至第107位;外商直接投资及技术转移从第80位升至第77位。长期以来,我国产业技术对外依存度居高不下,可以预见在未来相当长的时期内,我国经济发展仍将在很大程度上依赖于进口技术。中国企业大多更重视设备及生产线的投入和引进,对科技和技术的吸收和创新重视不够、投入不足。要加大科技方面的投入力度,努力提高科技准备水平,使科研成果真正达到有效、可用、实用;通过实施跨国公司介入型研发,鼓励跨国公司与中国企业合作、合资设立研发机构,促进发达国家对中国的技术转移。

(执笔:李婧婧;成文于2012年10月)

附表 2012 年全球竞争力指数排行榜前 50 位的国家和地区

国家和地区	2012 年排名	得分	2011 年排名	名次变化
瑞士	1	5.72	1	0
新加坡	2	5.67	2	0
芬兰	3	5.55	4	1
瑞典	4	5.53	3	-1
荷兰	5	5.50	7	2
德国	6	5.48	6	0
美国	7	5.47	5	-2
英国	8	5.45	10	2
中国香港	9	5.41	11	2
日本	10	5.40	9	-1
卡塔尔	11	5.38	14	3
丹麦	12	5.29	8	-4
中国台湾	13	5.28	13	0
加拿大	14	5.27	12	-2
挪威	15	5.27	16	1
奥地利	16	5.22	19	3
比利时	17	5.21	15	-2
沙特阿拉伯	18	5.19	17	-1
韩国	19	5.12	24	5
澳大利亚	20	5.12	20	0
法国	21	5.11	18	-3
卢森堡	22	5.09	23	1
新西兰	23	5.09	25	2
阿联酋	24	5.07	27	3
马来西亚	25	5.06	21	-4
以色列	26	5.07	22	-4
爱尔兰	27	4.91	29	2
文莱	28	4.87	28	0
中国	29	4.83	26	-3

续表

国家/地区	2011年排名	得分	2010年排名	名次变化
冰岛	30	4.74	30	0
波多黎各	31	4.67	35	4
阿曼	32	4.65	32	0
智利	33	4.65	31	-2
爱沙尼亚	34	4.64	33	-1
巴林	35	4.63	37	2
西班牙	36	4.60	36	0
科威特	37	4.56	34	-3
泰国	38	4.52	39	1
捷克	39	4.51	38	-1
巴拿马	40	4.49	49	9
波兰	41	4.46	41	0
意大利	42	4.46	43	1
土耳其	43	4.45	59	16
巴巴多斯	44	4.42	42	-2
立陶宛	45	4.41	44	-1
阿塞拜疆	46	4.41	55	9
马耳他	47	4.41	51	4
巴西	48	4.40	53	5
葡萄牙	49	4.40	45	-4
印度尼西亚	50	4.40	46	-4

专栏

2012 年中国创新指数居世界第 34 位

2012 年 7 月，欧洲工商管理学院（INSEAD）与世界知识产权组织（WIPO）联合发布了《2012 年全球创新指数（GII）报告》，报告的主题是“加强创新联系，促进全球增长”，旨在强调现代创新系统中，在企业、公共部门、学术界和社会等创新主体之间建立富有成效的联系至关重要。报告对全球 141 个国家或经济体的创新指数进行了测算和排名：瑞士、瑞典和新加坡位居前 3 名，中国内地位列第 34 位。

全球创新指数（GII）项目由欧洲工商管理学院于 2007 年启动，目的是找到除研究论文数量和研发（R&D）支出水平等传统创新指标以外的指标和方法，对各国的创新能力和成果进行更好地评估。全球创新指数是创新投入指数和创新产出指数这两个分指数的平均值。创新投入指数包含五个支柱指标：制度、人力资本与研究、基础设施、市场成熟度和企业成熟度；创新产出指数包含两个支柱指标：知识与技术产出和创意产出，每个支柱指标又包含三个方面的内容，全球创新指数是 84 个具体指标进行标准化处理后的综合结果。

表 1　中国及排名前 10 位国家或地区的全球创新指数

排名	国家或地区	全球创新指数	国家或地区	创新投入分指数	国家或地区	创新产出分指数
1	瑞士	68.2	新加坡	74.9	瑞士	68.5
2	瑞典	64.8	中国香港	72.0	瑞典	60.7
3	新加坡	63.5	瑞典	68.8	荷兰	58.2
4	芬兰	61.8	瑞士	68.0	马耳他	57.0
5	英国	61.2	英国	68.0	芬兰	56.1
6	荷兰	60.5	芬兰	67.5	英国	54.5
7	丹麦	59.9	爱尔兰	67.4	德国	53.7
8	中国香港	58.7	丹麦	67.4	爱沙尼亚	53.3
9	爱尔兰	58.7	美国	66.3	丹麦	52.5
10	美国	57.7	加拿大	65.8	卢森堡	52.4
34	中国	45.4	中国	42.7	中国	48.1

瑞士的创新指数连续两年排名世界第 1 位，其优势在于科研实力强劲，拥有一批高质量的科研院所和大量科技期刊，学术界与企业联系紧密，劳动力素质高等，瑞士还是人均申请专利数量最多的国家。与 2011 年相比，中国的全球创新指数排

名后移了5位。报告指出，中国内地的弱点在于创新基础设施和创新环境两个方面。其他金砖国家中，俄罗斯的创新指数排名第51位，南非第54位，巴西第58位，以及印度第64位。报告认为，金砖国家应该继续加大在基础领域的创新投入，以更好地发挥自身潜力。

报告还同时发布了各国的创新效率指数，它是创新产出指数和创新投入指数这两个分指数的比值。2012年，中国的创新效率指数却由上年第3位上升至第1位，中国的另一个关键指标"知识和技术产出"的得分也仅次于瑞士、瑞典、新加坡和芬兰，位居世界第5位。

表2 创新效率指数排名前10位国家

国 家	创新效率指数排名	创新效率指数得分	创新投入分指数排名	创新产出分指数排名
中国	1	1.13	55	19
印度	2	1.10	96	40
摩尔多瓦	3	1.08	79	30
马耳他	4	1.03	27	4
瑞士	5	1.01	4	1
巴拉圭	6	0.94	103	62
塞尔维亚	7	0.93	65	36
爱沙尼亚	8	0.93	24	8
荷兰	9	0.92	15	3
斯里兰卡	10	0.92	115	76

报告还根据GII得分与人均国内生产总值水平，将所有国家和地区分为三种类型：创新领导者、创新学习者和创新表现欠佳者。"创新领导者"主要是一些高收入国家，它们成功创建了创新生态系统，使人力资本投资蓬勃发展，稳定的创新基础设施有利于知识、技术和创造性产出；"创新学习者"是包括中国在内的一些中等收入国家，他们需要改善体制框架、拥有一支技能熟练的劳动者队伍、拥有更好的创新基础设施、更深入地融入全球金融市场和其他市场；"创新表现欠佳者"包括若干高收入国家和中等收入国家，以及一些低收入国家，它们的创新制度存在明显缺陷。

（执笔：杨红军；成文于2012年10月）

我国国际地位和国际影响力显著提升

从十六大到十八大的近十年间,我国紧紧抓住经济全球化的历史机遇,有效应对国际金融危机的巨大冲击,努力保持经济平稳较快增长,经济规模大幅提升,国际竞争力显著增强,国际影响力进一步扩大。

一、经济保持较快增长,经济总量跃居世界第2位

2003-2011 年,中国经济总量(国内生产总值)年均增长率为 10.7%,远高于世界同期 3.9% 的平均水平,也明显高于美、欧、日等发达国家和南非、巴西等金砖国家。其中,2003-2007 年中国经济持续保持了两位数的高增长,2007 年达到了 14.2% 的高点,仅次于改革开放后增速最高的 1984 年。2008 年以来,世界遭受了百年不遇的金融危机,欧债危机持续发酵蔓延,美国、欧元区和日本经济复苏乏力,新兴市场和发展中国家的经济也普遍放缓。为应对复杂严峻的外部经济环境,我国政府出台了一系列政策措施,经济依然保持年均 9.5% 的快速增长,为世界经济复苏作出了重要贡献。

表 1　2003-2011 年世界主要国家和地区经济增长率比较

单位:%

国家和地区	2003	2004	2005	2006	2007	2008	2009	2010	2011	2003-2011 年平均增长率
世界	3.7	4.9	4.5	5.2	5.4	2.8	-0.6	5.3	3.9	3.9
中国	10.0	10.1	11.3	12.7	14.2	9.6	9.2	10.4	9.2	10.7
美国	2.5	3.5	3.1	2.7	1.9	-0.3	-3.5	3.0	1.7	1.6
欧元区	0.7	2.2	1.7	3.3	3.0	0.4	-4.3	1.9	1.4	1.1

续表

国家和地区	2003	2004	2005	2006	2007	2008	2009	2010	2011	2003-2011年平均增长率
日本	1.7	2.4	1.3	1.7	2.2	-1.0	-5.5	4.4	-0.7	0.7
韩国	2.8	4.6	4.0	5.2	5.1	2.3	0.3	6.3	3.6	3.8
新加坡	4.6	9.2	7.4	8.8	8.9	1.7	-1.0	14.8	4.9	6.5
南非	2.9	4.6	5.3	5.6	5.5	3.6	-1.5	2.9	3.1	3.5
印度	6.9	7.6	9.0	9.5	10.0	6.2	6.6	10.6	7.2	8.2
俄罗斯	7.3	7.2	6.4	8.2	8.5	5.2	-7.8	4.3	4.3	4.7
巴西	1.1	5.7	3.2	4.0	6.1	5.2	-0.3	7.5	2.7	3.9

资料来源:国际货币基金组织 WEO 数据库。

随着经济总量的不断扩大,我国的国际地位实现了连续提升。2004-2008 年,世界排名从第 6 位跃居第 3 位。2010 年超过日本,成为世界第二大经济体。我国 GDP 占世界的比重逐年相应提高,从 2002 年的 4.4% 升至 2011 年的 10.5%。同时,与美国的差距也逐步缩小,2002 年我国 GDP 只相当于美国的 13.7%,2006 年超过 20%,2008 年超过 30%,2010 年又超过 40%,2011 年达到 48.4%。

表 2 2002-2011 年部分年份中国国内生产总值(GDP)及相关指标

年份	2002 年	2004 年	2006 年	2008 年	2010 年	2011 年
位次	6	6	4	3	2	2
GDP(亿美元)	14538	19316	27129	45200	59304	72982
占世界比重(%)	4.4	4.6	5.5	7.4	9.4	10.5
相当美国的比例(%)	13.7	16.3	20.3	31.6	40.8	48.4

资料来源:国际货币基金组织 WEO 数据库。

二、人均国民总收入达到中等偏上收入国家水平

十六大以来,我国人均国民总收入(GNI)大幅提高,不断迈上新台阶。2002 年我国人均 GNI 为 1100 美元,2006 年超过 2000 美元,2008 年超过 3000 美元,2010 年超过 4000 美元,2011 年达到 4930 美元。在世界

银行公布的世界排名由 2002 年的第 136 位上升到 2011 年的第 114 位。我国人均 GNI 相当于世界平均水平的比例也由 2002 年的 21.2% 提升到 2011 年的 52.0%,差距缩小了 30.8 个百分点。

根据世界银行公布的 2010 年收入分组标准①,2010 年我国人均 GNI 为 4270 美元,由 2002 年的中等偏下收入国家水平跨入中等偏上水平,实现了重大跨越。

表 3 2002-2011 年部分年份世界及中国的人均国民总收入(GNI)

年 份	2002 年	2004 年	2006 年	2008 年	2010 年	2011 年
世界	5199	6396	7576	8680	9071	9489
高收入国家	52078	30868	35662	38699	38746	39783
中等收入国家	1271	1636	2226	3116	3726	4124
中等偏上收入国家	1918	2472	3426	4881	5886	6522
中等偏下收入国家	597	780	1017	1367	1623	1765
低收入国家	259	309	361	442	530	567
中国	1100	1500	2040	3040	4270	4930
相当世界的比例(%)	21.2	23.5	26.9	35.0	47.1	52.0
世界排名	136	129	130	127	121	114

资料来源:世界银行 WDI 数据库。

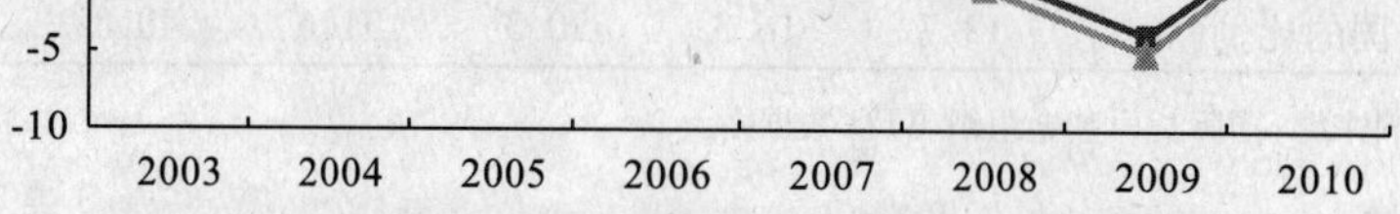

图 1 2003-2010 年世界及中国人均 GNI 增长速度

资料来源:世界银行 WDI 数据库。

① 人均 GNI 在 12276 美元及以上的国家为高收入国家、3976 美元至 12275 美元的为中等偏上收入国家、1006 美元至 3975 美元的为中等偏下收入国家,1005 美元及以下的为低收入国家。

2003-2010年,我国人均GNI年均增速达到9.5%,远高于世界平均水平以及高收入国家水平。2009年,受国际金融危机影响,世界人均GNI下降了4.0%,而高收入国家更是下降了5.1%,但中国仍然达到了8.4%的增长速度。

三、主要工农业产品产量稳居世界前列

十六大以来,我国主要工业产品产量继续大幅增加,稳居世界前列。其中,粗钢、硬煤、水泥和化肥的产量一直稳居世界第1位。2010年,我国发电量超过美国,由世界第2位上升到第1位。

表4 2002-2010年部分年份中国主要工业产品产量及位次

单位:万吨

工业产品	2002年		2005年		2007年		2010年	
	产量	位次	产量	位次	产量	位次	产量	位次
粗钢	17971	1	34806	1	48701	1	62650	1
硬煤	110807	1	181069	1	230675	1	298399②	1②
原油	17029	4	18068	5	18671	5	20383	4
发电量①	16022	2	23974	2	31806	2	41273	1
水泥	72500	1	106885	1	135413	1	186796	1
化肥	3615	1	4149	1	5129	1	5553②	1②

注:①亿千瓦小时。②2009年数据。

资料来源:联合国数据库。

我国农业克服各种严重自然灾害的影响,主要农产品产量总体上稳步增加,实现了粮食生产"九连丰"。我国的谷物、肉类、籽棉、花生、油菜籽、水果等主要农产品产量稳居世界第1位,甘蔗产量稳居世界第3位,大豆产量稳居第4位。

表 5　2002-2010 年部分年份中国主要农业产品产量及位次

单位:万吨

农业产品	2002 年		2005 年		2007 年		2010 年	
	产量	位次	产量	位次	产量	位次	产量	位次
谷物	40000	1	42937	1	45781	1	49758	1
肉类	6423	1	7119	1	7054	1	8074	1
籽棉	1475	1	1714	1	2287	1	1791	1
大豆	1651	4	1635	4	1273	4	1508	4
花生	1490	1	1440	1	1308	1	1571	1
油菜籽	1055	1	1305	1	1057	1	1308	1
甘蔗	9220	3	8758	3	11373	3	11145	3
茶叶	77	2	95	1	118	1	147	1
水果①	7201	1	9041	1	10092	1	12218	1

注:①不包括瓜类。

资料来源:联合国 FAO 数据库。

四、货物进出口总额升至世界第 2 位,服务贸易总额升至第 4 位

自 2001 年底加入世界贸易组织后,我国紧紧抓住经济全球化的历史机遇,克服国际金融危机的巨大冲击,对外贸易规模持续扩大,国际位次不断提升。我国货物进出口总额居世界的位次由 2002 年的第 6 位上升到 2011 年的第 2 位,货物进出口总额占世界比重由 2002 年的 4.7% 上升到 2011 年的 10.0%,提高了 5.3 个百分点。其中,货物出口总额由 2002 年的世界第 5 位上升到 2011 年的世界第 1 位,占世界的比重也由 2002 年的 5.0% 上升到 2011 年的 10.4%;货物进口总额由 2002 年的第 6 位上升到 2011 年的第 2 位,占世界比重也由 4.4% 上升到 9.5%。我国与世界第一贸易强国——美国的差距正迅速缩小。2002 年中国的货物进出口总额相当于美国的 32.8%,2011 年相当于美国的 97.2%。其中,货物出口总额从 2007 年开始超过美国;货物进口总额 2009 年超过德国,仅次于美国,2011 年相当于美国的比例为 77.0%,差距不断缩小。

表 6　2002、2007 及 2011 年货物进出口总额居世界前十位国家比较

单位:亿美元

位次	2002 年			2007 年			2011 年		
	国家和地区	货物进出口总额	占世界比重(%)	国家和地区	货物进出口总额	占世界比重(%)	国家和地区	货物进出口总额	占世界比重(%)
	世界	132340		世界	283230		世界	365980	
1	美国	18933	14.3	美国	31686	11.2	美国	37461	10.2
2	德国	11061	8.4	德国	23762	8.4	中国	36421	10.0
3	日本	7539	5.7	中国	21766	7.7	德国	27278	7.5
4	法国	6610	5.0	日本	13366	4.7	日本	16769	4.6
5	英国	6443	4.9	法国	11905	4.2	法国	13118	3.6
6	中国	6208	4.7	英国	10620	3.7	荷兰	12576	3.4
7	意大利	5014	3.8	荷兰	10434	3.7	英国	11096	3.0
8	加拿大	4799	3.6	意大利	10115	3.6	意大利	10799	3.0
9	荷兰	4633	3.5	比利时	8425	3.0	韩国	10796	2.9
10	比利时	4144	3.1	加拿大	8109	2.9	中国香港	9670	2.6

资料来源:世界贸易组织数据库。

十六大以来,中国服务贸易进出口总额也大幅增加,由 2002 年的 855 亿美元提高到 2011 年的 4185 亿美元,占世界的比重由 2.7% 提高到 5.2%,世界排名从 2002 年的第 9 位上升到 2011 年的第 4 位。

表 7　2002、2007 及 2011 年服务贸易进出口总额居世界前十位国家比较

单位:亿美元

位次	2002 年			2007 年			2011 年		
	国家和地区	服务贸易总额	占世界比重(%)	国家和地区	服务贸易总额	占世界比重(%)	国家和地区	服务贸易总额	占世界比重(%)
	世界	31632		世界	65513		世界	80175	
1	美国	4777	15.1	美国	8015	12.2	美国	9685	12.1
2	德国	2406	7.6	英国	4797	7.3	德国	5366	6.7
3	英国	2401	7.6	德国	4738	7.2	英国	4452	5.6

续表

位次	2002 年			2007 年			2011 年		
	国家和地区	服务贸易总额	占世界比重（%）	国家和地区	服务贸易总额	占世界比重（%）	国家和地区	服务贸易总额	占世界比重（%）
4	日本	1639	5.2	法国	2765	4.2	中国	4185	5.2
5	法国	1603	5.1	日本	2757	4.2	日本	3077	3.8
6	意大利	1207	3.8	中国	2509	3.8	法国	3017	3.8
7	荷兰	1112	3.5	意大利	2290	3.5	印度	2784	3.5
8	西班牙	980	3.1	西班牙	2224	3.4	荷兰	2467	3.1
9	中国	855	2.7	荷兰	2065	3.2	新加坡	2356	2.9
10	加拿大	840	2.7	爱尔兰	1868	2.9	西班牙	2319	2.9

资料来源：世界贸易组织数据库。

五、外商直接投资跃居世界第 2 位，对外直接投资跃居世界第 5 位

十六大以来，中国外商直接投资（FDI）的规模持续扩大，2010 年达到 1057 亿美元，占世界总量的 8.5%，居世界的位次也从 2002 年的第 3 位提升至第 2 位。近十年，中国已经成为世界最具吸引力的外商直接投资国之一，外商投资有力地促进了中国经济的发展。

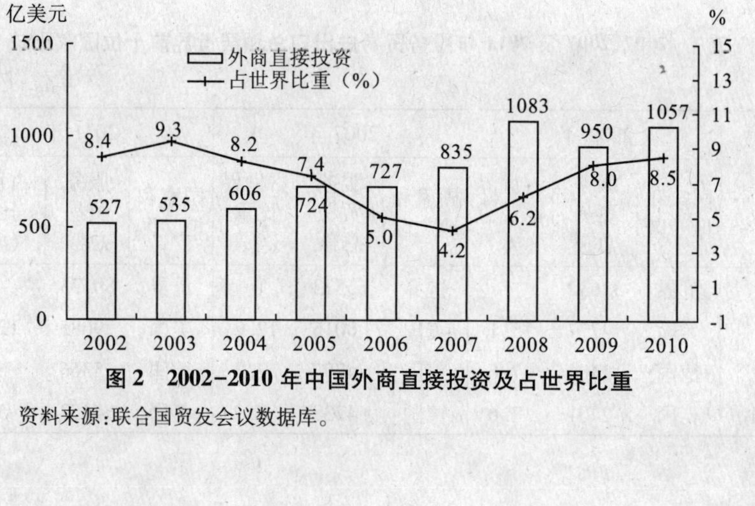

图 2　2002–2010 年中国外商直接投资及占世界比重

资料来源：联合国贸发会议数据库。

随着企业"走出去"发展战略的实施,中国对外直接投资也逐年上升。特别是国际金融危机以来,中国对外直接投资大幅增长,2010年中国非金融类对外直接投资达到680亿美元,居世界位次从2002年的第25位升至2010年的第5位,占世界总量的比重从2002年的0.5%提高到2010年的5.1%。

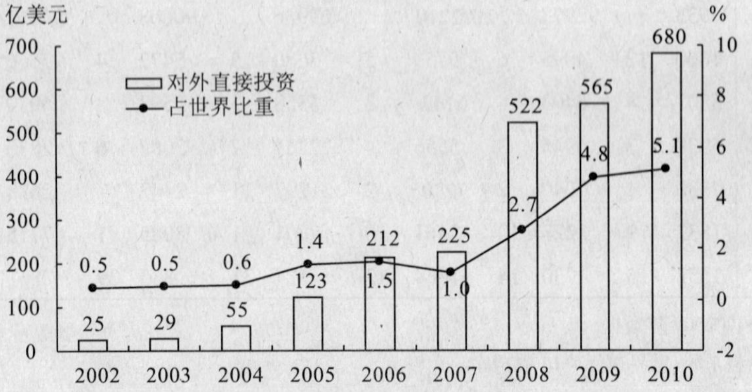

图3　2002-2010年中国对外直接投资及占世界比重

资料来源:联合国贸发会议数据库。

六、国际旅游规模持续扩大

2010年,中国出境旅游人数为5739万人次,是2002年的3.5倍;入境(过夜)旅游人数为5566万人次,是2002年的1.5倍。按世界银行统计数据排序,2010年,中国出境旅游人数居世界第5位,比2002年前进7位,占世界总量的比重从2002年的2.2%提高到5.2%;入境(过夜)旅游人数居世界第3位,占世界总量的5.9%。

国际旅游收入也稳步增加,2010年达到502亿美元,居世界第4位。据世界银行统计,中国国际旅游收入占世界总收入比重从2002年的3.7%上升至2010年的4.5%;国际旅游支出占世界总支出比重从2002年的3.1%上升至6.0%,两者居世界的位次都从2002年的第7位上升到第4位。

表8　2002、2007 及 2010 年世界主要国家国际旅游人数比较

单位:万人次

国家	出境旅游人数						入境(过夜)旅游人数					
	2002 年		2007 年		2010 年		2002 年		2007 年		2010 年	
	人数	排名	人数	排名	人数	排名	人数	排名	人数	排名	人数	排名
世界	73933		92973		92219①		69936		90808		94167	
中国	1660	12	4095	6	5739	5	3680	5	5472	4	5566	3
美国	5807	4	6403	4	6142①	3	4358	3	5598	3	5979	2
英国	5938	3	6945	3	5556	4	2231	7	3087	6	2830	6
德国	7330	1	7040	2	7230①	2	1797	11	2442	7	2688	8
法国	1832	9	2223	10	2161	10	7701	1	8085	1	7715	1
日本	1652	13	1730	14	1664	13	524	31	835	29	861	30

注:①2009 年数据。

资料来源:世界银行 WDI 数据库。

表9　2002、2007 及 2010 年世界主要国家国际旅游收入和支出比较

单位:亿美元

国家	国际旅游收入						国际旅游支出					
	2002 年		2007 年		2010 年		2002 年		2007 年		2010 年	
	人数	排名	人数	排名	人数	排名	人数	排名	人数	排名	人数	排名
世界	5899		10413		11119		5478		9479		9963	
中国	217	7	411	7	502	4	168	7	333	6	598	4
美国	1044	1	1484	1	1658	1	819	1	1107	1	1100	1
英国	278	5	482	5	399	7	511	3	867	3	603	3
德国	267	6	493	4	491	5	595	2	965	2	912	2
法国	405	2	638	3	567	3	278	5	460	4	462	5
日本	61	22	124	22	154	17	350	4	373	5	393	6

资料来源:世界银行 WDI 数据库。

七、人文发展指数持续提高,居民生活条件不断改善

十六大以来,我国人文发展指数(HDI)持续提高。2011 年,我国 HDI

达到0.687,属于中等人类发展水平国家,超过世界平均水平(0.682)和中等国家水平(0.630),在187个国家中居101位。

表10 人文发展指数居世界前十位国家(地区)比较

位次	2000年		2007年		2011年	
	国家	HDI	国家	HDI	国家	HDI
1	挪威	0.913	挪威	0.942	挪威	0.943
2	澳大利亚	0.906	澳大利亚	0.922	澳大利亚	0.929
3	美国	0.897	爱尔兰	0.909	荷兰	0.910
4	瑞典	0.894	美国	0.905	美国	0.910
5	荷兰	0.882	新西兰	0.903	新西兰	0.908
6	加拿大	0.879	荷兰	0.902	加拿大	0.908
7	新西兰	0.878	德国	0.901	爱尔兰	0.908
8	比利时	0.876	加拿大	0.900	列支敦斯登	0.905
9	瑞典	0.873	冰岛	0.899	德国	0.905
10	爱尔兰	0.869	瑞典	0.899	瑞典	0.904
	中国(91/153)	0.588	中国(97/174)	0.656	中国(101/187)	0.687

注:括号内的数字为中国的位次和参加排序的国家数。

资料来源:联合国开发计划署《人文发展报告》。

近十年,我国居民生活条件明显改善。我国人口出生时预期寿命从2000年的71.40岁提高到2010年的74.83岁,超过中等收入国家水平(69.1岁)。2010年,享有清洁饮用水源人口占总人口比重为91.0%,超过中等收入国家水平(89.8%);享有卫生设施人口占总人口比重为64.0%,超过59.3%的中等收入国家水平;每千人宽带用户数达到94.4个,显著高于中等收入国家46.5的平均水平。

八、国际竞争力显著增强,国际影响力不断扩大

(一)国际竞争力显著增强

据世界经济论坛《2011-2012年全球竞争力报告》测算,2011年中国国际竞争力在142个国家和地区中排名第26位,在金砖国家中居首位,而2002年时在被评估的80个国家和地区中仅排在第33位。报告还显

示,十六大以来,我国在机构、基础设施、宏观经济环境、健康与教育培训、商品市场效率等方面的国际竞争力都有显著增强。

(二)上榜世界500强的企业数大幅增加

据美国《财富》杂志统计,中国上榜世界500强企业数量从2002年的11家增加到2011年的57家,其中,中国石油化工集团、国家电网公司和中国石油天然气集团公司进入世界前10强。随着我国上榜企业数量增加,其营业额和利润额占世界500强企业的比重也进一步提高。我国上榜企业的营业额从2002年的2605亿美元增加到2011年的27489亿美元,增加了9.6倍;占世界500强企业营业总额的比重从1.9%提高到10.6%。上榜企业的利润额从122亿美元增加到1682亿美元,占世界500强企业利润总额的比重从4.0%上升到11.0%。

表11　2002-2011年我国内地进入世界500强的企业基本情况

排序年份	企业数量(家)	营业总额		利润总额	
		亿美元	占世界500强比重(%)	亿美元	占世界500强比重(%)
2002	11	2605.4	1.9	121.8	4.0
2003	11	2339.0	1.7	132.0	9.9
2004	14	3543.0	2.4	139.8	1.9
2005	15	4472.0	2.7	286.0	3.1
2006	19	5939.7	3.1	406.5	3.3
2007	22	7985.4	3.8	542.4	3.5
2008	25	10565.7	4.5	839.5	5.3
2009	34	15721.4	6.2	940.1	11.4
2010	42	18434.9	8.0	1180.6	12.3
2011	57	27489.2	10.6	1682.1	11.0

注:各个指标的年份比排序年份滞后一年。

资料来源:美国《财富》杂志。

(三)为世界经济发展和全球减贫事业作出了重大贡献

2002-2010年,我国对世界经济增长的贡献率为23.1%,高于美、日、欧三大发达经济体和其他金砖国家。其中,2008-2010间,世界经济复苏乏力，我国对世界经济增长的贡献尤为突出，贡献率高达75.1%。

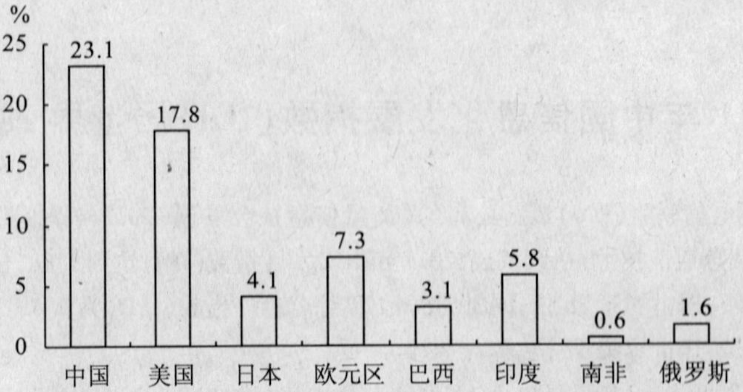

图4　2002-2010年各国对世界经济增长的贡献率

资料来源：世界银行WDI数据库。

我国的扶贫开发也为推动全球减贫事业作出了重大贡献。据世界银行按国际贫困标准测算，我国贫困人口从2002年的3.63亿减少到2008年的1.73亿，提前实现了联合国“千年发展目标”关于贫困人口减半的目标。

（执笔：余芳东　杨红军　解明明；成文于2012年7月）

专栏

2011 年中国信息化发展指数(IDI)居世界 78 位

国际电信联盟(ITU)最新公布的《衡量信息社会发展-2012 年》报告显示,我国 ICT(信息通信技术)持续发展,2011 年 ICT 发展指数(IDI)达到 3.88,比 2010 年增加了 0.3,居世界第 78 位;同时,我国 ICT 综合价格指数(IPB)为 2.5,比 2010 年下降了 0.2,居世界第 67 位。

ICT 发展指数(IDI)是包含 11 种信息化指标(数值用 0 至 10 表示)的综合指数,旨在监测国家或地区 ICT 发展进程,并衡量全球数字鸿沟的变化情况。IDI 包括三项分指数:接入分指数、使用分指数和技能分指数,每项分指数都涉及了 ICT 发展的不同问题和要素。ITU 在报告中利用 IDI 来测量 155 个国家在 2010 年与 2011 年期间的信息化发展变化水平。报告显示,大部分国家的 IDI 数值都有所提高,2011 年世界 IDI 比 2010 年增加了 0.21。在全球 ICT 应用持续增长的大背景下,我国 ICT 发展更为迅速,IDI 排名不断提高,这表明我国继续保持 ICT 不断普及以及向信息社会过渡的整体趋势。但是,我国 IDI 仍低于世界平均水平,与排名前十位的国家差距也非常明显。我国不仅需要继续加大包括固定和移动电话、互联网和宽带在内的信息化基础设施的建设,还要加强信息化技能的培训和人才的培养。

表 1 2010-2011 年按发展水平划分的 IDI 变化

	2011 年 IDI			2010 年 IDI			2010-2011 年平均值变化
	平均值	最小	最大	平均值	最小	最大	
世界	4.15	0.88	8.56	3.94	0.85	8.45	0.21
发达国家	6.52	3.78	8.34	6.27	3.48	8.21	0.25
发展中国家	3.24	0.88	8.56	3.05	0.85	8.45	0.19

ICT 综合价格指数(IPB)是基于固定电话、移动电话和固定宽带互联网服务价格占人均 GNI(国民总收入)百分比的综合指数,能够有效地监测 ICT 服务的价格和可承受性,为政策制定者比较各国 ICT 服务成本提供依据。我国 2011 年 ICT 业务成本比 2010 年有所下降,并且显著低于世界平均水平。ITU 的报告显示,2011 年,我国固定电话分价格指数为 1.1,比 2010 年下降 0.2;移动电话分价格指数为 1.5,

比2010年下降了0.2;固定宽带分价格指数为5.0,与2010年持平。我国固定电话分价格指数在三个价格指数中最低,同时下降也最快。固定宽带分价格指数在三个价格指数中最高,说明我国需要通过新的技术革新来降低互联网宽带业务成本,进而加快我国信息化建设步伐。

表2　2011年和2010年ICT发展指数与ICT综合价格指数

ICT发展指数(IDI)				ICT综合价格指数(IPB)			
国家或地区	2011年		2010年指数	国家或地区	2011年		2010年指数
	排名	指数			排名	指数	
世界		4.15	3.94	世界		10.3	11.1
中国	78	3.88	3.58	中国	67	2.5	2.7
韩国	1	8.56	8.45	中国澳门	1	0.3	0.3
瑞典	2	8.34	8.21	挪威	2	0.4	0.5
丹麦	3	8.29	8.01	新加坡	3	0.4	0.4
冰岛	4	8.17	7.96	卡塔尔	4	0.5	0.5
芬兰	5	8.04	7.89	卢森堡	5	0.5	0.5
荷兰	6	7.82	7.60	阿联酋	6	0.5	0.5
卢森堡	7	7.76	7.64	丹麦	7	0.5	0.5
日本	8	7.76	7.57	中国香港	8	0.6	0.5
英国	9	7.75	7.35	瑞典	9	0.6	0.6
瑞士	10	7.68	7.48	美国	10	0.6	0.6

(执笔:黄峰;成文于2012年10月)

2012年全球企业经营环境排名情况分析

世界银行和国际金融公司2012年10月发布了《2013年全球企业经营环境报告:对中小企业实行更为明智的管制》(简称《全球企业经营环境报告》)。报告显示,在参与测评的185个经济体中,中国2012年企业经营环境即企业经营便利程度排名居91位,与2011年位次相同。报告还显示,中国在执行合同和注册财产方面相对有较大优势,但在办理建筑许可、开办企业等方面还亟需改善。

一、全球企业经营环境排名概况

(一)全球企业经营环境排行榜历史沿革

《全球企业经营环境报告》由世界银行和国际金融公司从2003年开始联合推出,每年对全球不同经济体的企业经营环境便利程度进行评价与排名。

由于私营企业是全球各经济体内最常见的经营模式,因此,报告排名重点考察各经济体内最大商业城市中的私营中小型企业的监管环境,包括企业开办和运营、跨境贸易、纳税和解决破产等。

报告表明,十年来,除个别经济体外,大多数经济体的企业监管实践都缩小了与全球最好水平之间的差距。虽然可度量的改革只能反映经济体企业经营环境的一个侧面,但这些改革与经济社会发展密切关联,具有重要的现实意义。

(二)排名指标体系及测算方法

1. 数据来源

衡量企业经营环境使用两类数据。一类是企业监管所涉及的法律制度力度的数据,属于事实性数据,由律师、法官和公证员等法律专业人士根据每个经济体的公司法、民法、劳动法及其他法律法规填报，这类数据约占总数据量的五分之四；另一类是关于监管程序复杂性和成本的数据，基于“时间利用”方法，这些数据从企业角度衡量根据相关法规完成一项交易所需的手续、时间和成本。

近年来，报告每年搜集约5.7万笔数据。2012年调查数据由来自185个经济体的9600余名经常从事有关交易的法律人士或专业人士填报。

2. 指标体系

表1 企业经营环境排名指标体系

分类指标	基础指标
监管程序的复杂性和成本	
开办企业	手续、时间、成本和资本最低限额
办理建筑许可	手续、时间和成本
获得电力	手续、时间和成本
注册财产	手续、时间和成本
纳税	次数、时间和总税率
跨境贸易	文件、时间和成本
法律制度力度	
获得信贷	动产抵押法律和信用信息体系
投资者保护	关联方交易的披露和责任
执行合同	解决一个商业争端所需的程序、时间和费用
解决破产	时间、费用和回收率
雇佣工人①	劳动法的灵活性

注：①有关雇佣工人的指标未用于2010-2012年企业经营环境排名。

十年来，测算企业经营环境的分类指标不断丰富，分类指标从5类扩充至11类，基础指标多达9620个。分类方法也不断改进。如开办企业方面，将最低资本限额改为实收的最低资本，因为许多经济体只要求先交最低限额的一部分。在执行合同方面，将纠纷索赔金额从占人均收入的50%增加到200%，因为数额较小的索赔可能不会诉诸法院。在获得电力方面，在2009-2012年把它从办理建筑许可类中剔除，而将其作为了测算企业经营环境排名新增的类指标。

2012 年发布的报告还对纳税指标排名方法做了改进。根据对相关纳税方的调查意见,计算纳税便利度时引入了总税率的下限,所有总税率低于这个下限的经济体在总税率指标上获得同样排名。

到 2012 年发布报告止,测算企业经营环境排名的指标体系(见表 1)。

3. 测算方法

企业经营环境排名采用简单平均法对分项指标进行汇总,各类下所有具体指标采用均等赋权法,总排名为分类指标排名的算术平均值。所有经济体按其企业经营环境指数从高到低排列,排名高说明该国企业经营环境更有利。

4. 数据修正

除成本类数据以外,对于因方法变动和其它原因而修正的数据信息,世界银行每年均会在"企业经营环境"网站(www. doingbusiness. com)上发布说明。同时,为提供可比性时间序列数据,世界银行还会对上一年的数据进行回溯修正。

二、全球企业经营环境排名和比较

(一)2012 年总体排名情况

2012 年按七大区域①分,企业经营环境排名最高的仍是经济合作与发展组织(OECD)高收入区域,其平均水平在全部 185 个经济体中排名居 29 位,与 2011 年相同;东欧和中亚区域平均水平居 73 位,比 2011 年上升四位;东亚和太平洋区域平均水平连续两年均居 86 位;南亚区域平均水平居 121 位,下降四位。

按国家(地区)分,新加坡企业经营环境排名连续七年蝉联全球榜首,中国香港和新西兰分别位居第二、三位。美国、丹麦、挪威、英国、韩国、格鲁吉亚和澳大利亚依次居四至十位(见表 2)。

---

① 全球企业经营环境排名将全球划分成七大区域,分别是:东亚和太平洋区域、OECD 高收入区域、东欧和中亚区域、南亚区域、拉丁美洲和加勒比海区域、中东和北非地区及撒哈拉以南非洲区域。

表2　2012年企业经营环境排名前十位的经济体比较

	新加坡		中国香港		新西兰		美国		丹麦	
	排名	与上年相比变化	排名	与上年相比变化	排名	与上年相比变化	排名	与上年相比变化	排名	与上年相比变化
企业经营环境排名	**1**	**0**	**2**	**0**	**3**	**0**	**4**	**0**	**5**	**0**
开办企业	4	0	6	−1	1	0	13	−1	33	−3
办理建筑许可	2	0	1	0	6	1	17	−1	8	0
获得电力	5	1	4	0	32	0	19	0	14	0
注册财产	36	0	60	−2	2	0	25	−10	6	4
获得信贷	12	−3	4	0	4	0	4	0	23	0
投资者保护	2	0	3	0	1	0	6	0	32	−3
纳税	5	−1	4	−1	21	2	69	−4	13	1
跨境贸易	1	0	2	0	25	−3	22	−1	4	2
合同执行	12	1	10	1	17	−7	6	−2	34	−1
解决破产	2	0	17	−1	13	5	16	−1	10	−1

	挪威		英国		韩国		格鲁吉亚		澳大利亚	
	排名	与上年相比变化	排名	与上年相比变化	排名	与上年相比变化	排名	与上年相比变化	排名	与上年相比变化
企业经营环境排名	**6**	**1**	**7**	**−1**	**8**	**1**	**9**	**3**	**10**	**1**
开办企业	43	−5	19	−1	24	−2	7	0	2	0
办理建筑许可	23	32	20	−1	26	−2	3	0	11	−1
获得电力	14	−1	62	2	3	0	50	38	36	1
注册财产	7	0	73	−4	75	−3	1	0	37	−2
获得信贷	70	−3	1	0	12	−3	4	5	4	5
投资者保护	25	−1	10	0	49	30	19	−2	70	−4
纳税	19	−1	16	3	30	11	33	12	48	2
跨境贸易	21	−7	14	1	3	0	38	9	44	−1
合同执行	4	1	21	0	2	0	30	9	15	2
解决破产	3	1	8	−2	14	−1	1	−6	18	−1

报告显示,过去一年中,有108个经济体共实施了201项监管规则改革,实施改革的经济体占比为58%。在实施改革的经济体中,67%的经济体实行了两类或两类以上改革。东欧和中亚再次成为开展监管改革的经济体占比最高的区域,达88%。

金砖国家中,改善最为明显的是中国和南非,与前沿水平各缩小1.1个百分点;其次是俄罗斯,缩小1.0个百分点;再次是印度,缩小0.2个百分点;但巴西扩大了0.3个百分点。

(二)十年来全球企业经营环境改善情况

报告显示,2003-2012年,企业经营环境排名最高的经济体不是那些没有监管的经济体,而是那些有助于推动市场往来但不对私营部门的发展设置不必要障碍的经济体。十年中,测评的185个经济体中有180个至少在一个领域做出了改善,所有经济体实行的改革接近2000项。

报告还显示,各经济体企业监管实践已经逐步趋同,有三分之二的分类指标与前沿水平差距缩小。分区域来看,OECD高收入经济体仍然拥有最为友好的经营环境;东欧和中亚企业经营环境改善步伐更快,该区域每个经济体平均开展了17项监管改革,已超过东亚和太平洋区域,成为居第二位的企业经营友好区域;第三位是东亚和太平洋区域,平均开展了八项监管改革。撒哈拉以南非洲也取得了令人瞩目的进展,有17个经济体进入与前沿水平差距缩小最多的50个经济体之列。

2005-2012年,在全球185个经济体中,改善最大的是格鲁吉亚,与前沿水平差距缩小31.6个百分点,实行了35项监管制度改革;其次是卢旺达,改善幅度达26.5个百分点;位列第三的是白俄罗斯,达23.5个百分点;中国改善幅度达14.3个百分点,居12位;印度改善幅度为10.6个百分点,居27位。

从分类指标来看,共有1227项改革针对降低监管程序复杂性和成本方面,但针对强化法律制度的改革不到600项。开办企业方面改善幅度最大,其次是纳税。但在跨境贸易、投资者保护和解决破产方面的差距却在扩大。

三、中国企业经营环境排名情况分析

2012年,中国企业经营环境排名在185个经济体中居91位(见表

3)，与上年持平。但与2008-2010年第86、89、87位相比，略有退步，排名低于所有发达经济体，在发展中经济体中居中上游。

表3　中国企业经营环境与主要国家和地区排名比较

国家和地区	2012年	2011年	变化
OECD高收入	29	29	0
东欧和中亚	73	77	4
东亚和太平洋	86	86	0
中东和北非	98	93	-5
南亚	121	117	-4
中国	91	91	0
新加坡	1	1	0
中国香港	2	2	0
新西兰	3	3	0
美国	4	4	0
丹麦	5	5	0
挪威	6	7	1
英国	7	6	-1
韩国	8	9	1
格鲁吉亚	9	12	3
澳大利亚	10	11	-1
德国	20	18	-2
日本	24	20	-4

从分类排名情况看，2012年，中国中小企业经营环境（见表4）在合同执行、注册财产、跨境贸易、获得信贷和解决破产等方面排名均高于91位的总排名，其中合同执行和注册财产比较靠前，分别居19位和44位；跨境贸易、获得信贷和解决破产分别居68、70和82位。其他五类指标均低于总排名，投资者保护、获得电力和纳税居100、114和122位，开办企业和办理建筑许可分别居151和181位。

在2012年出版的《企业经营环境报告》全球推荐的40种做法中，中国有两项入选：一是在获取信贷方面，同时提供正面和负面的信用信息；二是在提高纳税便利度方面，允许企业自行估算税款。

表4 中国企业经营环境排名比较

	2012年	2011年	变化
企业经营环境	**91**	**91**	**0**
开办企业	151	153	2
办理建筑许可	181	181	0
获得电力	114	113	-1
注册财产	44	41	-3
获得信贷	70	67	-3
投资者保护	100	98	-2
纳税	122	118	-4
跨境贸易	68	60	-8
合同执行	19	20	1
解决破产	82	78	-4

从所在的东亚和太平洋区域看(见表5),中国的排名低于该区域平均值86,在24个经济体中居12位,不仅远低于新加坡和中国香港,也落后韩国83位。

表5 2012年中国企业经营环境与东亚和太平洋主要经济体比较

	东亚和太平洋	新加坡	中国香港	韩国	马来西亚	中国台湾	泰国	中国	印度尼西亚	菲律宾
企业经营环境排名	**86**	**1**	**2**	**8**	**12**	**16**	**18**	**91**	**128**	**138**
开办企业	93	4	6	24	54	16	85	151	166	161
办理建筑许可	71	2	1	26	96	9	4	181	75	100
获得电力	75	4	5	3	28	6	16	114	147	57
注册财产	86	36	60	75	33	32	10	44	98	122
获得信贷	91	12	4	12	1	70	26	70	129	129
投资者保护	83	2	3	49	4	32	70	100	49	128
纳税	70	5	4	30	15	54	13	122	131	143
跨境贸易	76	1	2	3	11	23	96	68	37	53
合同执行	87	12	10	2	33	90	20	19	144	111
解决破产	107	2	17	14	49	15	23	82	148	165

从分类指标看，中国2012年有五类指标排名高于亚太和太平洋区域平均值，分别是合同执行、注册财产、跨境贸易、获得信贷和解决破产。其中合同执行优势较大，在世界居前20位以内，在该区域24个经济体中居第三位；在注册财产方面也有一定优势，居第八位；在获得信贷和解决破产方面均居第十位；在跨境贸易方面居11位。中国办理建筑许可和开办企业等五类指标排名落后东亚和太平洋区域平均值。办理建筑许可比东亚和太平洋区域低110位，在24个经济体中居最后一位；开办企业方面低58位，居21位；其他三类指标差距也较大，纳税低52位，获得电力低39位，投资者保护低17位。

与其他金砖国家比较，中国企业经营环境排名稍好（见表6），仅低于南非（39位），但分别比巴西（130位）、印度（132位）和俄罗斯（112位）高39位、42位和21位。

表6　中国与其他金砖国家企业经营环境排名比较

国　家	2012年	2011年	变化
中　国	91	91	0
巴　西	130	128	-2
印　度	132	132	0
俄罗斯	112	118	-6
南　非	39	41	2

四、对改善中国企业经营环境的建议

《企业经营环境报告》所针对的中小企业对中国来讲就是中小型民营企业。从以上比较分析可以看出，改善我国中小型企业面临的经营环境应从以下几方面继续作出努力。

（一）政府要明晰定位，提高办事效率

企业是市场中的微观个体，是市场竞争主体。因此，政府要借助中小企业经营灵活、适应力强等特点，充分发挥市场配置要素的功能，增强企业发展的动力与活力。有关部门要简化办理手续，完善工作流程，增强政府部门间信息沟通和合理利用，避免重复或多头登记，大力缩减办理相关程序所需时间。如中国办理建筑许可平均耗时270天，几乎是东亚和太

平洋区域平均时间143天的两倍,这完全可以通过提高管理水平来加以改善。

(二)建立健全各项法律法规,加强企业准入制度改革力度

市场经济也是法制经济。要不断健立健全我国社会主义市场经济法律体系,以推进权利公平、机会公平、规则公平为切入点,为从业者、投资者和民营企业创造公平的市场环境和平等的竞争条件。

我国开办企业和办理建筑许可类指标均居世界后40位,其中办理建筑许可居倒数第五位,与全球其它经济体差距很大,应在企业准入制度方面加大改革力度。在不涉及国家安全的竞争性领域,要给予民营企业与国有企业同等进入权利。应大幅缩小各级政府审批范围,在竞争性领域,改企业准入的审批制度为登记制度。

(三)借鉴有益经验,优化企业经营环境

《企业经营环境报告》列出了全球经济体在十类指标中的良好做法。如提供一站式服务、允许以电子方式登记并上报信息(提起诉讼)、建立相关数据库等是改善企业经营环境好办法,可作为重点改进措施进行调研、试用和推广。另外,在开办企业方面的取消最低资本限额规定,在办理建筑许可方面的基于风险的建筑审批程序,在获得电力方面的降低接通电力所需押金,在纳税方面的允许电子报税和支付并每个税基只设一个税种,在获得信贷方面的保持统一的信用登记体系,在保护投资者方面的严格执行物权法,在解决破产方面的规定大多数程序的解决时限等,都值得我国在优化中小企业的经营环境中学习借鉴。

(执笔:尹晓静;成文于2013年3月)

附表 1　2012 年全球企业经营环境排名

经济体	排名	本年度改革（项）	经济体	排名	本年度改革（项）
新加坡	1	0	亚美尼亚	32	2
中国香港	2	0	比利时	33	0
新西兰	3	1	法国	34	0
美国	4	0	斯洛文尼亚	35	3
丹麦	5	1	塞浦路斯	36	1
挪威	6	2	智利	37	0
英国	7	1	以色列	38	1
韩国	8	4	南非	39	1
格鲁吉亚	9	6	卡塔尔	40	1
澳大利亚	10	1	波多黎各	41	1
芬兰	11	0	巴林	42	0
马来西亚	12	2	秘鲁	43	2
瑞典	13	0	西班牙	44	2
冰岛	14	0	哥伦比亚	45	1
爱尔兰	15	2	斯洛伐克	46	4
中国台湾	16	2	阿曼	47	1
加拿大	17	1	墨西哥	48	2
泰国	18	2	哈萨克斯坦	49	3
毛里求斯	19	2	突尼斯	50	0
德国	20	2	黑山	51	2
爱沙尼亚	21	0	卢旺达	52	2
沙特阿拉伯	22	2	圣卢西亚	53	0
马其顿共和国	23	1	匈牙利	54	3
日本	24	1	波兰	55	4
拉脱维亚	25	0	卢森堡	56	0
阿联酋	26	3	萨摩亚	57	0
立陶宛	27	2	白俄罗斯	58	2
瑞士	28	0	博茨瓦纳	59	1
奥地利	29	0	斐济	60	1
葡萄牙	30	3	巴拿马	61	3
荷兰	31	4	汤加	62	0

续表 1

经济体	排名	本年度改革（项）	经济体	排名	本年度改革（项）
安提瓜和巴布达	63	0	赞比亚	94	1
加纳	64	0	马尔代夫	95	0
捷克	65	3	圣文森特和格林纳丁斯	96	0
保加利亚	66	1	摩洛哥	97	1
阿塞拜疆	67	0	科索沃	98	2
多米尼加	68	1	越南	99	1
特立尼达和多巴哥	69	2	格林纳达	100	1
吉尔吉斯共和国	70	0	马绍尔群岛	101	0
土耳其	71	2	马耳他	102	0
罗马尼亚	72	2	巴拉圭	103	0
意大利	73	2	巴布亚新几内亚	104	0
塞舌尔群岛	74	0	伯利兹	105	1
圣基茨和尼维斯	75	0	约旦	106	0
蒙古	76	3	巴基斯坦	107	0
巴哈马群岛	77	0	尼泊尔	108	0
希腊	78	3	埃及	109	0
文莱	79	2	哥斯达黎加	110	4
瓦努阿图	80	0	帕劳	111	0
斯里兰卡	81	4	俄罗斯	112	2
科威特	82	0	萨尔瓦多	113	1
摩尔多瓦	83	2	圭亚那	114	0
克罗地亚	84	1	黎巴嫩	115	0
阿尔巴尼亚	85	2	多米尼加	116	0
塞尔维亚	86	3	基里巴斯	117	0
纳米比亚	87	1	也门共和国	118	0
巴巴多斯	88	0	尼加拉瓜	119	0
乌拉圭	89	2	乌干达	120	1
牙买加	90	2	肯尼亚	121	1
中国	91	2	佛得角	122	0
索罗门群岛	92	0	斯威士兰	123	1
危地马拉	93	1			

续表 2

经济体	排名	本年度改革（项）	经济体	排名	本年度改革（项）
阿根廷	124	0	玻利维亚	155	0
洪都拉斯	125	0	多哥	156	1
波黑	126	2	马拉维	157	1
埃塞俄比亚	127	1	科摩罗	158	2
印度尼西亚	128	1	布隆迪	159	4
孟加拉国	129	1	圣多美和普林西比	160	0
巴西	130	1	喀麦隆	161	1
尼日利亚	131	0	赤道几内亚	162	0
印度	132	1	老挝	163	3
柬埔寨	133	1	苏里南	164	0
坦桑尼亚	134	1	伊拉克	165	0
西岸和加沙	135	1	塞内加尔	166	0
莱索托	136	2	毛里塔尼亚	167	0
乌克兰	137	3	阿富汗	168	0
菲律宾	138	0	东帝汶	169	0
厄瓜多尔	139	0	加蓬	170	0
塞拉利昂	140	2	吉布提	171	0
塔吉克斯坦	141	1	安哥拉	172	1
马达加斯加	142	1	津巴布韦	172	0
苏丹	143	0	海地	174	0
叙利亚	144	1	贝宁	175	4
伊朗	145	1	尼日尔	176	1
莫桑比克	146	0	象牙海岸	177	0
冈比亚	147	0	几内亚	178	3
不丹	148	0	几内亚比绍	179	0
利比里亚	149	3	委内瑞拉	180	0
密克罗尼西亚联邦	150	0	刚果民主共和国	181	1
马里	151	1	厄立特里亚	182	0
阿尔及利亚	152	1	刚果共和国	183	2
布吉纳法索	153	0	乍得	184	1
乌兹别克斯坦	154	4	中非共和国	185	0

注：所有经济体排名截至 2012 年 6 月。本排名是各经济体 10 个分类指标的平均排名。

附表 2 2005-2012 年各分类指标全球良好做法

分类指标	做法	经济体数量[①]（个）	实例
开办企业	网上公布相关程序	106	中国香港、马其顿、新西兰、秘鲁、新加坡
	没有最低资本限制	91	哈萨克斯坦、肯尼亚、科索沃、马达加斯加、墨西哥、蒙古、摩洛哥、葡萄牙、卢旺达、塞尔维亚、阿拉伯联合酋长国、英国
	提供"一站式"服务	88	巴林、布基纳法索、乍得、格鲁吉亚、韩国、秘鲁、越南
办理建筑许可	有综合性建筑法规	135	克罗地亚、肯尼亚、新西兰、也门共和国
	采用基于风险的建筑审批程序	86	亚美尼亚、德国、毛里求斯、新加坡
	提供"一站式"服务	31	巴林、智利、中国香港、卢旺达
获得电力	简化审批程序（电力公司获得挖掘许可或根据需要获得使用道路的权利）	104[②]	亚美尼亚、奥地利、贝宁、柬埔寨、捷克、科威特、巴拿马
	提供透明的接通电力所需费用及程序	103	法国、德国、爱尔兰、荷兰、特立尼达和多巴哥
	降低接通电力所需押金	96	阿根廷、奥地利、吉尔吉斯共和国、拉脱维亚、莫桑比克、尼泊尔
	通过对电力行业而不是对接电程序的监管来保障接电安全	40	丹麦、德国、冰岛、日本
登记财产	使用电子数据库记录抵押	108	牙买加、瑞典、英国
	网上提供不动产估价信息	50	丹麦、立陶宛、马来西亚
	提供加急办理程序	16	阿塞拜疆、保加利亚、格鲁吉亚
	设立固定的转让费	10	新西兰、俄罗斯、卢旺达
获取信贷	法律权利方面：		
	允许庭外执行	122	澳大利亚、印度、尼泊尔、秘鲁、俄罗斯、塞尔维亚、斯里兰卡
	允许对抵押物作一般性描述	92	柬埔寨、加拿大、危地马拉、尼日利亚、罗马尼亚、卢旺达、新加坡

续表 1

分类指标	做　法	经济体数量[①]（个）	实　例
获取信贷	保持统一的信用登记体系	67	波黑、加纳、洪都拉斯、马绍尔群岛、墨西哥、黑山、新西兰
	信用信息方面:		
	提供数额低于人均收入 1% 的贷款	123	巴西、保加利亚、德国、肯尼亚、马来西亚、斯里兰卡、突尼斯
	提供正面和负面的信用信息	105	中国、克罗地亚、印度、意大利、约旦、巴拿马、南非
	提供来自金融机构、零售商、贸易贷款机构或公用事业机构的信用信息	55	斐济、利陶宛、尼加拉瓜、卢旺达、沙特阿拉伯、西班牙
投资者保护	允许废除不公正的关联方交易[③]	73	巴西、毛里求斯、卢旺达、美国
	监管关联方交易的审批	60	阿尔巴尼亚、法国、英国
	要求详细披露	53	中国香港、新西兰、新加坡
	审理期间允许查阅所有公司文件	46	智利、爱尔兰、以色列
	要求对关联方交易进行外部审核	43	澳大利亚、埃及、瑞典
	审理之前允许查阅所有公司文件	30	日本、瑞典、塔吉克斯坦
	明确界定董事职责	28	哥伦比亚、马来西亚、墨西哥、美国
纳税	允许自行估算税款	156	阿根廷、加拿大、中国、卢旺达、斯里兰卡、土耳其
	允许电子报税和支付	74	澳大利亚、哥伦比亚、印度、利陶宛、马耳他、毛里求斯、突尼斯
	每个税基只收一种税	48	马其顿、纳米比亚、巴拉圭、英国
跨境贸易④	允许以电子方式提交和处理文件	149⑤	伯利兹、智利、爱沙尼亚、巴基斯坦、土耳其
	采用基于风险的进出口检验	133	摩洛哥、尼日利亚、帕劳、越南
	提供单一服务窗口	71⑥	哥伦比亚、加纳、韩国、新加坡

续表 2

分类指标	做法	经济体数量①（个）	实例
执行合同	初审法院公开商业案件的所有判决	121⑦	智利、冰岛、尼日利亚、俄罗斯、乌拉圭
	有专门负责商业案件的法院、法院分支机构或法官	82	布基纳法索、法国、利比里亚、波兰、塞拉利昂、新加坡
	允许以电子方式提交诉讼	19	巴西、韩国、马来西亚、卢旺达、沙特阿拉伯
解决破产	破产程序中给债权人委员会发言权	109	澳大利亚、保加利亚、菲律宾、美国、乌兹别克斯坦
	法律上规定破产管理人具备专业或学术资质	107	亚美尼亚、白俄罗斯、哥伦比亚、纳米比亚、波兰、英国
	对大多数破产程序规定解决时限	94	阿尔巴尼亚、意大利、日本、韩国、莱索托
	为庭外解决提供法律框架	82	阿根廷、中国香港、拉脱维亚、菲律宾、罗马尼亚

注:①调查的 185 个经济体中——除非另有说明。

②调查的 151 个经济体中。

③废除指合同有关方面回到缔结协议之前的状态。

④调查的 181 个经济体中。

⑤31 个经济体有完整的电子信息交换系统,118 个经济体有部分电子信息交换系统。

⑥18 个经济体整合所有相关政府机构,53 个经济体整合部分相关政府机构。

⑦调查的 184 个经济体中。

资料来源:“企业经营商环境”数据库;关于开办企业的数据,部分来自世界银行。

四、热点问题探索

近期国际金融市场剧烈动荡

从5月初以来，受欧债危机持续深化和国际资本避险需求大幅上升的影响，全球股市大幅下挫，主要货币汇率大幅波动，欧洲银行业遭受严重冲击，给艰难复苏的世界经济带来了新的挑战。

一、欧债危机持续深化

（一）重债国家10年期国债收益率升高。 从5月1日到6月19日，希腊10年期国债收益率由20.4%跃升至26.4%；西班牙10年期国债收益率由5.8%上升至7.0%的寻求外部援助临界点；意大利10年期国债收益率由5.5%上升至5.9%。随着近期重债国家10年期国债收益率大幅上升，标售国债的融资成本跳涨，市场对欧元区主权债务危机深化的担忧进一步加大。

（二）重债国家五年期主权CDS利差大幅上升。 从5月1日到6月18日，意大利5年期主权CDS利差由444个基点上升到553个基点；西班牙5年期主权CDS利差上升了148个基点至621个基点，创历史新高。

（三）避险需求导致部分国家国债收益率创历史新低。 美国、德国、英国、日本、奥地利、荷兰、芬兰等国家的国债收益率持续下降，5月30日-6月1日连续三天刷新最低历史记录。6月18日，德国一年期国债收益率降至0%，三个月和六个月期限的国债收益率甚至为负；瑞士一年期、两年期和五年期国债收益率均为负值。投资者的避险需求导致他们放弃高收益、高风险的投资回报，寻求资金安全。

（四）主权信用评级再遭下调。 5月17日，惠誉将希腊长期本外币发行人信用评级从“B-”下调至“CCC”，并将希腊的短期外币发行人信用评级从“B”下调至“C”。6月13日，穆迪宣布将西班牙主权信用评级从

"A3"调降三级至"Baa3",并将其列入降级观察名单,暗示三个月内该国信用评级仍有调降的可能。穆迪解释降级的理由是,西班牙经济增长乏力,政府干预能力"受限"。

二、全球股市剧烈波动

自5月初至6月初全球股市大幅下挫,累计下降11.6%。其中,发达国家下降11.2%;发展中国家下降14%。美国道琼斯指数降至12101.46点,累计下降8.9%;纳斯达克指数、德国DAX指数和日经225指数分别下降9.9%、11.1%和11.3%。6月19日,主要经济体股市大幅反弹,美国道琼斯股指比月初上涨6.1%,纳斯达克、德国DAX指数均上涨6.6%。

三、主要货币汇率大幅波动

近期美元大幅升值,6月19日,美元指数为81.38,自5月1日以来累计升值3.2%;同时,其他主要货币大幅贬值,欧元兑美元累计贬值5.0%,英镑兑美元累计贬值3.1%。

四、欧洲银行业遭受严重冲击

(一)欧洲国家银行信用评级下调。5月中旬以来,欧洲银行评级频频遭到调降:穆迪在5月14日和5月17日分别宣布下调意大利26家银行和西班牙16家银行的信用评级。穆迪表示还可能进一步下调16家西班牙银行评级。5月25日,标普将西班牙第四大银行班基亚银行(BANKIA)等3家银行的评级从"BBB-"下调至"BB+"的垃圾级别。5月25日,穆迪宣布下调9家丹麦银行评级,其中包括将丹麦最大商业银行丹麦银行的长期信用评级连降两级,从"A2"级降为"Baa1"级。6月6日,穆迪宣布下调部分德国银行机构信用评级,下调的原因主要是考虑到这些银行机构面临的欧债危机威胁以及自身扭亏能力的风险加大。6月15日,穆迪宣布下调11家欧洲银行评级,其中包括5家荷兰银行集团、3家法国银行、1家比利时银行和1家卢森堡银行的评级。

(二)银行业负债和主权债务之间形成恶性循环。欧元区主权债务危机开始引发银行业信贷危机,银行业负债和主权债务间相互影响,形成恶性循环。一方面,银行持有大量主权债务,这些风险敞口要求银行补充资本金,大量资本金缺口不得不依赖政府注资;另一方面,政府注资主要来源于发行国债,政府发债不仅成本过高,且新发债券也要依靠银行大量购买。欧洲银行的 CDS 利差最近两个月大幅上升 200 个基点左右,其中以西班牙银行业的问题最为突出。

(三)众多银行需要政府救助。据英国《金融时报》6 月 5 日报道,葡萄牙政府计划向该国三大银行注资 66.5 亿欧元,使该国成为新一个依靠国际纾困资金来救助本国金融业的欧元区国家。欧元区的其他一些国家银行也都在努力于 6 月底达到欧洲银行业管理局(EBA)资本充足率要求。6 月 10 日,西班牙政府正式提出了援助申请。欧元区财长月度例会宣布将为西班牙银行业提供不超过 1000 亿欧元的救助资金。该项救助资金将通过西班牙银行有序重组基金(FROB)发放。

(执笔:释经组;成文于 2012 年 5 月)

近期国际市场大宗商品价格普遍走高

在去年下半年价格波动回落后,今年初国际市场大宗商品价格出现普遍回涨。对全球通货膨胀造成压力,也直接影响着世界经济的复苏进程。

一、大宗商品价格普遍回涨

据世界银行统计,截止 2 月份,国际能源和非能源价格已分别比去年 12 月份上涨了 7.1% 和 5.5%,非能源中的农产品和金属矿产价格分别上涨了 4.4% 和 9.4%。

表 1 世界银行大宗商品分类价格指数及环比上涨率

	能源	非能源	农产品	肥料	金属和矿产
指数(2005年=100)					
2011年1月	171	218	216	231	220
2月	178	228	227	232	229
3月	195	219	218	228	219
4月	207	223	220	248	224
5月	194	215	213	260	214
6月	191	214	212	280	211
7月	195	216	210	287	219
8月	183	213	211	291	209
9月	183	208	208	294	198
10月	182	194	197	295	177
11月	190	189	191	292	173
12月	188	184	185	266	172
2012年1月	193	189	189	258	181
2月	201	194	193	259	188
环比上涨率(%)					
2011年6月	-1.6	-0.5	-0.6	7.4	-1.3
7月	2.1	1.0	-0.6	2.8	3.9
8月	-6.2	-1.3	0.3	1.3	-4.9
9月	0.4	-2.5	-1.6	1.2	-5.0
10月	-1.0	-7.6	-5.8	-0.3	-11.3
11月	4.4	-2.7	-3.0	-1.2	-2.4
12月	-1.2	-2.7	-3.1	-9.0	-0.6
2012年1月	2.6	2.9	2.1	-2.7	5.6
2月	4.4	2.6	2.3	0.3	3.6

资料来源:世界银行。

（一）能源价格大幅反弹。

年初以来，原油价格回涨冲高。2 月份，纽约期货市场原油价格为 102.26 美元/桶，比去年 12 月份上涨了 3.7%；煤炭价格为 115.15 美元/吨，上涨 5%。

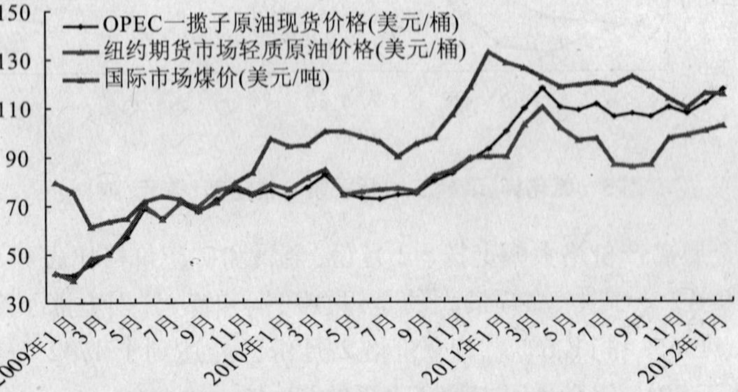

图 1　2009 年以来国际市场能源价格走势

（二）非能源价格普遍上涨。

1. 部分农产品价格创历史新高。农产品价格在经历了 2010 年下半年和 2011 年初的大幅上涨后，去年基本保持了逐步回落的态势，但今年前两个月又普遍回涨。分品种看，今年 2 月份，美国香蕉、国际牛肉和鸡肉的价格分别比去年 12 月份上涨了 10.3%、5.8% 和 4.3%，并创历史新高；大麦和茶叶分别为 2008 年 6 月和 2009 年 9 月以来的最高水平。

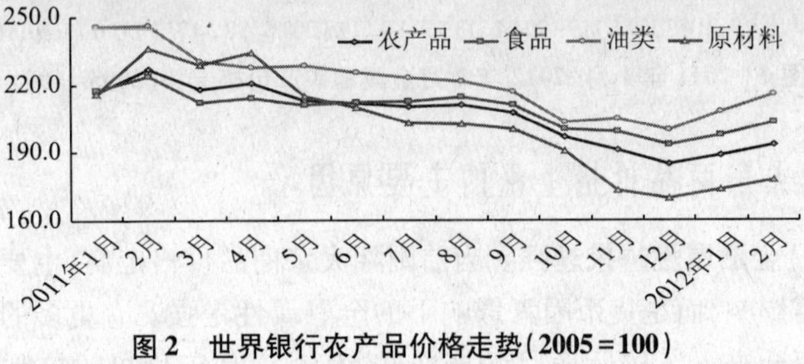

图 2　世界银行农产品价格走势（2005 = 100）

2. 尿素、磷酸三钠及氯化钾价格明显上涨。2 月份，肥料价格比去年 12 月份下降 2.6%，但尿素价格达到 382.9 美元/吨，比去年 12 月份上涨了 8.2%；氯化钾价格为 483 美元/吨，上涨 1.7%。2 月份，磷酸三钠价格为 445 美元/吨，比 1 月份上涨 2.3%。

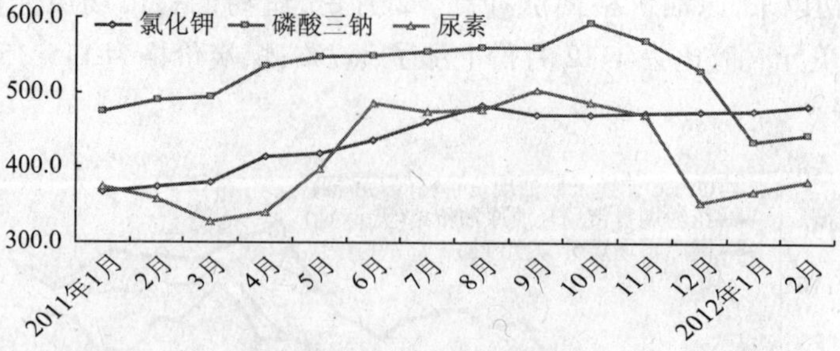

图 3　氯化钾、磷酸三钠及尿素价格走势（美元/吨）

3. 金属矿产价格大幅上扬。2 月份，金属和矿产价格比去年 12 月份上涨了 9.4%。其中，涨幅最大的是锡、银、铜和镍，分别上涨了 25.4%、13.4%、11.6% 和 11.6%。黄金价格 2 月份已经达到了 1742.1 美元/盎司，相当于 2011 年 9 月历史最高水平的 98.4%。

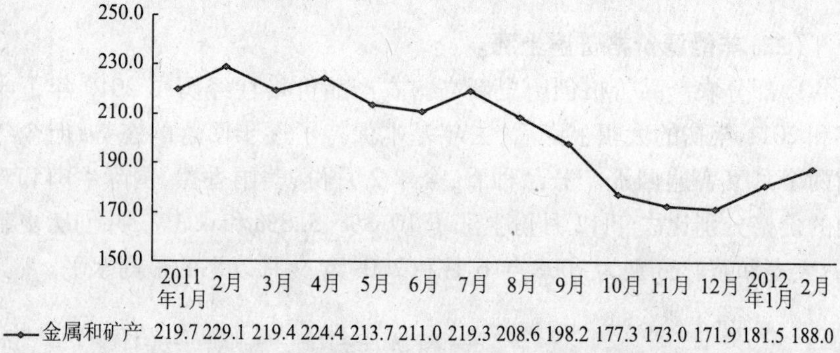

图 4　2011 年 1 月–2012 年 2 月金属和矿产价格走势（2005=100）

二、大宗商品价格上涨的主要原因

（一）金融属性越来越强。当前国际大宗商品价格走高，主要推动力不是供需影响，而是货币因素影响下的金融属性走强。有更多的大型金融集团资金进入了国际商品的产业链，其对商品定价权的控制力越来越大。

（二）国际流动性进一步泛滥。发达国家为刺激经济发展而采取的货币宽松政策，不但强化了国际大宗商品价格的上涨预期，还直接导致国际市场流动性泛滥。发达国家释放的大量流动性,多数囤积在金融机构投资者手中,部分增量资金涌入国际大宗商品市场,推动价格上涨。

(三)地缘政治、投机、炒作等因素。叙利亚冲突、伊朗核危机以及西亚北非地缘政治影响是目前大宗商品波动的重要因素。

(四)美元阶段性贬值。美国的量化宽松政策在全球释放出大量流动性,加之近期欧债危机出现缓和迹象,导致今年2月份美元对美国主要贸易伙伴的一揽子货币环比贬值1.7%。美元走软助推了大宗商品价格上涨。

(执笔:释经组;成文于2012年3月)

美国经济显露积极变化 但不确定性很大

在欧债危机深化蔓延、华盛顿两党争斗、日本地震、信用降级等诸多不利因素的影响和干扰下，2011 年美国消费和投资信心低落，需求持续疲软，失业率居高不下，价格高位运行，经济表现令人失望。2011 年经济仅增长 1.7%，远低于 2010 年的 3%。自 2011 年年底以来，美国经济运行显现诸多积极变化，自主增长动力明显加强，2012 年经济增速有望快于上年。但是，当前美国经济仍面临诸多障碍，今年又恰逢总统选举年，政局和政策的不确定性加剧，经济下行风险依然很大。

一、当前美国经济显现诸多积极变化因素

自 2011 年第 4 季度以来，美国经济运行状况有所改善，就业形势趋好，金融市场企稳，信心正在恢复，财政和信贷条件出现向好苗头。随着投资和消费需求的释放，预计 2012 年美国经济增长逐季加速，呈现前低后高的增长态势。

1. 就业市场正在改善。主要表现在：新增就业人数趋增，失业率趋降，首次申领失业救济的人数大幅趋减。2011 年，非农部门新增就业人数月平均为 13.7 万，多于 2010 年的 7.8 万。2012 年 1 月份，猛增到 24.3 万。其中，私人部门的新增就业人数比重大幅度上升，自主增长能力明显提高。1 月份，失业率为 8.3%，连续 5 个月下降。首次申领失业救济的每周平均人数从 2012 年 11 月份的 39.6 万降到 12 月 37.6 万，2012 年 1、2 月份继续减少。

2. 金融市场企稳。三大股市在波动中趋稳回暖。从 2011 年 10 月底到 2012 年 1 月底，道琼斯、纳斯达克、标普 500 综合价格指数平均上涨了近 6%。金融市场担忧情绪在减退，趋于平稳。芝加哥交易所波动指数

(CBOE)从去年9月份的43%,降到2012年1月底的20%以下。10年期和2年期国债利率也稳中有降,表明市场信心逐渐增强。

3. 价格回落,通胀预期降低。随着全球经济增长放缓,国际初级品市场价格预期趋降,近几个月以来,生产者价格环比下跌,同比涨幅回落,显示未来通胀压力比较温和。消费者价格环比变动平稳,同比涨幅逐月回落。预计2012年消费价格上涨1.9%,低于去年的3.1%。

4. 投资和消费信心正在恢复。多家机构公布的数据显示,在股市回暖、就业市场改善、价格趋降等有利因素推动下,近期投资和消费信心明显恢复。2月份,密歇根大学消费信心指数升至经济衰退以来最高水平;大型企业联合会的消费信心指数和先行指数连续数月上升;制造业采购经理人指数和非制造业采购经理人指数保持大幅上升势头。信心和景气指数在临界点以上持续上升,预示今年美国经济加快增长的机率很大。

5. 债务负担减轻,信贷品质修复。经历前期去杠杆化过程,政府、机构和居民各级债务水平逐渐下降,投资和消费能力提高。在政府一级,随着刺激政策到期退出、首次申领失业救济人数减少,用于刺激经济的财政预算支出减少,税收增加,赤字规模缩小。2012财年第1季度(去年10月至12月),联邦财政赤字比上年同期减少了470亿美元。预计全年财政赤字为1.28万亿美元,占GDP比重为8%左右,2013年可望降到5%,呈稳步下降之势。在机构一级,非金融机构因大幅削减成本,公司财务状况得以修复,目前现金流充足,企业速动比率(即流动资金相当于应付债务的比例)在50%以上,为二战以来最高水平;利息支付率(即债务利息支出与现金流之比)急剧下降。金融机构成功地进行了资本重组,持有资本比重大幅上升,信贷开始活跃,信用卡、汽车和消费信贷发放数量和规模均在增加。在居民一级,居民贷款违约(包括信用卡、住房抵押贷款、学生贷款和消费贷款)数量明显下降,从2009年近3500万笔减少到2011年2400万笔,甚至低于衰退前的水平。

二、美国经济前景的不确定性加剧,复苏进程依然缓慢

尽管美国经济出现积极变化,但受财政政策紧缩、欧债危机、房价下跌、油价攀升等诸多不利因素的影响,以及政策的不确定性加剧,2012年美国经济反复波动和下行的风险很大,经济复苏进程依然缓慢。

1. 财政紧缩政策是美国经济的一大拖累。2009 年通过的复苏法案已陆续到期退出。2011 年国会通会削减财政赤字协议，通过税制改革，减少医疗保险、失业救济和国防等预算开支，压缩财政赤字。工资税减税政策和紧急失业救济方案于今年 2 月底即将到期，从而影响居民可支配收入和消费支出。2011 年，因政府支出减少使经济少增长 0.45 个百分点，其中第 4 季度使经济少增长 0.93 个百分点。如果不出台新的经济刺激政策，今年美国经济复苏步伐将大大放缓。预计 2012 年，因联邦政府财政紧缩将使经济少增长 0.8 个百分点，因地方财政紧缩将使经济少增长 0.3 个百分点。

2. 欧债危机是美国经济的一大挑战。美国经济与欧盟经济之间有着十分密切的联系。欧债危机已把欧盟经济拖入衰退之中，并通过各种渠道冲击美国经济。一是外需减少，美元升值。美国对欧盟的出口占其出口总额的四分之一。欧盟经济衰退，全球经济回落，美元升值，将抑制美国出口和经济增长步伐。2011 年第 4 季度，因出口增速减慢、进口增速加快，出现净出口对经济增长的负贡献，使经济少增长 0.11 个百分点。预计 2012 年净出口仍是经济增长的负面因素。二是信贷标准提高。欧洲银行约占美国工商贷款总额的五分之一。欧债危机加大了美国企业融资难度，流动性将进一步缺乏，从而加重了美国经济复苏的风险。据美联储高级信贷员调查，2012 年第 1 季度，因对欧债危机和银行业危机蔓延扩大的担忧，有 90% 以上的银行将提高信贷标准，其中外资银行尤为明显。三是股市动荡不稳，信心受挫。美国股市变动与欧洲市场高度相关。如果欧债危机进一步升级，美国股市将逆风而动，陷入低迷状态，并随时扭转正在恢复的投资和消费信心，中断正在显现的积极变化。

3. 房价持续下跌仍是美国经济的一大顽疾。持续 6 年多的房地产市场下行趋势尚未结束。当前住房销售和住房建筑有所增加，但是随着一度中断的止赎程序重新开启，今年止赎房销售量将再次增加，房价将继续下跌。住房是美国中产阶层的主要资产和收入来源之一，只要房价继续下跌，经济前景难以好转。

4. 石油价格高位攀升是美国经济的一大威胁。2012 年美国消费和生产价格总体回落，通胀预期降低。但是，伊朗核问题和中东地区地缘政治关系日益紧张，严重威胁石油供应，加上新兴市场国家需求增加，将进一步推升油价。据世界银行统计,2012 年 1 月份,包括原油、煤炭、天然气在内的能源价格环比上涨 2.6%,同比上涨 12.8%。预计西得克州中质原油平均价格从 2011 年的每桶 95 美元上涨到 2012 年的 104 美元,消费支出将受到侵蚀,从而减慢经济复苏步伐。

三、美国经济复苏步伐主要取决于政策抉择

分析表明,美国经济状况趋好,但仍面临诸多障碍,经济运行十分脆弱,复苏进程依然艰难而缓慢。欧债危机的解决过程和财政刺激政策对经济走向十分关键。任何政策的失误和不当的决策行为都有可能把美国经济拖入新的衰退之中。从目前形势看,欧债危机需要经历漫长而深刻的调整过程,美国总统选举结果也难以预料,决策过程将是不平坦的,经济可能时好时坏,反复波动。但是,各方决策者正在艰难的抉择、权衡、妥协和折衷中,努力稳定全球金融市场,推进世界经济发展。一方面,近期欧盟和各国决策者进一步加强政策协同,通过扩大互惠信贷额度协议、增加欧洲金融稳定基金规模、向银行体系注资、不允许大银行破产等积极措施,增强稳定金融市场能力,防止欧债危机进一步升级。另一方面,鉴于目前国内居民可支配收入增长缓慢、消费支出疲弱,美国政府将继续维持必要的经济刺激政策。美国政府已将薪资税减税政策和失业救济计划延长到今年年底,以促进消费支出,提高经济自主增长能力。从变动趋势看,由于 2012 年上半年欧盟许多国家经济陷入衰退,欧债危机进入关键时期,加上政策的不确定性,金融市场动荡不稳、经济增长相对缓慢将是上半年的主基调;到下半年,随着解决危机方案的明确和政策的明朗化,经济增长逐渐趋稳、趋高,全年呈前低后高的增长态势。预计 2012 年美国经济增长高于上年。

(执笔:余芳东;成文于 2012 年 3 月)

欧债危机频频升级
严重拖累世界经济

2012 年年初，欧盟领导人就解决债务危机一揽子计划达成协议，欧债危机曾一度得以缓解。但自 5 月份以来，欧元区再次成为世界经济舞台中心，希腊退出风险上升，西班牙银行业危机，主权信用和银行信用等级被下调，导致欧洲主要股市震荡，欧元对美元贬到两年来新低，西班牙、希腊、葡萄牙、意大利等外围成员国主权债券收益率再次上升，欧债危机愈演愈烈，进入更危险的阶段。近两年来，南欧债务国实行了财政紧缩政策，但由于经济持续衰退和信贷紧缩，债务负担反而持续加重，欧债危机不断发酵、深化、蔓延，不仅把欧元区经济拖入衰退，而且不停地折腾着整个世界，国际金融市场震荡起伏，世界经济出现下行趋势。

一、2012 年上半年欧元区经济衰退，前景迷乱

上半年，欧元区经济产业活动低迷，生产投资萎缩，居民消费疲弱，失业率不断攀升。

1. 经济衰退。继 2011 年第四季度欧元区经济下降 0.3% 之后，一季度，经济增长停滞。除德国等少数国家经济保持低增长以外，法国为零增长，许多国家经济陷入深度衰退之中。其中，意大利下降 0.8%，西班牙下降 0.3%，爱尔兰下降 0.4%，葡萄牙下降 3.4%，希腊下降 7.5%。与经济增长高度相关的采购经理人指数，上半年在 50% 以下的收缩区间持续下行，5 月份降到近 3 年来的最低点，经济将持续衰退。预计 2012 年欧元区经济下降 0.4%。

2. 失业率不断攀升。2012 年以来，在财政紧缩政策下，公共部门大量裁员，就业形势十分严峻，失业率高企，失业期延长。失业率从 1 月份的 10.8% 升至 4 月份的 11%。其中，西班牙、葡萄牙、意大利失业率分别

为24.3%、15.2%和10.2%；而15岁至24岁年轻人的失业率高达22%，而西班牙、葡萄牙、意大利分别为51.5%、36.6%和35.2%。失业已成为严重的社会问题。

3.内需严重不足。消费者面对高税收、低福利的财政紧缩政策、收入减少、失业率高升等严峻形势，不得不收缩开支，零售额减少；生产者面对融资难成本高、内需疲弱、订单不足、获利空间小的环境，不得不压缩生产和投资规模，。

4.进出口贸易收缩。在全球经济下行、区内经济衰弱的背景下，欧元区国家出口不振，进口趋减。出口同比增速从2012年1月份的10.7%，回落到4月份的6.2%；由于内需恶化，4月份进口同比下降0.8%。

5.信贷紧缩，融资难成本高。据欧洲央行调查，主权债务危机已引发新一轮银行业危机和信贷紧缩。面临大量债券面值减记的压力，近几个月以来，欧元区银行间同业拆放款利率和隔夜指数掉期的利差
持续上升，借贷意愿低下，信贷严重紧缩，消费、生产和投资条件日趋恶化。在欧洲一些国家，银行资产占其GDP比重在200%以上，信贷是保证欧元区经济正常运行的关键要素，信贷紧缩将严重抑制消费、生产和投资行为。

二、欧债危机进一步升级，前景更加迷乱

自欧债危机爆发以来，欧盟、欧洲央行、国际货币基金组织投入大量的救援资金。这些措施非但没有解决危机，反而愈演愈烈，更趋恶化、迷乱。当前欧债危机进入十分危险的阶段。鉴于目前欧元区刺激经济增长的政策用尽、财力耗尽，增长动力消失殆尽，陷入难以自救的困境。希腊退出风险、西班牙银行危机、债务国银行存款锐减、信贷紧缩，这些充分说明欧债危机具有长期、持久性，困局近期难破。欧债危机仅靠外部救助不可能很快化解，需要较长的自我修复、自我调整过程。欧元区各国需要进行内部结构性改革，增强经济活力，降低劳动力成本，提高竞争力，促进经济增长，加强政治、金融和银行的联盟和监管，才是彻底解决主权债务危机和银行业危机之策。

1.希腊短期无序退出将给欧元性经济带来灾难性后果

2012年5、6月份希腊大选，不同政党对紧缩政策和救助协议执行的

分歧,引发了退出欧元区的风险。希腊加入欧元区已 10 年多,与欧元区其他国家在经济、金融、贸易方面紧密融合在一起。在短期内,希腊政府没有时间也没有能力组织有序退出。否则,会给希腊和欧元区其他国家银行和金融市场带来毁灭性的打击,欧元区经济将陷入更严重的衰退,甚至混乱和崩溃。因此,希腊退出的代价对欧元区来说是相当昂贵的,各方都会尽力避免。希腊新民党在 6 月 17 日第二轮大选中获胜,支持紧缩和国际援助,决定留在欧元区,这对欧元区来说是个利好消息。对希腊新政府来说,主权债务危机的解决依然任重而道远,在实施财政紧缩政策的同时,必须加强结构调整,提高国际竞争力,促进经济增长。

2. 西班牙银行危机导致新一轮信贷紧缩

西班牙银行危机是欧债危机进一步升级的表现。欧债危机与银行危机有着密切的内在联系,政府债券收益率上升,必然导致银行信贷违约掉期利差(衡量违约风险的指标)的扩大;银行信贷违约风险上升,必然导致政府债券收益率提高。降低两者之间的联系,将有助于风险蔓延,缓解投资者的担忧。今年年初,欧债危机曾一度缓解,最近因西班牙银行违约风险大增,国债收益率重又攀升。西班牙银行是欧洲央行长期再融资操作的第二大参与国,尽管得到政府和国际组织的援助,但是投资者担心银行的问题还没有充分暴露。在西班牙,银行不良贷款率高达 5%,其中 20% 为房地产贷款。随着经济收缩,比例可能还在上升,银行违约风险增大。西班牙银行危机也让投资者对其他国家银行可能隐藏更大损失的担忧。

西班牙银行危机进一步加剧了主权债务危机的严重程度。一是,银行和公共债务有着紧密联系。银行是政府国债的最大买家,持有三分之一的主权债务。自 2011 年 11 月以来,银行增持 50% 国债。如果银行违约,银行持有的国债价值下跌,使得债券收益率继续上升。二是,银行救助加大了公共财政负担,增加公共债务比例,使西班牙财政赤字占 GDP 比重从 2011 年的 8.5% 降到 2012 年的 5.3% 的目标难以实现。三是,西班牙银行危机向欧元区核心国蔓延的风险上升。欧洲银行是债务国主权债务的主要持有者,其中法国持有的问题国债占 20%,德国持有占 12%。近两年来,欧洲银行致力于对主权债务和外资银行的去杠杆化过程,构筑防火墙,旨在隔断银行与主权债务之间的联系。银行业危机,信贷紧缩进一步紧缩，必然将欧元区经济拖入更严重的衰退。因此，欧盟需要考虑建立欧洲银行联盟，进行银行资本重组，加强对银行业的监管。

3. 债务国银行存款持续下降

在南欧国家，为应对主权债务危机，避免储蓄缩水，企业和个人悄悄地向境外转移资金，或者自己囤积现金，致使银行存款大幅壮少，国内信贷收缩，市场对前景缺乏信心。自2009年以来，希腊银行存款减少了三分之一，自2011年1月以来，银行存款每月平均减少28亿欧元。近几个月以来，受西班牙银行危机深化溢出效应的影响，葡萄牙和爱尔兰银行存款也出现下降趋势。自2011年11月以来，西班牙银行存款减少了660亿欧元，与1.6万亿欧元的银行存款总额相比，规模相对较小。但是，如果西班牙银行危机得不到有效解决，一旦出现银行挤兑，可能给西班牙银行存款带来灾难性的后果。

总之，近两年欧盟和欧元区推行的严厉财政紧缩政策，没有取得预期效果，反而出现了信贷紧缩和经济衰退的恶性循环，使欧债危机的解决成为遥不可及之事。为此，国际货币基金组织、欧盟和德国、法国等在政策层面上形成了财政紧缩和促进增长并重的新的政治共识，包括扩大用于基础设施建设项目的融资规模、发行项目融资债券、加大新技术能源开发等，促进经济增长。

三、国际经济环境复杂严峻

欧债危机是当前国际金融市场动荡不稳的根源，也是欧元区经济下滑、世界经济下行的首要因素。希腊、葡萄牙、西班牙等重债国经济深陷衰退，德国、法国经济接近零增长。欧元区是世界主要贸易市场，与美国、英国等发达国家有着千丝万缕的经济金融关系。欧元区经济下滑，其他发达国家不可能置身其外，英国经济也已陷入衰退，美国经济复苏步伐滞缓，新兴和主要发展中国家经济明显放慢。欧债危机、欧元区经济衰退，正从多个渠道损及世界其他地区经济。

（一）外需减少，世界经济呈下行趋势。2012年以来，许多国家出口订单明显减少，世界贸易量增长微乎其微，基本处于停滞状态。中国、印度、巴西、韩国等出口大幅放缓，经济增长步伐明显减慢。新加坡、中国香港出口和经济双双出现负增长，处于收缩状态。据世界银行对部分国家调查,多数国家出进口贸易量出现下降。

(二)世界经济不稳定和不确定因素增加。受欧债危机影响,主要发展中国家金融市场动荡不定,股市震荡下跌,金融风险增大,投资信心难以提振。为规避风险,资本纷纷外流,造成一些新兴经济体外汇储备减少,货币贬值,国内流动性不足,信贷条件趋紧。欧债危机久拖不决,对其持续时间和蔓延程度难以判断,经济发展前景不明朗、不确定,导致不良信心效应向实体经济的扩散,从而抑制消费、生产和投资活动,最终危及世界经济增长。据世界银行估算,假设全世界预防性储蓄增长 1 个百分点,投资增长回落 2 个百分点,2012 年高收入国家经济增长率将处在 1. 2% 到 2. 2% 的水平上,发展中国家将处在 4. 8% 到 6% 的水平上。近期,各国纷纷下调经济增长预期。

(三)外部环境复杂严峻,调控政策决择更为艰难。为应对债务危机,美欧国家一方面推行更为宽松的货币政策,继续维持超低利率,轮番推出量化宽松货币政策,通过大量购买国债,甚至不惜购买公司债券和股票,增加货币供应,刺激经济增长;另一方面紧缩财政政策,削减财政赤字,减轻债务负担。这种宽货币、紧财政的政策实质是通过货币贬值,来化解危机、转嫁危机;通过扩大外需,刺激经济增长。鉴于目前通胀压力趋缓,为保增长,巴西、印尼、南非等纷纷降息,秘鲁、智利、韩国等则停止加息步伐。一些国家还加强资本流入流出的管制。

欧元区是我国主要贸易伙伴,欧债务危机和欧元区经济衰退对我国经济的负面影响不容低估。针对我国的贸易保护主义和贸易战加剧,外需减少,出口放缓;人民币升值压力进一步增大;输入型通胀压力持续;国际资本大进大出加大我国金融风险;巨额外汇储备的损失风险上升等。面对当前复杂严峻的外部环境冲击,一要管好用好外汇储备,以互利共赢为原则,保证投入海外资本的收益和安全,切不可为美欧债务危机买单;二要利用有利时机,扩大与美欧国家在技术和金融领域的合作,提高国内核心竞争力;三要在保持出口适度增长的同时,扩大进口规模,促进贸易平衡,减轻人民币升值压力;四是密切关注国际投机资本流进流出,采取有效措施,防范金融风。

(执笔:余芳东;成文于 2012 年 7 月)

东盟国家经济:这边独好

2012年以来,受欧债危机升级、美国经济复苏困难等因素影响,世界主要国家经济普遍放缓,外部环境严峻复杂。而东盟国家经济逆势而动,强劲增长。为应对外部环境的冲击,东盟国家采取积极的财政政策和宽松的货币政策,扩大内需,经济发展势头良好,市场信心上升,股市上扬,成为全球经济难得的亮点之一。2012年上半年,东盟国家经济运行呈现如下主要特征:

1. 经济增速平稳较快。1、2季度,印尼经济同比增长率分别为6.3%和6.4%,马来西亚分别为4.9%、5.4%,菲律宾分别为6.3%和5.9%,泰国分别为0.4%和4.2%,越南分别为4%和4.7%。只有高度依赖出口市场的新加坡经济大幅减慢,1、2季度同比仅增长1.7%和2%。据估计,上半年东盟6个国家经济同比增长6%左右,运行状况明显好于世界其他国家和地区,全年总体保持平稳较快发展。

2. 通胀压力明显缓解。马来西亚消费者价格同比上涨率从2012年1月份的2.6%回落到7月份的1.4%,泰国从3.3%回落到2.8%,越南则从17%回落到7%,菲律宾从4%下降到3.2%,涨幅呈逐月回落之势。印度尼西亚消费价格同比上涨率从3.6%升到4.6%;新加坡从4.8%升到6月份的5.3%,7月份则回落到4%,涨幅明显低于上年同期水平,通货膨胀压力有所缓解。

3. 消费和投资显著增加。泰国在工资稳步增加、利率趋低以及灾后重建和需求释放等有利因素的驱动下,上半年居民消费支出增长较快,特别是汽车消费支出猛增,5-7月份同比平均增长78%,消费品进口也以两位数的速度增长。1、2季度,马来西亚固定资本形成同比分别增长16.2%和26.1%,印尼分别为9.9%和10%,泰国分别为5.2%和

10.2%。消费和投资快速增长是上半年东盟国家经济强劲增长的主动力。

4.进口增速快于出口,贸易顺差缩小。2012年以来,受欧债危机升级和美国经济减速的影响,外需严重不足,东盟主要国家出口大幅减少。2012年4-7月份,受国际商品需求减弱、价格趋低的影响,印尼出口连续4个月下降,其中6、7月分别下降16%和7.3%;贸易差额由1-3月份的顺差转为逆差,其中6、7月份贸易逆差达13亿美元和1.8亿美元。上半年,马来西来、新加坡出口增速十分缓慢。泰国出口在前7个月中有5个月出口下降。在内需强劲的带动下,东盟各国进口增速较快,各国经常项目顺差明显缩小。据英国共识公司预计,2012年印尼经常项目差额将从2011年的17亿美元顺差,变为2012年86亿美元的逆差;泰国经常项目顺差从118亿美元,缩小到2012年32亿美元;新加坡由570亿美元缩小到463亿美元;马来西亚从317亿美元缩小到291亿美元。

值得一提的是,尽管上半年东盟国家对外贸易增速大幅回落,但与中国的贸易却逆势而上,增长迅速。1至7月货物进出口累计同比增长9%。

上半年,在欧债危机升级、全球经济普遍放缓的环境下,东盟国家经济保持强劲增长势头,主要原因是各国政府通过实施积极的财政政策和宽松的货币政策,刺激国内消费,扩大私人和公共投资,抵冲外需不振的负面影响,成功地实现了经济增长由出口拉动向内需驱动的转型。东盟国家扩大内需的主要政策措施有:

1.增加家庭收入,提高居民消费能力。2012年以来,东盟主要国家相继提高最低工资标准,以纾解劳资矛盾,促进经济转型。泰国从2012年4月1日起将最低工资标准提高至每天300泰铢(合约9.78美元),涨幅约为40%。马来西亚在历史上首次引入最低工资制度,每月约800林吉特,从而把最贫困人群的收入提高了15%以上;越南、印尼、菲律宾不同程度地提高了最低工资标准。除此以外,泰国上调了大米销售价格,以增加农民收入;马来西亚通过增加薪酬、补贴的方式,改善公务员、棕榈油种植户和低收入家庭的福利条件。印尼除了提高公务员工资以外,计划于2013年提高对居民的能源和食品补贴。这些措施有效地提高了居民消费能力,增强了内需对经济增长的推动作用。

2. 政府扩大用于公共基础设施的投资规模。2012 年是东盟许多国家大选之年,为谋求连任,现任政府空前加大了对公路、铁路和学校等公共基础设施的投资力度。印尼政府计划将用于电厂、公路、机场和铁路建设支出占财政预算总支出的比重从 2012 年的 8% 提高到 2013 年的 15%。泰国出台了 8000 亿泰铢(约占 GDP 的 7%)灾区经济恢复和发展项目,推动灾后投资活动。东盟国家经济强劲增长、财政状况良好和信贷条件宽松,为政府扩大公共投资提供了难得的机会。

一是政府公共债务水平较低,为扩大公共投资储备了较雄厚的财力。印尼政府公共债务占 GDP 比重为 23%,越南为 38%,菲律宾和泰国分别为 40% 和 42%,马来西亚为 53%。东盟国家实施扩张的财政政策仍有较大的空间和余地。

二是国家主权信用良好,对外国资本的吸引力较强。鉴于印尼经济对世界经济动荡的良好承受能力以及稳健的银行系统,2012 年 1 月份国际评级机构穆迪投资者服务公司将印尼主权信用评级提升至投资级,评级展望为稳定。菲律宾则因其财政灵活性增强、资产状况良好,2012 年 7 月份国际评级机构标准普尔将其长期主权信用评级由 BB 上调至 BB+,前景展望稳定。这有助于进一步吸引外国资本流入,拉动国内经济增长。

三是国债收益率下降,融资成本低。为规避因欧债危机带来的风险,许多投资者纷纷转向购买东盟国家政府债券,使这些国家国债收益率进一步下降。自 2011 年年中以来,印尼政府债券收益率降至 5.95%,下降了 100 个基点;菲律宾降到 5.02%,下降了近 90 个基点。融资成本低,为政府扩大公共投资提供了相对廉价的资金来源。

3. 宽松的货币政策,为消费和投资提供有利的信贷条件。当前,东盟国家实施宽松货币政策的空间很大。自 2008 年国际金融危机以来,由于经济增长相对平稳,东盟各国降息的幅度有限,基本维持不动,为本轮放松货币政策预留了空间。2012 年各国通胀压力有所趋缓,也为放宽货币政策腾出一定的空间。东盟国家货币政策的调整方向和幅度主要取决于国际环境的变化,货币政策调整相对比较灵活。总体上,为应对外部环境的不利冲击,在今后一段时期内,东盟主要国家将实施较宽松的货币政策,以刺激经济增长。

4. 承接国际产业转移,吸引更多的国外投资。东盟各国利用相对廉价的劳动力资源,通过减免税、降低土地和房屋租金等优惠政策,优化投资环境,积极承接国际产业转移,外商直接投资流入明显增加,成为经济增长的重要驱动力量。印尼外商直接投资继2011年4季度同比增长25%以后,2012年1季度又增长30%。菲律宾承接的外包服务业发展迅猛,在很大程度上填补了出口减少所带来的损失。

(执笔:余芳东;成文于2012年10月)

金融危机下的世界经济新格局

自2008-2009年国际金融危机和世界经济衰退以来，各国加强金融监管，调整经济结构，密切国际经济往来和合作，以应对金融危机、促进经济增长。随着各国经济力量在较量和博弈中的此消彼长，世界经济重心逐渐由西向东转移，南北往来更加紧密，南南合作进一步增强。在经济全球化背景下，各国相互影响，相互促进，世界经济发展趋向均衡，经济格局趋向有秩。统计数据显示，发展中国家经济整体实力有所增强，国际地位有所提高。但是，发达国家作为世界经济主体的格局没有发生根本性改变，仍占据主动和强势地位，而发展中国家则依然处在被动和弱势地位。发展中国家追赶发达国家将是长期而缓慢的过程。

一、在世界经济总量格局中发达国家比重下降，发展中国家比重上升

金融危机期间，发达国家经济衰退，发展中国家经济增长放缓，经济总量出现此消彼长。在世界经济总量格局中，发达国家比重下降，发展中国家比重上升。据国际货币基金组织统计，发达国家GDP总和占世界总量的比重从2007年的72%下降到2011年的64%；而发展中国家占比则从28%提高到36%。其中，5个金砖国家经济之和在世界经济总量中的占比从13.6%提高到19.7%。中国占比从6.3%提高到10.5%，跃居世界第二位。同期，美国则从25%下降到23%，欧元区从22%下降到19%，日本从7.8%升至8.4%。美国稳居世界第一，发达国家在世界经济总量中仍占据主体地位。

表1 世界经济总量分布

	2007 年	2008 年	2009 年	2010 年	2011 年
世界经济增长率(%)	5.4	2.8	-0.6	5.3	3.9
发达国家	2.8	0.0	-3.6	3.2	1.6
新兴和发展中国家	8.7	6.0	2.8	7.5	6.2
世界 GDP 总量(亿美元)	556775	611666	577608	630749	696596
占比(%)					
发达国家	71.6	68.8	68.6	65.7	63.8
美国	25.2	23.4	24.1	23.0	21.7
欧元区	22.2	22.2	21.5	19.3	18.8
日本	7.8	7.9	8.7	8.7	8.4
新兴和发展中国家	28.4	31.2	31.4	34.3	36.2
中国	6.3	7.4	8.6	9.4	10.5
俄罗斯	2.3	2.7	2.1	2.4	2.7
巴西	2.5	2.7	2.8	3.4	3.6
印度	2.1	2.0	2.2	2.5	2.4
南非	0.5	0.4	0.5	0.6	0.6

资料来源：IMF。

二、在世界经济增长格局中发达国家的作用有所减弱，发展中国家的作用显著增强

金融危机严重削弱了发达国家经济增长动力，并将全球经济拖入衰退之中。金融危机以来，发展中国家经济增长明显放缓，但是各国政府及时调整经济结构，刺激国内潜在的市场需求，不仅有效地减轻外部的不利冲击，经济率先回升，而且引领世界经济走出衰退、实现复苏。据世界银行数据估算，2008 年，发展中国家对世界经济增长的贡献率为 91%，其中中国的贡献率为 41%；2009 年因发展中国家经济增长而避免了世界经济陷入深度衰退之中，其中因中国经济保持 9.2% 的增速使世界经济少下降 0.7 个百分点；2010 年其贡献率为 44.3%。其中，中国对世界经济增长的贡献率为 18%，美国的贡献率为 20%。而日本和欧元区的贡献率呈减退趋势，分别为 11.8% 和 8%。2011 年，发展中国家对世界经济增长

的贡献率进一步提高,逐渐成为世界经济发展的中流砥柱。

三、在国际贸易格局中发达国家份额下降,发展中国家份额上升,南北往来、南南合作进一步加强

金融危机期间,世界进出口规模大幅减少,贸易格局呈现以下明显的变化趋势。一是在国际贸易总量中,发达国家所占比重下降,而发展中国家比重上升。发达国家占世界货物进出口总额的比重从2007年的67%下降到2011年的62%,而发展中国家则从33%上升到38%。二是发达国家相互间的进出口贸易减少,而与发展中国家的贸易往来增加。从出口去向看,发达国家之间的出口比重从71%下降到67%,而对发展中国家的出口比重从29%上升33%。扩大对发展中国家的出口规模,成为发达国家经济复苏的重要力量。从进口来源看,从发达国家的进口比重从64%下降到60%,从发展中国家的进口比重从36%上升到40%。三是发展中国家相互间的进出口规模显著扩大,对发达国家市场的依赖程度有所减弱。从出口去向看,对发达国家的出口从66%下降到62%,而与发展中国家相互间的出口从34%扩大到38%;从进口来源看,从发达国家的进口比重从58%下降到55%,而从发展中国家的进口比重从41%上升到45%。统计数据显示,近年来,南北往来、南南合作明显增强,但是发达国家依然是国际贸易市场的主体,这与其经济发展规模相适应。

表2 世界货物贸易总量分布

	2007年	2008年	2009年	2010年	2011年
世界出口总量(亿美元)	138404	160119	123750	150731	178191
发达国家占比(%)	65.1	62.4	63.2	61.2	60.0
发展中国家占比(%)	35.2	37.9	37.1	39.1	40.7
世界进口总量(亿美元)	141020	162921	125136	151847	180762
发达国家占比(%)	69.2	67.0	66.1	64.4	63.3
发展中国家占比(%)	31.0	33.3	34.2	36.0	37.2
发达国家出口去向占比(%)					
发达国家	71.4	69.7	68.6	66.9	
发展中国家	28.6	30.3	31.4	33.1	

续表

	2007年	2008年	2009年	2010年	2011年
发达国家进口来源占比(%)					
发达国家	64.0	62.0	62.7	60.4	
发展中国家	36.0	38.0	37.3	39.6	
发展中国家出口去向占比(%)					
发达国家	65.8	63.9	63.2	61.8	
发展中国家	34.2	36.1	36.8	38.2	
发展中国家进口来源占比(%)					
发达国家	58.7	56.2	57.0	55.3	
发展中国家	41.3	43.8	43.0	44.7	

资料来源:IMF。

四、世界经济发展从失衡趋向再平衡

实践表明,世界经济关系在各国政策协调和结构调整中不断理顺,经历从平衡到失衡、再平衡的循环往复过程,各国在既合作又竞争的全球环境下努力实现共同繁荣、共同发展。此次金融危机在一定程度上成为倒逼世界经济再平衡的外部压力。发达国家经济衰退,进口需求减少,出口增加;而发展中国家为应对金融危机冲击,积极调整经济结构,实行经济转型,不断扩大内需,进口增加,出口减弱。其结果是,经常帐户总余额在发达国家的逆差规模、在发展中国家的盈余规模均出现不同程度的缩减,占GDP的比例下降。世界经济朝着更平衡、更有秩、更可持续的方向前行。据IMF统计,发达国家经常项目逆差从2007年的3422亿美元减少到2011年的1028亿美元,占GDP的比例从0.9%降到0.2%。其中,美国经常项目逆差从7103亿美元猛减到4734亿美元,占GDP比例从5.1%降到3.1%。发展中国家经常项目顺差从6330亿美元降到4763亿美元,占GDP比例从4%下降到1.9%。其中,中国从10.1%降到2.8%。

世界最大的顺差国和世界最大的逆差国——中国和美国之间的贸易失衡状况正在改善。自2009年以来,在全球贸易普遍减速的背景下,美国向中国的出口增速快于从中国的进口增速,2011 年对中国的出口增长 13.1%,而从中国的进口增长 9.4%。尽管两国双边贸易差额规模仍然较大,但是中国经济发展对美国市场的依赖程度明显下降,两国贸易关系朝着均衡的方向发展。近几年美国对中国的贸易逆差占美国 GDP 的比例一直稳定在 0.5%,没有进一步扩大;中国对美国的贸易顺差占中国 GDP 的比例则从 2006 年的 5.2% 缩小到 2011 年的 2.8%。当前人民币汇率稳步升值,中国通胀率和工资增速远高于美国,出口的竞争优势在减弱,可以预计未来两国之间贸易关系将进一步趋向平衡。

表 3　世界经常项目余额分布

	2007 年	2008 年	2009 年	2010 年	2011 年
总余额(亿美元)					
发达国家	-3240	-4964	-868	-854	-1028
#美国	-7103	-6771	-3766	-4709	-4734
德国	2483	2279	1863	1872	1828
日本	2110	1571	1418	1959	1470
发展中国家	6330	6763	2947	4006	4763
#中国	3539	4124	2610	3053	2017
总余额占 GDP 比重(%)					
发达国家	-0.8	-1.2	-0.2	-0.2	-0.2
#美国	-5.1	-4.7	-2.7	-3.2	-3.1
德国	7.5	6.3	5.6	5.7	5.0
日本	4.8	3.2	2.8	3.6	2.5
发展中国家	4.0	3.5	1.6	1.9	1.9
#中国	10.1	9.1	5.2	5.1	2.8

资料来源:IMF。

五、在全球生产链条中发达国家表现得更为主动、强势,发展中国家相对被动、弱势

经济全球化扩大了生产要素的流动范围,改变了传统的生产方式,商品和服务由一国制造转变为全世界制造,形成了全球生产、供应和销售

链。在联系紧密的全球经济集合体中,各国充分利用本国的比较优势,参与全球产业转移和生产分工,增加了发展机会,在竞争和合作中谋取利益的最大化,促进共同发展。发达国家凭借其强大的研发技术、雄厚的资本实力和巨大的消费市场等优势,在全球生产供应链中处于上游和高端位置,在全球生产合作和竞争中表现出更为主动和强势,从中谋取更大的利益。一方面,发达国家制造业持续向发展中国家转移,实现国内产业的服务化、现代化、技术化、创新化和清洁化。近年来,发达国家出口比重下降,进口比重上升,特别是从发展中国家进口的初级品、制造品大幅增加。另一方面,发达国家充分利用海外资源优势,大量进口消费品和制造品,有效地减轻了国内工资成本推动的通胀压力,为其持续实施超宽松的货币政策提供了有利的空间。在当前石油价格居高不下的背景下,消费品进口价格趋降使得美国消费者价格能保持基本平稳,有效地减轻了油价上涨对经济复苏的冲击。可以说,发达国家是经济全球化的最大受益者。

世界生产重心东移,发展中国家成为世界生产基地、全球初级品和制造品供应地,对推动发展中国家经济发展、增加就业起着积极的作用。但是,由于在全球产业链和生产链中处于下游和低端位置,处境相对被动和弱势,发展中国家为此付出更多资源消耗和环境污染的代价。主要表现为:一是发展中国家在世界产品制造过程中承担更多的资源消耗型、劳动密集型和环境污染型环节的生产。据联合国贸发组织统计,资源和高耗能加工产品出口占新兴和发展中国家的出口比重大。新兴经济体成为世界主要初级品、制造品的生产供应基地。二是发展中国家从参与全球化生产活动中获利和增值的比例甚小。据 WTO 调查研究结果,在中美双边贸易中,中国创造的附加值占中国对美出口总额的比重约 50%,而美国创造的附加值占其对中国出口总额的近 80% -90%,相差比较悬殊。三是新的全球生产格局夸大了部分发展中国家贸易顺差,成为贸易保护主义和贸易制裁的首要对象,这充分凸显了经济全球化给发展中国家带来的不利一面。

六、在全球直接投资格局中发达国家比重下降,发展中国家比重上升

自 2008 年以来,因金融危机,全球信贷紧缩,投资风险增大,预期收

益率下降,造成全球外国直接投资(FDI)流动规模大幅减少。据联合国贸发组织统计,2008到2009年,世界FDI流入额和流出额大幅度减少,并且发达国家减少的规模和幅度远大于发展中国家。近两年有所回升。在世界FDI中,发达国家所占的比重下降,发展中国家比重上升。其中,在流入总额中,发达国家所占的比重从2007年的66%下降到2011年的50%,而发展中国家比重则从34%提高到50%。2010年发展中国家FDI流入规模首次超过发达国家。在流出总额中,发达国家所占的比重从84%下降到74%,而发展中国家比重从16%提高到26%。数据分析表明,发展中国家随着经济增长加快和经营环境改善,吸引外商直接投资的能力增强,外商直接投资和对外直接投资规模均在扩大。但是,发达国家FDI流出规模在世界上占据绝对优势,显现出雄厚的资本实力。

表4 世界外国直接投资分布

	2007年	2008年	2009年	2010年	2011年
世界FDI流入(亿美元)	19709	17441	11850	12897	15086
占比(%)					
发达国家	66	55	51	49	50
发展中国家	34	45	49	51	50
世界FDI流出(亿美元)	21748	19105	11705	14286	16642
占比(%)					
发达国家	84	81	73	70	74
发展中国家	16	19	27	30	26

资料来源:联合国贸发组织数据库。

七、发达国家依然掌控国际资本流动的规模和方向,发展中国家承受的风险和压力增大

金融危机期间,流入发展中国家的国际资本总额(包括国际债券发行、跨境银团贷款和配股等)急剧减少,导致新兴和发展中国家主权债务息差扩大,股市持续下滑和低迷。据世界银行估计,2008年9月至12月金融危机爆发期间,发展中国家主权债务息差扩大了385个基点,股指平均下跌40%,致使政府融资困难,成本增加,投资和消费信心严重受挫,

经济增长明显放缓。2011 年下半年,因欧债危机解决方案尚不明确,流入发展中国家的国际资本总额比 2010 年减少 55%。2011 年,发达国家股指平均下降 8.4%,而发展中国家则平均下降了 15.6%,新兴市场股市基金中登记的资本流出达 485 亿美元。由此可见,发达国家左右着国际资本流动的规模和方向,显示出其对国际资本的强大影响力和控制力。

不仅如此,在金融危机期间,发达国家凭借其主导世界的出口市场、资本市场以及国际货币计价体系,通过各种渠道向发展中国家传导负面影响,转嫁危机成本,攫取利益。发展中国家为此承受更大的风险压力,蒙受经济损失。发达国家经济衰退,外需减少,导致发展中国家经济普遍放缓,部分地区贫困加剧;发达国家货币政策持续宽松,并屡屡推出量化宽松政策,导致国际市场资金泛滥,美元贬值,直接推高了国际商品市场价格,加大发展中国家输入型通胀压力。

综上所述,自金融危机以来,世界经济重心出现由西向东转移的变化趋势,发展中国家经济规模有所扩大,作用有所增强,经济自主发展能力有所提高,但是与发达国家的现实差距依然很大,对发达国家市场的依赖程度依然较高。在现阶段,发达国家在世界经济、贸易市场上的主体地位,在国际资本市场和技术市场上的主导地位没有发生根本性改变。发展中国家提高国际地位、追赶发达国家是缓慢而长期的过程,需要经过艰苦不懈的努力。一要继续实施扩大内需、转变经济发展方式、优化经济结构等战略措施,逐渐减轻对发达国家的市场依赖,提高经济发展的自主性和可持续性。这是发展中国家提升国际经济地位的首要任务。二要继续推进南北经贸往来和南南合作。着重加强与发达国家科技、节能和环保技术领域的合作,缩小发展差距;着力加深南南合作,不断开辟合作新途径,扩大合作新领域。三要增强金融风险的防范意识,提高应对危机、抵御风险的能力,为本国经济发展营造良好的国际金融环境。

(执笔:佘芳东;成文于 2012 年 11 月)

世界主要国家居民收入分配状况

[摘要]本文通过国际对比,从宏观和微观两个层面分析了世界主要国家居民收入分配状况,研究探讨了调整我国居民收入分配格局、优化分配模式的潜在空间,提出了调节收入分配关系的总体方向,即宏观分配格局应向居民倾斜,微观分配模式应缩小贫富差距。通过调整收入分配关系,促进经济转型,实现可持续发展。

居民收入分配问题是各国政府和社会公众普遍关注且敏感度很高的焦点问题,关系到经济社会可持续发展和社会和谐稳定。实现收入分配公平公正,消除不平等和贫困现象,提高全民生活福祉,是现代社会各国政府治国理政的目标。居民收入分配涉及面广、影响因素多,既有经济发展因素,也有体制、机制和政策因素。居民收入分配状况可以从两个层面来分析:一是宏观层面上的居民收入分配格局。在国民核算框架下,分析居民参与社会生产成果的初次分配、再分配和最终消费过程。二是微观层面上的居民收入分配模式。以住户收支调查为基础,分析居民收入构成、贫富差距、行业差距、地区差距和城乡差距等。本文选择了若干个人口规模较大、经济发展类型相异的主要国家,分析它们居民收入分配状况,探讨调整我国居民收入分配关系的潜在空间。研究表明,各国居民收入分配格局和模式差别很大,带有比较明显的经济社会发展的阶段性特征。我国居民收入分配的宏观格局和微观模式与我国经济社会发展阶段和发展模式大体相适应,基本符合世界各国居民收入分配格局和模式的变动趋势和一般规律。随着经济快速发展、社会显著进步,我国居民收入分配状况仍有较大的调整空间。

一、宏观层面的收入分配格局

宏观层面的居民收入分配格局是以国民核算数据为依托,反映居民收入在社会生产成果的初次分配、再分配和最终消费过程中的规模和比例,其目的是优化分配结构,理顺消费和投资的比例关系,推动经济社会协调快速发展。

(一)在初次分配阶段,发达国家劳动者报酬占GDP比重较高,新兴和发展中国家相对偏低。

在完成生产阶段之后,劳动者以工资和薪金形式参与原始收入的初次分配。分析表明,各国劳动者报酬占GDP比重与经济发展水平(以人均GDP表示)具有较高的正相关关系。根据联合国公布的国民核算数据整理,对29个样本国家数据进行测算,两者之间相关系数达0.81。这意味着发达国家劳动力成本高,新兴和发展中国家劳动力相对便宜。数据显示,美国、英国、法国劳动者报酬占比在55%以上,德国、韩国在50%-55%之间,日本为50%,巴西、南非接近50%,印度、菲律宾、埃及不到30%。数据同时显现,经济发展水平不是决定初次分配格局的唯一因素,它还受本国社会经济体制、分配机制和政策等因素的影响。与本国经济发展水平相比,日本、墨西哥、印度等国家劳动者报酬占比偏低,俄罗斯则偏高。新兴和发展中国家劳动者报酬占比相对较低,企业所得和政府所得相对较高,反映了满足扩大再生产、扩大公共基础设施投资、保持经济快速发展的阶段性要求。统计数据显示,我国的劳动者报酬占比低于发达国家,但与现阶段我国的经济发展水平大体相适应,符合世界各国初次分配格局的一般规律。

(二)在再分配阶段,各国居民可支配收入占比要高于劳动者报酬占比,并且在居民可支配收入中消费占比较高,而储蓄占比较低。

在完成初次分配之后,进入收入再分配阶段,形成居民可支配收入。通过再分配调节,扩大居民收入总量规模,体现收入的普惠性和均等化,以保持经济社会可持续发展,促进社会稳定和进步。居民参与再分配的形式有:税收、社会缴款、社会福利、社会保障、社会救助、赔款和赠款等形式的经常性转移支付,以及租金、利息和红利、版税收入等形式的财产性收入。经过再分配,各国居民可支配收入占GDP比重要远高于初次分配中劳动者报酬占比。2009 年,美国居民可支配收入占 GDP 比重接近 80%,法国、德国、英国、意大利接近 70%,俄罗斯、巴西、南非在 60% 左右。印度和埃及在 80% 以上,墨西哥和菲律宾在 70% 以上,都明显高于初次分配中劳动者报酬占比。我国居民可支配收入占 GDP 比重也明显高于劳动者报酬占比,与韩国、俄罗斯、巴西、南非大体相当,但低于发达国家的比重。

表 1 GDP 初次分配构成(%)

	年份	劳动报酬占比	营业总盈余占比	生产税净额占比
美国	2008	56.0	37.1	6.9
日本	2007	50.1	42.6	7.3
英国	2008	56.5	31.2	12.3
德国	2008	54.7	44.0	1.3
法国	2009	58.4	38.0	3.6
俄罗斯	2010	58.5	36.5	5.0
韩国	2008	51.6	46.9	1.5
南非	2010	49.8	48.7	1.5
巴西	2008	49.1	49.3	1.6
墨西哥	2007	29.0	65.4	5.6
印度	2009	28.5	65.1	6.4
菲律宾	2008	27.9	60.8	11.3
埃及	2009	26.1	47.7	26.2

资料来源:UN 国民核算年鉴。

消费和储蓄是居民可支配收入的两大用途。数据显示,各国居民可支配收入的绝大部分用于消费,储蓄所占比重较低。美国消费和储蓄占居民可支配收入的比重分别为 90% 和 10%;英国和日本消费占比在 90% 以上,储蓄所比不到 10%;法国、德国、意大利、俄罗斯消费占比在 85% 左右,而储蓄占比在 15% 左右。印度分别为 71% 和 29%。在我国居民可支配收入中,消费占比明显偏低,而储蓄占比明显偏高。这其中固然有我国传统节俭观念因素的影响,但在很大程度上也反映出由于公共服务体系和社会保障体系薄弱,导致居民预防性储蓄意向强烈,抑制了消费倾向。

据统计,OECD 国家公共社会支出(包括养老、社会救助、残障福利、卫生、家庭扶助、教育、劳动和失业保障、住房等)占 GDP 比重平均为22%。我国则远低于这一比例。2009 年,我国公共教育支出、公共医疗支出占 GDP 比重分别为 3.59% 和 2.3%,不仅低于高收入国家 5.4% 和 7.5% 的平均水平,也低于世界 6.1% 和 4.6% 的平均水平。

表 2　居民可支配收入占 GDP 比重及其在消费和储蓄中分布(%)

	年份	居民可支配收入占 GDP 比重	占居民可支配收入比重	
			消费	储蓄
美　国	2009	79.6	89.5	10.5
英　国	2009	67.5	94.0	6.0
日　本	2008	63.8	91.0	9.0
德　国	2009	69.7	82.8	17.2
法　国	2009	70.1	84.0	16.0
意大利	2009	67.4	86.0	14.0
俄罗斯	2009	62.9	85.7	14.3
韩　国	2010	57.3	91.3	8.7
南　非	2010	58.3	97.4	2.6
巴　西	2006	61.9	92.6	7.4
墨西哥	2009	72.4	88.1	11.9
印　度	2009	81.0	71.1	28.9
菲律宾	2008	72.7	94.1	5.9
埃　及	2009	81.7	92.5	7.5

资料来源:联合国国民核算统计年鉴。

(三)在最终消费阶段,各国居民实际消费占比高,而投资占比低。

在完成初次分配和再分配之后,进入最终消费和投资阶段。居民消费占 GDP 比重反映居民实际消费水平以及消费对经济增长的贡献。居民实际消费除了个人支付的最终消费以外,还包括政府用于居民教育、医疗、住房和社会保障等消费支出,以及非赢利机构用于社会救助的消费支出。因储蓄因素,各国居民最终消费占比要低于居民可支配收入占比;因政府用于居民的消费支出因素,居民实际消费占比则高于居民最终消费占比。美、欧、日等发达国家公共服务和社会保障体系明显优于发展中国家,政府用于居民个人消费的支出占比平均在10%以上,而发展中国家则在10%以下。

世界银行公布数据显示,2010年,美国和英国居民实际消费占比在78%左右,日本、德国、法国、意大利在70%左右,俄罗斯、巴西、韩国在60%左右,印度为57%,马来西亚为53%,菲律宾和埃及在70%以上。资本形成总额占比则呈现相反的比例关系,美国和英国资本形成总额占比在15%左右,其他发达国家不到20%。新兴市场国家投资占比较高,俄罗斯、巴西、南非在20%左右,韩国为29%,墨西哥为25%,印度为35%。菲律宾和埃及等低收入国家在20%左右。居民实际消费占比与一国经济发展水平有很大关系,两者呈现U字型变化趋势,即:在低收入国家,经济发展只能维持居民基本消费,投资相对不足,表现为居民实际消费占比高,投资占比低;在新兴和中等收入国家,再生产投资和基础设施建设力度大,表现为居民实际消费占比较低,而投资占比较高,通过大规模投资来推动经济增长,实现经济快速发展;在高收入国家,基础设施已比较完备,生产投资的目的又回归到居民消费上来,表现为居民实际消费占比高,投资占比低,通过高消费来拉动经济增长。

与其他国家相比,我国消费占比明显偏低,投资占比明显偏高。如果包括政府用于居民教育、医疗、住房和社会保障的消费支出,居民实际消费占比会有所提高,但仍远低于发达国家。我国居民实际消费占比低表现在:居民最终消费支出不足;政府用于居民教育、医疗、住房、社会保障和福利消费支出的比例偏低。主要原因在于:一方面,我国生产和建设投资需求大。特别是进出口规模较大,使相当一部分投资用来支撑国外市场所需的产品生产需要。以投资和出口拉动的经济发展模式决定了我国消费占比低、投资占比高的分配格局。另一方面,由于公共服务体系和社会保障体系不健全,居民预防性储蓄居高不下,有钱不敢消费。

表 3 消费和投资占 GDP 比重(%,2010 年)

	居民最终消费支出占比	政府最终消费支出占比	其中:政府用于居民服务支出占比	居民实际消费占比	资本形成总额占比
	(1)	(2)	(3)	(4=1+3)	(5)
美国	71.2	17.3	6.6	77.8	15.1
英国	64.0	23.0	14.7	78.7	15.4
日本	58.6	20.0	11.4	70.0	20.2
德国	57.5	19.7	11.8	69.2	17.3
法国	58.2	24.8	16.1	74.3	19.4
意大利	60.5	21.1	12.5	73.0	20.4
俄罗斯	49.4	19.5	9.1	58.5	22.8
韩国	52.7	15.4	6.9	59.6	29.2
南非	59.5	21.5	6.4	65.9	19.3
巴西	60.6	21.2		60.6	19.2
墨西哥	64.8	11.6	5.3	70.1	25.0
印度	57.0	11.5		57.0	34.8
马来西亚	48.0	12.7	4.9	52.9	21.4
菲律宾	71.6	9.7		71.6	20.5
埃及	74.7	11.2	4.0	78.7	18.9

资料来源:世界银行数据库。

居民收入宏观分配格局是上述三个环节综合形成的过程,是各种比例关系的有机整体。不能就某一环节占比来简单孤立地对比、分析,判断宏观分配格局的合理与否。同时,居民收入要与经济同步增长,劳动者报酬要与劳动生产率同步增长,以保证宏观层面分配格局的动态平衡。

二、微观层面收入分配模式

微观层面的收入分配模式主要基于住户收支调查数据,反映在现有宏观分配格局下居民收入来源构成、贫富差距、行业间和地区间收入差距等分配关系，其目的是实现微观分配模式的公平公正，缩小贫富差距，促进社会和谐、稳定和进步，保证可持续发展。

（一）从收入构成看，工资性收入和转移性收入是各国居民收入的主要来源。

居民家庭收入来源主要有：工资性收入、经营性收入、转移性收入、财产性收入等。在国外，居民家庭收入来源的基本特征表现在：一是工资性收入是居民家庭收入的主体。美国占60%，英国占66%，日本在90%以上，俄罗斯、南非分别为66%和71%。二是转移性收入是居民家庭收入的第二大来源。德国、法国居民工资性收入占比分别为55%和53%，低于其他发达国家，但是这两个国家居民转移性收入占比却高于其他国家，分别为28%和40%，英国为23%。转移性收入占比的高低与一国社会保障和福利体系密切相关。转移性收入对于保持居民基本生活消费、实现收入分配公正公平、维护社会稳定起着十分重要的作用。三是财产性收入占比相对较低。除了美国和德国以外，大部分国家财产性收入占比均不到5%。财产性收入占比的高低取决于居民财富的积累程度。只有当居民拥有的各类资产积累到一定程度，财产性收入占比才能有较大幅度的提高。这是一个长期渐进的过程。

近10年来，我国居民家庭收入构成发生了较大变化：收入来源由单一化向多元化过渡；城镇居民家庭工资性收入占比呈下降趋势，结构不断优化；农村居民家庭工资性收入、经常转移性收入占比呈上升趋势，收入来源趋于稳定，生活保障增强；财产性收入从无到有，由少到多，近年来以两位数的速度增长。在城镇居民家庭收入中，工资性收入占比从2000年的71%下降到2010年的65%，转移性收入从23%提高到24%，经营净收入占比从3.9%提高到8.1%，财产性收入占比从2%提高2.5%；在农村居民家庭纯收入中，工资性收入占比从31%提高到41%，经营纯收入占比从63%下降到48%，财产性收入从2%提高到3.4%，转移性收入占比从3.5%提高到7.7%。

与世界主要国家相比，我国农村居民的家庭工资性收入占比和转移性收入占比明显偏低，在一定程度上说明农村居民家庭收入不够稳定，居民生活安全保障相对不足。

表 4 居民家庭收入构成(%)

		工资性收入	经营纯收入	财产性收入	转移性收入
中国	2010 年				
城镇		65.2	8.1	2.5	24.2
农村		41.1	47.9	3.4	7.7
美国	2010 年	59.7	7.8	15.5	17.1
日本	2010 年	94.8	0.4	0.2	4.6
德国	2008 年	55.5	6.4	10.4	27.7
法国	2001 年	53.1	4.5	2.7	39.7
英国	2009 年	66.0	8.0	3.0	23.0
韩国	2011 年	67.4	22.7	0.4	9.5
南非	2005 年	71.3	10.8	3.1	14.8
俄罗斯	2010 年	66.4	9.2	4.3	20.1

资料来源:国际劳工组织数据库,各国统计年鉴。

(二)从基尼系数看,发达国家贫富差距相对较小,新兴和发展中国家贫富差距相对较大。

基尼系数是衡量居民贫富差距的重要指标。数据显示,发达国家基尼系数均在 0.4 的国际警戒线以下。2010 年,OECD 成员国平均为 0.314,欧盟成员国平均为 0.305。其中,美国为 0.378,英国为 0.342,日本为 0.329,德国和法国不到 0.3。许多新兴和发展中国家基尼系数超过 0.4%,居民贫富差距相对较大。其中,南非为 0.631,巴西为 0.547,俄罗斯为 0.401。分析表明,居民贫富差距与经济发展阶段有一定联系。通常,中低收入国家,特别是南非、巴西、墨西哥、俄罗斯等新兴国家基尼系数普遍较高,贫富差距较大;高收入国家因社会保障和福利水平高,贫富差距缩小,基尼系数趋小,回归到 0.4 以下。

据世界银行测算,我国基尼系数超过 0.4 的国际警戒线。近年来,贫富差距有所扩大,主要表现在:一是城乡收入差距扩大。城镇居民人均可支配收入相当于农村居民纯收入的比例从 2000 年的 2.8 倍扩大到 2010 年的 3.2 倍。二是不同收入等级之间的收入差距扩大。城镇最高收入户(10%)相当于最低收入户(10%)的人均全部收入比例从 4.6 倍扩大到

8.6倍，农村最高收入户（20%）相当于最低收入户（20%）的人均纯收入比例从6.9倍扩大到7.5倍。

我国地区间居民收入差距有所缩小。其中，城镇最高省份相当于最低省份的居民可支配收入比例从2.48倍缩小到2.41倍，农村地区最高省份相当于最低省份的人均纯收入比例从4.21倍缩小到4.08倍。

表5 主要国家基尼系数

国家	年份	基尼系数	国家	年份	基尼系数
美国	2010年	0.378	南非	2009年	0.631
英国	2010年	0.342	巴西	2009年	0.547
日本	2010年	0.329	墨西哥	2008年	0.483
德国	2010年	0.295	印度	2005年	0.334
法国	2010年	0.293	马来西亚	2009年	0.462
意大利	2010年	0.337	菲律宾	2009年	0.430
韩国	2010年	0.315	埃及	2008年	0.308
俄罗斯	2009年	0.401			

资料来源：世界银行数据库和OECD数据库。

（三）从行业看，发达国家行业间工资差距较小，而新兴和发展中国家差距偏大。

不同生产行业对雇员的劳动强度、技能要求不同，行业间工资水平应存在一定差距，但需保持在相对合理的水平上。如果差距过大，会影响行业间平衡和协调发展。根据国际劳工组织公布的十几个行业雇员工资数据分析，各国行业间工资差距有所不同，总体上发达国家行业间工资差距要小于发展中国家。美国、德国、英国最高行业与最低行业间平均工资之比在2-3倍之间，日本、意大利则在2倍以下；印尼、巴西在8-9倍，埃及、菲律宾在5-6倍，墨西哥为4.4倍。2011年，我国城镇非私营单位在岗职工平均工资最高行业与最低行业之比为4.5倍，私营单位为3.0倍，高于发达国家，与墨西哥等新兴市场国家相当。

三、调整我国居民收入分配关系几点建议

通过上述对比分析可以发现，我国居民收入分配的宏观格局和微观

模式与我国经济社会发展阶段和发展模式大体相适应，基本符合世界各国居民收入分配格局和模式的变动趋势和一般规律。当前，受国内外诸多瓶颈因素的制约，以投资推动和外需拉动的经济发展模式显现出不可持续性。一是，受国际金融危机和世界经济复苏乏力的影响，外需明显减少，我国经济增长出现下行趋势，亟须转变经济发展模式，扩大内需；二是，经济发展来自资源、环境的制约压力加大，亟须转变经济发展方式，协调消费和投资之间平衡关系；三是，我国人均国民总收入已达到中等偏上收入水平，经济社会发展进入新的阶段，须谨防“中等收入陷阱”的风险集聚和矛盾积累，缩小贫富差距。因此，调整居民收入分配宏观格局、优化微观分配模式，主动适应经济形势变化要求，是促进经济转型、结构升级，实现长期可持续发展的必然要求。

分析表明，我国居民收入分配宏观格局和微观模式的调整空间很大。在宏观层面上，初次分配阶段劳动者报酬占比偏低；再分配阶段公共服务和社会保障支出不足，居民储蓄占比偏高；最终消费阶段实际消费占比偏低，投资占比偏高。在微观层面上，农村地区工资性收入和转移性收入占比过低，收入不够稳定，生活安全保障相对较差；城乡之间贫富差距和行业间工资差距较大。针对存在的这些问题，我国居民收入分配调整的基本方向应该是：在保持收入分配关系与现阶段经济社会发展阶段基本相适应的前提条件下，在宏观层面上，社会生产成果的分配逐步向居民倾斜，适当提高居民收入在初次分配、再分配中的占比，提高居民实际消费支出占比；在微观层面上，要着力优化居民收入分配模式，逐步缩小城乡、阶层、行业之间收入差距。具体途径有：

1. 在初次分配环节，通过制定行业工资指导政策、设定最低工资标准、建立工资集体协商机制以及实行工资增长与消费价格指数挂钩、与企业效益挂钩制度等，保证劳动者报酬占比维持在相对合理的水平上，在动态变化上稳中有升，使劳动者享有应得的经济发展成果。

2. 在再分配环节，适当提高政府和企业对居民的经常性转移支出，完善公共服务体系和社会保障体系，逐渐降低居民预防性储蓄占比，增强消费倾向。

3. 在最终消费环节，适当加大政府用于居民教育、医疗、住房、社会救助等消费支出，提高公共教育、公共医疗和其他公共社会支出占 GDP 比重，增加居民实际消费支出。

4. 在微观模式上，可着重调整如下几个分配关系：

一是逐步提高农村居民收入和社会保障水平，缩小城乡居民贫富差距。通过逐步提高农村居民医保、养老标准、扩大社保覆盖面，加大对农村居民的转移性支付力度，提高其转移性收入占比；有计划、有步骤地推进城镇化建设进程，保证农村劳动力有序流动和合理布局；通过产业转移、惠农和强农政策，稳定并增加农村居民收入，增强其生活安全保障；进一步巩固和深化农村贫困地区扶贫工作，提高农村居民整体生活水平。

二是进一步关注低收入阶层和弱势群体的家庭收入和生活，缩小贫富差距。完善个人所得税征收制度，形成有助于扩大中等收入阶层的税收调节机制；建立社会家庭扶助体系，帮助解决低收入阶层家庭的就业问题，增加其转移性收入，保证每一公民有尊严和体面的生活。

三是加大对高工资收入行业的监管，规范行业工资标准，适当提高低工资行业的收入标准，缩小行业间工资收入差距。

（执笔：余芳东；成文于2012年11月）

五、统计数据

1.01 国际货币基金组织对世界及主要国家经济预测

单位:%

国家/地区	2008 年	2009 年	2010 年	2011 年	2012 年	2013 年	2014 年
世　界	**2.8**	**-0.7**	**5.1**	**3.9**	**3.2**	**3.5**	**4.1**
发达国家	0.2	-3.7	3.0	1.6	1.3	1.4	2.2
美　国	0.0	-3.5	2.4	1.8	2.3	2.0	3.0
欧元区	0.5	-4.3	2.0	1.4	-0.4	-0.2	1.0
日　本	-1.2	-6.3	4.5	-0.6	2.0	1.2	0.7
发展中国家	6.0	2.8	7.4	6.3	5.1	5.5	5.9
印　度	6.4	6.8	10.1	7.9	4.5	5.9	6.4
俄罗斯	5.2	-7.8	4.0	4.3	3.6	3.7	3.8
巴　西	5.1	-0.6	7.5	2.7	1.0	3.5	4.0

注:本表数据按照购买力评价方法进行汇总。2013 和 2014 年年度数据为预测值。

1.02 世界银行对世界及主要国家经济预测

单位:%

国家/地区	2008 年	2009 年	2010 年	2011 年	2012 年	2013 年	2014 年
世　界	**2.0**	**-1.8**	**4.1**	**2.7**	**2.3**	**2.4**	**3.1**
发达国家	0.4	-3.3	3.0	1.6	1.3	1.3	2.0
发展中国家	5.7	1.7	7.4	5.9	5.1	5.5	5.7

注:本表数据按照汇率法进行汇总。2013 和 2014 年年度数据为预测值。

1.03 英国共识公司对世界及主要国家经济预测

单位:%

国家/地区	2008 年	2009 年	2010 年	2011 年	2012 年	2013 年	2014 年
世　界	**2.0**	**-1.8**	**4.3**	**3.1**	**2.5**	**2.5**	**3.2**
美　国	-0.3	-3.1	2.4	1.8	2.2	1.8	2.8
欧元区	0.4	-4.4	2.0	1.4	-0.6	-0.3	1.0
日　本	-1.0	-5.5	4.7	-0.6	1.9	1.2	1.2
印　度	7.1	7.4	8.5	6.5	5.2	6.3	7.4

注:本表数据按照汇率法进行汇总。2013 和 2014 年年度数据为预测值。

1.04 国际货币基金组织对世界及主要国家贸易预测

单位:%

指　标	2008 年	2009 年	2010 年	2011 年	2012 年	2013 年	2014 年
世　界	**2.9**	**-11.0**	**12.6**	**5.9**	**2.8**	**3.8**	**5.5**
发达国家							
出　口	1.9	-12.4	12.0	5.6	2.1	2.8	4.5
进　口	0.4	-12.7	11.4	4.6	1.2	2.2	4.1
发展中国家							
出　口	4.6	-7.8	13.7	6.6	3.6	5.5	6.9
进　口	9.0	-8.2	14.9	8.4	6.1	6.5	7.8

注:包括货物和服务。2013 和 2014 年年度数据为预测值。

1.05 国际货币基金组织对世界及主要国家 CPI 预测

单位:%

国家/地区	2008 年	2009 年	2010 年	2011 年	2012 年	2013 年	2014 年
发达国家	**3.4**	**0.1**	**1.5**	**2.7**	**2.0**	**1.6**	**1.8**
美　国	3.8	−0.3	1.6	3.1	2.0	1.8	1.8
欧元区	3.3	0.3	1.6	2.7	2.3	1.6	1.4
日　本	1.4	−1.4	−0.7	−0.3	0.0	−0.2	2.1
发展中国家	**9.2**	**5.2**	**6.1**	**7.2**	**6.1**	**6.1**	**5.5**
印　度	8.3	10.9	12.0	8.9	10.3	9.6	8.3
俄罗斯	14.1	11.7	6.9	8.4	5.1	6.6	6.5
巴　西	5.7	4.9	5.0	6.6	5.2	4.9	4.8

注:2013 和 2014 年年度数据为预测值。

1.06 英国共识公司对世界及主要国家 CPI 预测

单位:%

国家/地区	2008 年	2009 年	2010 年	2011 年	2012 年	2013 年	2014 年
世　界	**4.9**	**1.3**	**2.8**	**3.8**	**3.0**	**2.8**	**3.0**
美　国	3.8	−0.4	1.6	3.2	2.1	1.8	2.1
欧元区	3.3	0.3	1.6	2.7	2.5	1.7	1.7
日　本	1.4	−1.4	−0.7	−0.3	0.0	0.0	1.8
印　度	8.1	10.0	12.0	8.8	9.4	7.8	6.8

注:2013 和 2014 年年度数据为预测值。

1.07 全球消费者价格

年份	月份	世界	发达国家	发展中国家
2006 年		**4.0**	**2.4**	**6.2**
2007 年		**4.6**	**2.4**	**6.3**
2008 年		**8.7**	**4.2**	**10.3**
2009 年		**2.8**	**1.1**	**3.6**
2010 年		**3.3**	**2.1**	**4.4**
2011 年		**4.7**	**3.3**	**5.7**
	1 月	4.2	3.0	5.1
	2 月	4.0	3.3	5.2
	3 月	4.3	3.4	5.6
	4 月	4.5	3.4	5.8
	5 月	4.8	3.5	6.5
	6 月	4.8	3.6	6.4
	7 月	4.7	3.4	6.4
	8 月	4.7	3.3	6.2
	9 月	4.6	3.3	6.1
	10 月	4.5	3.2	5.5
	11 月	4.5	3.3	5.5
	12 月	4.5	2.9	5.4
2012 年		**3.5**	**2.5**	**4.7**
	1 月	4.1	2.9	5.2
	2 月	3.8	2.9	5.1
	3 月	3.8	2.7	5.2
	4 月	3.5	2.6	4.9
	5 月	3.5	2.4	4.7
	6 月	3.5	2.3	4.6
	7 月	3.2	2.3	4.7
	8 月	3.4	2.6	4.7
	9 月	3.7	2.7	5.3
	10 月	3.7	2.6	4.9
	11 月	3.6	2.3	4.6
	12 月	3.5	2.3	4.6

注：为有关经济体 CPI 同比增长率的中位数。

资料来源：世界银行数据库。

1.08 世界工业生产

年份	月份	世界	发达国家	发展中国家
2006 年		**5.0**	**3.3**	**8.4**
2007 年		**4.8**	**2.8**	**9.9**
2008 年		**0.0**	**-2.0**	**5.8**
2009 年		**-8.3**	**-12.9**	**1.1**
2010 年		**9.1**	**8.0**	**10.7**
2011 年		**4.5**	**2.9**	**7.4**
	1月	7.5	6.4	9.2
	2月	6.5	5.7	8.4
	3月	4.6	2.5	8.0
	4月	3.7	1.9	6.7
	5月	3.6	1.7	7.2
	6月	4.5	2.2	7.9
	7月	4.5	2.7	7.4
	8月	4.5	3.2	7.6
	9月	4.5	2.3	8.1
	10月	3.6	2.7	5.5
	11月	3.6	1.7	5.5
	12月	2.6	1.3	5.7
2012 年		**2.9**	**0.6**	**5.5**
	1月	1.7	1.1	4.9
	2月	3.5	0.8	7.0
	3月	3.5	2.8	5.5
	4月	4.4	2.8	4.9
	5月	3.5	1.7	5.3
	6月	2.6	1.3	5.0
	7月	1.7	0.6	5.7
	8月	1.7	-0.1	4.3
	9月	0.9	-1.0	4.8
	10月	1.7	-1.3	5.7
	11月	1.7	-0.8	7.0
	12月	1.7	-0.7	5.6

注：为经季节调整数据。

资料来源：世界银行数据库。

1.09 国际市场初级产品价格指数

(2005 年=100)

年份	月份	能源	非能源			
				农产品	肥料	金属矿
2006 年		**117.7**	**125.1**	**112.0**	**103.7**	**154.2**
2007 年		**130.3**	**151.3**	**134.5**	**148.8**	**185.9**
2008 年		**182.4**	**182.0**	**170.9**	**398.8**	**180.3**
2009 年		**114.4**	**142.0**	**149.2**	**203.8**	**120.3**
2010 年		**144.7**	**173.9**	**170.4**	**187.2**	**179.6**
2011 年		**188.2**	**209.9**	**209.0**	**267.0**	**205.5**
	1 月	170.6	217.9	216.3	230.7	219.7
	2 月	178.1	227.8	227.0	232.2	229.1
	3 月	194.9	218.7	218.0	227.6	219.4
	4 月	207.5	222.7	220.5	247.8	224.4
	5 月	194.3	214.9	213.0	260.4	213.7
	6 月	191.1	213.9	211.7	279.6	211.0
	7 月	195.1	215.9	210.3	287.3	219.3
	8 月	183.0	213.1	211.0	291.0	208.6
	9 月	183.7	207.8	207.7	294.4	198.2
	10 月	182.0	194.1	196.6	295.3	177.3
	11 月	190.0	188.7	190.7	291.8	173.0
	12 月	188.0	183.7	184.9	265.5	171.9
2012 年		**187.4**	**190.0**	**194.0**	**259.2**	**174.0**
	1 月	192.6	189.0	188.8	258.2	181.5
	2 月	201.1	194.1	193.5	258.9	188.0
	3 月	208.7	195.5	195.5	263.3	187.7
	4 月	201.3	194.9	195.7	275.7	184.1
	5 月	185.9	189.9	192.3	274.4	175.5
	6 月	163.8	183.2	187.0	259.9	166.6
	7 月	173.6	191.9	201.1	255.8	165.7
	8 月	187.3	189.2	200.5	256.7	158.4
	9 月	188.5	192.0	200.2	258.1	167.6
	10 月	183.7	188.8	194.2	256.0	170.0
	11 月	180.9	184.9	190.1	247.1	167.3
	12 月	181.6	187.0	189.0	246.6	176.1

资料来源:世界银行数据库。

1.10 国际市场初级产品年平均价格及其预测(现价美元)

产　品	单位	2011 年	2012 年①	2013 年①	2014 年①	2015 年①	2020 年①	2025 年①
能源								
煤炭(澳大利亚)	美元/吨	121.4	96.4	93.0	91.0	90.0	94.9	100.0
原油(平均现货价)	美元/桶	104.0	105.0	102.0	102.2	102.1	101.2	101.5
天然气(欧洲)	美元/百万英国热值单位	10.5	11.5	11.2	11.1	11.0	10.5	10.0
天然气(美国)	美元/百万英国热值单位	4.0	2.8	3.5	4.0	4.5	6.0	7.0
非能源初级品								
农产品								
饮品								
可可	美分/千克	298	239	235	232	230	225	220
咖啡(软)	美分/千克	598	411	380	370	360	355	350
咖啡(硬)	美分/千克	241	227	205	190	185	177	170
茶(平均)	美分/千克	292	290	285	288	291	308	325
食品								
植物油及油品								
椰子油	美元/吨	1730	1111	950	940	930	915	900
花生油	美元/吨	1988	2436	2150	1950	1900	1875	1850
棕榈油	美元/吨	1125	999	930	910	900	849	800
豆粕	美元/吨	398	524	520	460	410	395	380

1.10　续表 1

产　品	单位	2011 年	2012 年①	2013 年①	2014 年①	2015 年①	2020 年①	2025 年①
豆油	美元/吨	1299	1226	1200	1100	1050	1025	1000
大豆	美元/吨	541	591	570	540	520	515	510
谷物								
玉米	美元/吨	292	298	290	270	250	240	230
稻米(泰国,5%碎粒)	美元/吨	543	563	540	520	500	490	480
高粱	美元/吨	207	240	230	215	200	192	185
小麦(美国硬红冬小麦)	美元/吨	316	313	320	300	270	272	275
其他食品								
香焦(美国)	美元/吨	968	984	980	970	950	935	920
牛肉(美国)	美分/千克	404	414	410	360	315	355	390
柑橘	美元/吨	891	868	845	860	900	915	930
虾(墨西哥)	美分/千克	1193	1006	1005	1035	1100	1150	1200
糖(ISA 世界平均)	美分/千克	57	48	45	40	38	37	35
原材料								
木材								
圆木(马来西亚)	美元/立方米	391	361	356	362	368	400	425
锯材(马来西亚)	美元/立方米	939	876	875	885	902	1000	1080
其他原材料								
棉花	美分/千克	333	197	180	190	200	224	250

1.10 续表 2

产　品	单位	2011 年	2012 年①	2013 年①	2014 年①	2015 年①	2020 年①	2025 年①
橡胶（马亚西亚）	美分/千克	482	338	330	325	320	310	300
烟草	美元/吨	4485	4294	4200	4100	4000	4050	4100
肥料								
磷酸二铵	美元/吨	619	540	500	490	480	470	460
磷酸盐矿石	美元/吨	185	186	175	160	150	125	105
氯化钾	美元/吨	435	459	430	410	380	354	330
磷酸三钠	美元/吨	538	462	430	425	420	394	370
尿素（东欧，袋装）	美元/吨	421	405	390	370	350	324	300
金属和金属矿								
铝	美元/吨	2401	2023	2200	2400	2500	2693	2900
铜	美元/吨	8828	7962	7800	7400	7000	6899	6800
金	美元/盎司	1569	1670	1600	1550	1500	1396	1300
铁矿石（加拉加斯）	美分/吨	168	128	130	132	135	142	150
铅	美分/千克	240	206	210	215	220	225	230
镍	美元/吨	22910	17548	18000	18200	18500	20851	23500
银	美分/盎司	3522	3114	3100	2950	2800	2646	2500
锡	美分/千克	2605	2113	2200	2250	2300	2538	2800
锌	美分/千克	219	195	210	220	230	240	250

注：①为预测数。

资料来源：世界银行。

1.11 国际市场初级产品价格指数预测

（2005 年=100）

产 品	2011 年	2012 年	2013 年①	2014 年①	2015 年①	2020 年①	2025 年①
按不变价美元计算							
能源	153.0	155.4	148.7	145.6	142.9	130.4	119.9
非能源商品	170.7	157.5	151.6	143.7	137.1	126.3	116.1
农产品	169.9	160.8	152.9	143.1	135.4	123.8	112.8
饮料	169.3	137.8	128.9	123.7	119.8	109.0	99.1
食品	170.8	175.4	166.7	152.7	141.7	127.1	113.7
植物油及油品	181.1	190.7	179.4	164.1	153.2	135.4	119.5
谷物	193.9	202.4	194.5	179.0	163.2	145.7	129.8
其他食品	136.4	130.9	124.6	113.9	107.1	99.4	91.6
原材料	168.0	137.0	131.6	129.4	127.8	123.3	117.7
木材	124.8	118.3	115.7	114.7	114.6	115.6	113.6
其他	215.3	157.4	149.1	145.5	142.3	131.7	122.1
肥料	217.0	214.9	199.3	184.8	171.8	142.4	118.0
金属和金属矿	167.0	144.3	143.5	140.3	136.7	129.5	122.7
基础金属	157.1	139.7	139.0	135.3	130.8	123.2	116.1

注：①为预测数。

资料来源：世界银行。

1.12 国际市场石油平均价格

单位:美元/桶

年份 月份	石油现货价格		石油期货价格
	OPEC 一揽子原油	北海布伦特	纽约期货市场轻质原油
2006 年	**61.08**	**65.16**	**66.25**
2007 年	**69.08**	**72.33**	**72.31**
2008 年	**94.45**	**97.64**	**99.56**
2009 年	**61.06**	**61.74**	**62.09**
2010 年	**77.45**	**79.61**	**79.61**
2011 年	**107.46**	**111.26**	**95.11**
1 月	92.83	96.52	89.58
2 月	100.29	103.72	89.74
3 月	109.84	114.64	102.98
4 月	118.09	123.26	110.04
5 月	109.94	114.99	101.36
6 月	109.04	113.83	96.29
7 月	111.62	116.97	97.34
8 月	106.32	110.22	86.34
9 月	107.61	112.83	85.61
10 月	106.29	109.55	86.43
11 月	110.08	110.77	97.16
12 月	107.34	107.87	98.58
2012 年	**109.45**	**111.65**	**94.21**
1 月	111.76	110.69	100.32
2 月	117.48	119.33	102.26
3 月	122.97	125.45	106.21
4 月	118.18	119.75	103.35
5 月	108.07	110.34	94.72
6 月	93.98	95.16	82.41
7 月	99.55	102.62	87.93
8 月	109.52	113.36	94.16
9 月	110.67	112.86	94.56
10 月	108.36	111.71	89.57
11 月	106.86	109.06	86.73
12 月	106.55	109.49	88.25

资料来源:OPEC 及美国能源部数据库。

1.13 国际市场石油总供应

单位:百万桶/天

国家/地区	2009年	2010年	2011年	2012年	2011年				2012年			
					一季度	二季度	三季度	四季度	一季度	二季度	三季度	四季度
世界	**85.4**	**87.3**	**88.4**	**90.9**	**88.4**	**87.5**	**88.3**	**89.4**	**90.8**	**90.6**	**90.7**	**91.4**
OECD 国家	18.8	18.9	18.9	19.8	18.9	18.6	18.6	19.6	19.9	19.7	19.4	20.4
北 美 洲	13.6	14.1	14.6	15.8	14.3	14.3	14.5	15.3	15.6	15.5	15.7	16.5
欧　洲	4.5	4.1	3.8	3.5	4.0	3.7	3.5	3.7	3.8	3.6	3.2	3.3
太平洋地区	0.6	0.7	0.6	0.6	0.6	0.6	0.6	0.6	0.5	0.5	0.6	0.6
非 OECD 国家	29.0	29.8	29.9	29.5	30.2	29.8	29.8	29.7	29.8	29.2	29.3	29.8
前苏联地区	13.3	13.5	13.6	13.7	13.6	13.6	13.5	13.6	13.7	13.6	13.6	13.8
欧　洲	0.1	0.1	0.1	0.1	0.1	0.1	0.1	0.1	0.1	0.1	0.1	0.1
中　国	3.8	4.1	4.1	4.2	4.2	4.2	4.0	4.0	4.2	4.1	4.2	4.3
亚洲其他地区	3.6	3.7	3.6	3.6	3.7	3.5	3.6	3.6	3.6	3.5	3.5	3.6
拉丁美洲	3.9	4.1	4.2	4.2	4.2	4.2	4.2	4.3	4.3	4.1	4.1	4.2
中东地区	1.7	1.7	1.6	1.5	1.8	1.7	1.7	1.5	1.4	1.5	1.5	1.5
非　洲	2.6	2.6	2.6	2.3	2.6	2.6	2.6	2.6	2.4	2.3	2.3	2.3
OPEC 国家	34.0	34.6	35.7	37.5	35.7	35.1	35.6	36.2	37.4	37.8	37.8	37.2

资料来源:国际能源署。

1.14 国际市场石油总需求

单位:百万桶/天

国家/地区	2009 年	2010 年	2011 年	2012 年	2011 年				2012 年			
					一季度	二季度	三季度	四季度	一季度	二季度	三季度	四季度
世界	**85.4**	**88.1**	**88.8**	**89.8**	**88.4**	**87.7**	**89.6**	**89.6**	**88.9**	**89.2**	**90.2**	**91.0**
OECD 国家	46.3	46.9	46.4	46.0	47.0	45.3	46.8	46.7	46.3	45.5	45.9	46.3
北 美 洲	23.7	24.1	24.0	23.8	24.2	23.7	24.2	24.0	23.5	23.8	23.8	23.9
欧　洲	14.7	14.7	14.3	13.8	14.3	14.2	14.7	14.1	13.7	13.8	13.8	13.8
太平洋地区	8.0	8.1	8.1	8.5	8.6	7.4	8.0	8.6	9.1	8.0	8.2	8.7
非 OECD 国家	39.1	41.2	42.4	43.8	41.4	42.4	42.8	42.9	42.6	43.7	44.3	44.7
前苏联地区	4.0	4.2	4.4	4.6	4.2	4.4	4.6	4.6	4.5	4.5	4.7	4.7
欧　洲	0.7	0.7	0.7	0.7	0.7	0.7	0.7	0.7	0.7	0.7	0.7	0.7
中　国	7.9	8.8	9.2	9.6	9.0	9.3	9.2	9.3	9.3	9.4	9.6	10.1
亚洲其他地区	10.3	10.9	11.0	11.4	11.1	11.1	10.8	11.2	11.3	11.3	11.2	11.6
拉丁美洲	5.7	6.0	6.3	6.5	6.1	6.3	6.5	6.4	6.3	6.5	6.6	6.7
中东地区	7.1	7.3	7.4	7.6	7.0	7.4	7.9	7.4	7.2	7.8	8.1	7.5
非　洲	3.4	3.3	3.3	3.4	3.3	3.3	3.2	3.3	3.4	3.4	3.4	3.4

资料来源:国际能源署。

1.15 OECD 国家石油库存情况

单位:百万桶

国家/地区	2008 年	2009 年	2010 年	2011 年	2012 年	2011 年				2012 年			
						一季度	二季度	三季度	四季度	一季度	二季度	三季度	四季度
OECD 国家石油库存总计	**4227**	**4230**	**4254**	**4152**	**4190**	**4212**	**4259**	**4209**	**4152**	**4198**	**4237**	**4281**	**4190**
OECD 国家商业石油库存	2697	2662	2595	2675	2649	2650	2694	2680	2616	2662	2698	2738	2649
北 美 洲	1278	1284	1329	1308	1336	1298	1338	1341	1308	1334	1361	1381	1336
西 欧	1012	998	969	917	898	971	950	926	917	950	923	929	898
太平洋地区	407	383	391	391	415	382	406	413	391	378	413	429	415
OECD 国家战略石油库存	1530	1568	1565	1536	1541	1562	1565	1530	1536	1536	1539	1542	1541
北 美 洲	704	729	729	697	696	727	727	696	697	697	697	696	696
西 欧	420	431	427	426	432	424	427	424	426	425	429	433	432
太平洋地区	406	409	410	414	414	411	411	409	414	414	413	414	414

注:均为期末数据。

资料来源:OPEC 数据库。

1.16 全球主要股票指数

年份 月份	美国		欧元区	日本
	道琼斯 30 种股票平均价格（美元）	纳斯达克指数	德国 DAX 股票指数	日经 225 种股票平均价格（日元）
2006 年	**12463.15**	**2415.29**	**6596.92**	**17225.83**
2007 年	**13264.82**	**2652.28**	**8067.32**	**15307.78**
2008 年	**8776.39**	**1577.03**	**4810.20**	**8859.56**
2009 年	**10428.05**	**2269.15**	**5957.43**	**10546.44**
2010 年	**11577.51**	**2652.87**	**6914.19**	**10228.92**
2011 年	**12217.56**	**2605.15**	**5898.35**	**8455.35**
1 月	11891.93	2700.08	7077.48	10237.92
2 月	12226.34	2782.27	7272.32	10624.09
3 月	12319.73	2781.07	7041.31	9755.1
4 月	12810.54	2873.54	7514.46	9849.74
5 月	12569.79	2835.3	7293.69	9693.73
6 月	12414.34	2773.52	7376.24	9816.09
7 月	12143.24	2756.38	7158.77	9833.03
8 月	11613.53	2579.46	5784.85	8955.2
9 月	10913.38	2415.4	5502.02	8700.29
10 月	11955.01	2684.41	6141.34	8988.39
11 月	12045.68	2620.34	6088.84	8434.61
12 月	12217.56	2605.15	5898.35	8455.35
2012 年	**13104.14**	**3019.51**	**7612.39**	**10395.18**
1 月	12632.91	2813.84	6458.91	8802.51
2 月	12952.07	2966.89	6856.08	9723.24
3 月	13212.04	3091.57	6946.83	10083.56
4 月	13213.63	3046.36	6761.19	9520.89
5 月	12393.45	2827.34	6264.38	8542.73
6 月	12880.09	2935.05	6416.28	9006.78
7 月	13008.68	2939.52	6772.26	8695.06
8 月	13090.84	3066.96	6970.79	8839.91
9 月	13437.13	3116.23	7216.15	8870.16
10 月	13096.46	2977.23	7260.63	8928.29
11 月	13025.58	3010.24	7405.5	9446.01
12 月	13104.14	3019.51	7612.39	10395.18

注:为期末数据。

资料来源：雅虎网站。

2.1.01 美国国内生产总值及其构成增长率(环比折年率)

单位:%

指标	2011年	2012年	2011年				2012年			
			一季度	二季度	三季度	四季度	一季度	二季度	三季度	四季度
国内生产总值	**1.8**	**2.2**	**0.1**	**2.5**	**1.3**	**4.1**	**2**	**1.3**	**3.1**	**0.1**
个人消费支出	2.5	1.9	3.1	1.0	1.7	2.0	2.4	1.5	1.6	2.1
消费品	3.8	3.1	5.4	-1.0	1.4	5.4	4.7	0.3	3.6	4.3
耐用消费品	7.2	7.8	7.3	-2.3	5.4	13.9	11.5	-0.2	8.9	13.8
非耐用消费品	2.3	0.9	4.6	-0.3	-0.4	1.8	1.6	0.6	1.2	0.1
服务	1.9	1.3	2.0	1.9	1.8	0.3	1.3	2.1	0.6	0.9
私人投资总额	5.2	9.6	-5.3	12.5	5.9	33.9	6.1	0.7	6.6	-1.5
固定资产投资	6.6	8.5	-1.3	12.4	15.5	10.0	9.8	4.5	0.9	11.2
非住宅投资	8.6	7.7	-1.3	14.5	19.0	9.5	7.5	3.6	-1.8	9.7
建筑	2.7	10.1	-28.2	35.2	20.7	11.5	12.9	0.6	0	5.8
设备和软件	11.0	6.9	11.1	7.8	18.3	8.8	5.4	4.8	-2.6	11.3
住宅投资	-1.4	12.1	-1.4	4.1	1.4	12.1	20.5	8.5	13.5	17.5
库存变动	……	……	……	……	……	……	……	……	……	……
净出口	……	……	……	……	……	……	……	……	……	……
出口	6.7	3.3	5.7	4.1	6.1	1.4	4.4	5.3	1.9	-3.9
货物	7.2	4.2	5.7	3.7	6.2	6.0	4	7	1.1	-5.5
服务	5.6	1.3	5.8	5.1	6.1	-8.8	5.2	1.1	4	0.1
进口	4.8	2.4	4.3	0.1	4.7	4.9	3.1	2.8	-0.6	-4.5
货物	5.2	2.1	5.2	-0.7	2.9	6.3	2	2.9	-1.2	-4.1
服务	2.8	4.1	-0.6	4.2	13.8	-1.7	9	2.3	2.6	-6.6
政府支出	-3.1	-1.7	-7.0	-0.8	-2.9	-2.2	-3	-0.7	3.9	-6.9
联邦政府	-2.8	-2.2	-10.3	2.8	-4.3	-4.4	-4.2	-0.2	9.5	-14.8
国防	-2.6	-3.1	-14.3	8.3	2.6	-10.6	-7.1	-0.2	12.9	-22
其他	-3.1	-0.3	-1.7	-7.5	-17.4	10.2	1.8	-0.4	3	1.8
州及地方政府	-3.4	-1.4	-4.7	-3.2	-2.0	-0.7	-2.2	-1	0.3	-1.3
备注										
国民总收入	2.0	……	0.6	2.8	1.4	4.1	0.6	2.1	2.9	……

注:季度数据为经季节调整后折合年率的环比增长速度。

资料来源:美国商务部经济分析局。

2.1.02 美国国内生产总值及其构成增长率(同比)

单位:%

指标	2011年	2012年	2011年				2012年			
			一季度	二季度	三季度	四季度	一季度	二季度	三季度	四季度
国内生产总值	**1.8**	**2.2**	**1.8**	**1.9**	**1.6**	**2**	**2.4**	**2.1**	**2.6**	**1.6**
个人消费支出	2.5	1.9	3.1	2.7	2.5	1.9	1.8	1.9	1.9	1.9
消费品	3.8	3.1	5.1	4	3.4	2.8	2.6	2.9	3.5	3.2
耐用消费品	7.2	7.8	10	6.7	6.2	5.9	6.9	7.5	8.4	8.4
非耐用消费品	2.3	0.9	2.9	2.7	2.1	1.4	0.7	0.9	1.3	0.9
服务	1.9	1.3	2.1	2	2	1.5	1.3	1.4	1.1	1.2
私人投资总额	5.2	9.6	4.4	3.9	1.5	10.9	14.1	10.9	11.1	2.9
固定资产投资	6.6	8.5	4.8	4.3	8.4	9	11.9	9.9	6.2	6.5
非住宅投资	8.6	7.7	6.8	7.4	10.1	10.2	12.5	9.7	4.6	4.6
建筑	2.7	10.1	−3.5	0.9	6.4	6.9	19.7	11.2	6.1	4.7
设备和软件	11.0	6.9	11	10	11.5	11.4	10	9.2	4	4.6
住宅投资	−1.4	12.1	−3.2	−7.1	1.4	3.9	9.3	10.4	13.6	14.9
库存变动	.....	.....	.....	.....	.....	.....	.....	.....	.....	.....
净出口	.....	.....	.....	.....	.....	.....	.....	.....	.....	.....
出口	6.7	3.3	8.7	7.4	6.5	4.3	4	4.3	3.2	1.8
货物	7.2	4.2	9.4	7.4	6.7	5.4	5	5.8	4.5	1.5
服务	5.6	1.3	7.2	7.3	6.1	1.8	1.7	0.7	0.2	2.6
进口	4.8	2.4	9.3	4.4	2.2	3.5	3.2	3.9	2.5	0.1
货物	5.2	2.1	10.9	4.8	2.1	3.4	2.6	3.5	2.4	−0.2
服务	2.8	4.1	1.9	2.7	2.9	3.8	6.2	5.7	3	1.7
政府支出	−3.1	−1.7	−2.3	−3.2	−3.8	−3.3	−2.2	−2.2	−0.5	−1.7
联邦政府	−2.8	−2.2	−0.6	−2.2	−4.1	−4.2	−2.6	−3.3	0	−2.8
国防	−2.6	−3.1	−1.9	−1.7	−2.8	−4	−2	−4	−1.6	−4.9
其他	−3.1	−0.3	2.2	−3.1	−6.9	−4.6	−3.8	−2	3.6	1.5
州及地方政府	−3.4	−1.4	−3.4	−3.8	−3.6	−2.7	−2	−1.5	−0.9	−1
备注										
国民总收入	2.0	.....	2.1	2	1.8	2.2	2.2	2.1	2.4	.....

资料来源:美国商务部经济分析局。

2.1.03 美国国内生产总值构成对经济增长的贡献

单位：百分点

指标	2011 年	2012 年	2011 年				2012 年			
			一季度	二季度	三季度	四季度	一季度	二季度	三季度	四季度
国内生产总值	**1.8**	**2.2**	**0.1**	**2.5**	**1.3**	**4.1**	**2**	**1.3**	**3.1**	**0.1**
个人消费支出	1.79	1.33	2.22	0.70	1.18	1.45	1.72	1.06	1.12	1.47
消费品	0.89	0.74	1.27	−0.22	0.33	1.29	1.11	0.08	0.85	1.03
耐用消费品	0.53	0.58	0.53	−0.17	0.40	1	0.85	−0.02	0.66	1.01
非耐用消费品	0.36	0.15	0.73	−0.05	−0.06	0.29	0.26	0.1	0.19	0.02
服务	0.90	0.60	0.95	0.92	0.85	0.16	0.61	0.99	0.26	0.44
私人投资总额	0.62	1.17	−0.68	1.40	0.68	3.72	0.78	0.09	0.85	−0.2
固定资产投资	0.76	1.03	−0.14	1.39	1.75	1.19	1.18	0.56	0.12	1.36
非住宅投资	0.80	0.76	−0.11	1.30	1.71	0.93	0.74	0.36	−0.19	0.96
建筑	0.07	0.27	−0.84	0.77	0.51	0.31	0.35	0.02	0	0.16
设备和软件	0.72	0.49	0.72	0.53	1.20	0.62	0.39	0.35	−0.19	0.79
住宅投资	−0.03	0.27	−0.03	0.09	0.03	0.26	0.43	0.19	0.31	0.4
库存变动	−0.14	0.14	−0.54	0.01	−1.07	2.53	−0.39	−0.46	0.73	−1.55
净出口	0.07	0.03	0.03	0.54	0.02	−0.64	0.06	0.23	0.38	0.24
出口	0.87	0.46	0.75	0.56	0.83	0.21	0.6	0.72	0.27	−0.55
货物	0.65	0.41	0.52	0.35	0.59	0.58	0.39	0.67	0.11	−0.56
服务	0.22	0.05	0.23	0.21	0.25	−0.38	0.21	0.05	0.16	0
进口	−0.80	−0.43	−0.72	−0.02	−0.81	−0.85	−0.54	−0.49	0.11	0.79
货物	−0.72	−0.31	−0.73	0.10	−0.43	−0.9	−0.29	−0.42	0.18	0.6
服务	−0.08	−0.12	0.01	−0.12	−0.38	0.05	−0.25	−0.07	−0.07	0.19
政府支出	−0.67	−0.34	−1.49	−0.16	−0.60	−0.43	−0.6	−0.14	0.75	−1.38
联邦政府	−0.23	−0.18	−0.89	0.23	−0.36	−0.35	−0.34	−0.02	0.71	−1.23
国防	−0.15	−0.17	−0.84	0.45	0.15	−0.6	−0.39	−0.01	0.64	−1.28
其他	−0.09	−0.01	−0.05	−0.22	−0.51	0.25	0.05	−0.01	0.08	0.04
州及地方政府	−0.43	−0.16	−0.60	−0.39	−0.24	−0.08	−0.26	−0.12	0.04	−0.15
备注										
货物	1.37	1.49	0.99	0.91	0.58	4.23	1.09	0.38	1.73	0.34
服务	0.62	0.32	0.37	0.98	0.33	−0.62	0.38	0.76	1.11	−0.72
建筑	−0.19	0.39	−1.29	0.59	0.37	0.49	0.5	0.12	0.27	0.51
汽车	0.25	0.31	0.75	0.05	0.03	0.55	0.72	0.2	−0.25	0.19
计算机	0.12	0.05	0.16	0.08	0.12	0.12	0.02	−0.1	0.11	0.1

注：季度数据为经季节调整后折合年率的环比增长速度。

资料来源：美国商务部经济分析局。

2.1.04 美国工业生产指数和工业生产能力利用率

年份 月份	工业生产指数（2007＝100）	制造业	工业生产能力利用率（%）	制造业
2004	**92.3**	**91.2**	**77.9**	**76.2**
2005	**95.3**	**94.8**	**79.9**	**78.2**
2006	**97.4**	**97.1**	**80.3**	**78.5**
2007	**100.0**	**100.0**	**80.4**	**78.5**
2008	**96.3**	**95.0**	**77.3**	**74.3**
2009	**85.5**	**82.2**	**68.6**	**65.5**
2010	**90.1**	**86.6**	**73.7**	**71.2**
2011	**93.7**	**90.5**	**76.8**	**75.0**
1月	92.5	89.2	76.1	74.0
2月	92.3	89.4	75.9	74.2
3月	93.1	90.0	76.5	74.7
4月	92.6	89.5	76.1	74.3
5月	92.9	89.7	76.3	74.4
6月	93.1	89.7	76.3	74.4
7月	93.9	90.4	77.0	75.0
8月	94.2	90.7	77.1	75.2
9月	94.4	91.1	77.2	75.5
10月	94.9	91.5	77.6	75.8
11月	95.1	91.5	77.7	75.7
12月	95.9	92.9	78.3	76.8
2012	**97.1**	**94.1**	**78.7**	**77.2**
1月	96.6	93.8	78.7	77.5
2月	97.1	94.6	79.0	78.0
3月	96.5	94.0	78.4	77.4
4月	97.3	94.6	79.0	77.8
5月	97.3	94.0	78.9	77.2
6月	97.3	94.3	78.8	77.4
7月	97.9	94.6	79.2	77.5
8月	97.0	93.9	78.3	76.8
9月	97.2	93.9	78.4	76.8
10月	97.0	93.2	78.1	76.1
11月	98.3	94.8	79.1	77.3
12月	98.7	95.8	79.3	78.0

资料来源：美国联邦储备委员会。

2.1.05 美国劳动生产率变化

（2005=100）

年度	季度	非农产业		制造业		商业	
		单位劳动力产出	每小时产出	单位劳动力产出	每小时产出	单位劳动力产出	每小时产出
2002		**93.0**	**92.4**	**87.8**	**87.8**	**92.8**	**92.2**
2003		**96.0**	**95.8**	**93.1**	**93.3**	**95.9**	**95.7**
2004		**98.5**	**98.4**	**96.0**	**95.4**	**98.5**	**98.4**
2005		**100.0**	**100.0**	**100.0**	**100.0**	**100.0**	**100.0**
2006		**101.2**	**100.9**	**102.2**	**100.9**	**101.2**	**100.9**
2007		**102.5**	**102.5**	**106.3**	**104.8**	**102.4**	**102.4**
	1季度	101.2	101.1	104.1	103.3	101.1	100.9
	2季度	102.1	101.9	105.9	104.3	102.1	102.0
	3季度	103.2	103.2	107.1	105.2	103.2	103.2
	4季度	103.4	103.6	108.0	106.6	103.3	103.6
2008		**102.5**	**103.1**	**105.2**	**104.2**	**102.6**	**103.2**
	1季度	102.7	103.0	108.0	106.5	102.8	103.0
	2季度	103.3	103.6	106.7	104.9	103.4	103.6
	3季度	102.8	103.4	104.6	103.6	102.8	103.4
	4季度	101.3	102.5	101.3	101.8	101.4	102.6
2009		**103.9**	**106.1**	**103.3**	**104.4**	**104.1**	**106.3**
	1季度	102.1	103.9	99.7	101.2	102.2	103.9
	2季度	103.2	105.6	101.1	102.8	103.4	105.7
	3季度	104.3	106.9	104.7	105.9	104.6	107.2
	4季度	106.1	108.2	107.8	107.7	106.4	108.5
2010		**108.3**	**109.4**	**113.0**	**113.8**	**108.4**	**109.5**
	1季度	107.2	108.9	110.1	113.4	107.3	109.1
	2季度	107.7	108.8	112.9	112.9	107.8	108.9
	3季度	108.9	109.7	114.2	114.4	109.0	109.8
	4季度	109.5	110.2	114.9	114.6	109.5	110.2
2011		**109.6**	**110.2**	**116.8**	**114.4**	**109.4**	**110.0**
	1季度	108.9	109.7	115.9	114.1	108.7	109.5
	2季度	109.4	110.0	115.7	113.5	109.2	109.8
	3季度	109.6	110.1	117.3	115.0	109.4	109.9
	4季度	110.5	110.9	118.0	114.9	110.4	110.7
2012		**111.0**	**111.2**	**119.5**	**116.1**	**110.7**	**111.0**
	1季度	110.7	110.7	119.8	116.2	110.5	110.5
	2季度	110.9	111.3	119.6	116.1	110.7	111.0
	3季度	111.7	112.1	119.3	115.9	111.4	111.8
	4季度	111.3	111.6	119.4	116.0	111.0	111.3

资料来源：美国劳工统计局。

2.1.06 美国就业率和失业率

年份	月份	就业率（%）	失业率（%）	男	女
2001		**63.7**	**4.7**	**4.8**	**4.7**
2002		**62.7**	**5.8**	**5.9**	**5.6**
2003		**62.3**	**6.0**	**6.3**	**5.7**
2004		**62.3**	**5.5**	**5.6**	**5.4**
2005		**62.7**	**5.1**	**5.1**	**5.1**
2006		**63.1**	**4.6**	**4.6**	**4.6**
2007		**63.0**	**4.6**	**4.7**	**4.5**
2008		**62.2**	**5.8**	**6.2**	**5.4**
2009		**59.3**	**9.3**	**10.6**	**8.1**
2010		**58.5**	**9.6**	**10.5**	**8.6**
2011		**58.4**	**8.9**	**9.4**	**8.5**
	1月	58.4	9.1	9.6	8.5
	2月	58.4	9.0	9.4	8.5
	3月	58.5	8.9	9.4	8.3
	4月	58.4	9.0	9.5	8.4
	5月	58.4	9.0	9.5	8.5
	6月	58.2	9.1	9.7	8.5
	7月	58.2	9.1	9.6	8.5
	8月	58.3	9.1	9.5	8.5
	9月	58.4	9.0	9.4	8.6
	10月	58.4	8.9	9.4	8.4
	11月	58.5	8.7	8.9	8.3
	12月	58.5	8.5	8.7	8.3
2012		**58.6**	**8.1**	**8.2**	**7.9**
	1月	58.5	8.3	8.3	8.2
	2月	58.6	8.3	8.4	8.1
	3月	58.5	8.2	8.3	8.1
	4月	58.5	8.1	8.2	8.0
	5月	58.6	8.2	8.4	7.9
	6月	58.6	8.2	8.4	7.9
	7月	58.5	8.2	8.4	8.1
	8月	58.4	8.1	8.3	7.8
	9月	58.7	7.8	8.0	7.5
	10月	58.7	7.9	8.0	7.7
	11月	58.7	7.8	7.9	7.6
	12月	58.6	7.8	7.9	7.8

注:数据经季节性调整。

资料来源:美国劳工统计局。

2.1.07 美国价格涨跌率

单位:%

年份 月份	消费者价格涨跌率		核心消费价格涨跌率①		生产价格涨跌率	
	环比	同比	环比	同比	环比	同比
2006		**3.2**		**2.5**		**3.0**
2007		**2.8**		**2.3**		**3.9**
2008		**3.8**		**2.3**		**6.3**
2009		**-0.4**		**1.7**		**-2.6**
2010		**1.6**		**1.0**		**4.2**
2011		**3.2**		**1.7**		**6.0**
1月	0.4	1.6	0.2	1.0	1.0	3.6
2月	0.5	2.1	0.2	1.1	1.5	5.4
3月	0.5	2.7	0.1	1.2	0.7	5.6
4月	0.4	3.2	0.2	1.3	0.8	6.6
5月	0.2	3.6	0.3	1.5	0.1	7.1
6月	-0.2	3.6	0.3	1.6	-0.3	6.9
7月	0.5	3.6	0.2	1.8	0.3	7.1
8月	0.4	3.8	0.2	2.0	0.2	6.6
9月	0.3	3.9	0.1	2.0	0.7	6.9
10月	-0.1	3.5	0.1	2.1	-0.3	5.9
11月	0.0	3.4	0.2	2.2	0.3	5.7
12月	0.0	3.0	0.1	2.2	-0.1	4.8
2012		**2.1**		**2.1**		**1.9**
1月	0.2	2.9	0.2	2.3	0.1	4.1
2月	0.3	2.9	0.1	2.2	0.3	3.4
3月	0.3	2.7	0.2	2.3	0.1	2.8
4月	0.0	2.3	0.2	2.3	-0.2	1.8
5月	-0.1	1.7	0.2	2.3	-0.6	0.6
6月	0.1	1.7	0.2	2.2	0.1	0.7
7月	0.0	1.4	0.1	2.1	0.4	0.5
8月	0.5	1.7	0.1	1.9	1.0	1.9
9月	0.5	2.0	0.2	2.0	1.0	2.1
10月	0.2	2.2	0.2	2.0	-0.2	2.3
11月	-0.2	1.8	0.1	1.9	-0.4	1.5
12月	0.0	1.7	0.1	1.9	-0.3	1.3

注:①为不包括食品和能源的消费者价格。

资料来源:美国劳工统计局。

2.1.08 美国进出口贸易

单位:亿美元

年份	月份	进出口额	出口额	进口额	出口额减进口额
2005		**32835.1**	**12874.4**	**19960.7**	**-7086.2**
2006		**36729.3**	**14598.2**	**22131.1**	**-7532.9**
2007		**39551.8**	**16545.6**	**23512.9**	**-6967.3**
2008		**43837.0**	**18426.8**	**25410.2**	**-6983.4**
2009		**35370.4**	**15789.5**	**19581.0**	**-3791.5**
2010		**41797.1**	**18424.9**	**23372.2**	**-4947.4**
2011		**47666.1**	**21033.7**	**26632.5**	**-5598.8**
	1月	3837.2	1681.0	2156.2	-475.2
	2月	3778.9	1665.5	2113.5	-448.0
	3月	3932.4	1741.7	2190.7	-449.0
	4月	3948.8	1756.6	2192.2	-435.6
	5月	3990.2	1756.7	2233.4	-476.7
	6月	3956.5	1726.6	2229.9	-503.2
	7月	4022.6	1783.4	2239.2	-455.8
	8月	4015.4	1783.8	2231.6	-447.8
	9月	4057.3	1806.3	2251.0	-444.7
	10月	4031.9	1787.4	2244.5	-457.0
	11月	4022.6	1767.1	2255.5	-488.4
	12月	4072.5	1777.5	2295.0	-517.5
2012		**49322.1**	**21959.3**	**27362.9**	**-5403.6**
	1月	4095.1	1786.1	2309.0	-523.0
	2月	4049.0	1801.5	2247.5	-445.9
	3月	4210.8	1846.7	2364.1	-517.3
	4月	4146.4	1824.5	2321.9	-497.3
	5月	4132.1	1831.0	2301.1	-470.2
	6月	4120.0	1855.3	2264.7	-409.3
	7月	4083.2	1833.0	2250.2	-417.2
	8月	4056.7	1815.0	2241.7	-426.7
	9月	4146.3	1871.3	2275.0	-403.6
	10月	4033.8	1806.1	2227.7	-421.5
	11月	4136.0	1824.9	2311.0	-486.1
	12月	4112.8	1863.7	2249.1	-385.4

注:包括货物和服务贸易。因季节调整的原因,各月合计数据不等于全年数据。

资料来源:美国商务部普查局。

2.1.09 美国外国直接投资

单位:亿美元

年份 季度	流入	流出	流入减流出
2001 年	**1594.61**	**1248.73**	**345.88**
2002 年	**744.57**	**1349.46**	**-604.89**
2003 年	**531.46**	**1293.52**	**-762.06**
2004 年	**1358.26**	**2949.05**	**-1590.79**
2005 年	**1047.73**	**153.69**	**894.04**
2006 年	**2371.36**	**2242.20**	**129.16**
2007 年	**2659.57**	**3935.18**	**-1275.61**
1 季度	514.92	1038.87	-523.95
2 季度	814.01	892.01	-78.00
3 季度	901.01	851.72	49.29
4 季度	429.63	1152.58	-722.95
2008 年	**3063.66**	**3082.96**	**-19.30**
1 季度	887.39	1044.31	-156.92
2 季度	686.18	958.31	-272.13
3 季度	655.82	737.66	-81.84
4 季度	834.27	342.68	491.59
2009 年	**1528.92**	**2826.86**	**-1297.94**
1 季度	-1.50	711.12	-712.62
2 季度	284.48	678.72	-394.24
3 季度	603.25	832.81	-229.56
4 季度	642.69	604.21	38.48
2010 年	**1979.05**	**3043.99**	**-1064.94**
1 季度	404.65	1111.63	-706.98
2 季度	247.96	690.90	-442.94
3 季度	848.34	958.00	-109.66
4 季度	478.09	283.47	194.62
2011 年	**2269.37**	**3966.56**	**-1697.19**
1 季度	324.09	1065.37	-741.28
2 季度	619.55	1359.29	-739.74
3 季度	666.24	765.75	-99.51
4 季度	659.49	776.15	-116.66
2012 年			
1 季度	216.42	1187.93	-971.51
2 季度	505.74	678.10	-172.36
3 季度	378.29	1074.90	-696.61

资料来源:美国商务部经济分析局。

2.1.10 美国预警指标和景气指标

年份 月份	先行指标	消费者信心指数	制造业采购经理人指数	制造业订单指数	制造业库存景气指数	非制造业采购经理人指数
2009						
1月	98.6	37.4	35.6	31.8	38.0	43.3
2月	98.2	25.3	35.7	32.8	38.0	42.0
3月	98.0	26.9	36.4	40.3	33.0	41.2
4月	99.2	40.8	40.4	46.5	34.5	43.2
5月	100.6	54.9	43.2	49.0	33.0	43.5
6月	101.4	49.3	45.3	51.7	31.0	46.7
7月	102.6	46.7	49.1	57.6	32.5	46.4
8月	103.1	54.5	52.8	66.6	36.0	48.9
9月	104.2	53.4	52.4	63.3	41.5	50.1
10月	104.7	48.7	55.2	59.9	46.5	50.2
11月	105.9	50.6	53.7	60.6	39.5	49.9
12月	107.0	53.6	54.9	63.0	41.5	50.1
2010						
1月	107.6	55.9	58.3	60.4	46.0	50.7
2月	108.0	46.4	57.1	57.4	49.0	52.7
3月	109.5	52.3	60.4	62.6	56.5	54.1
4月	109.5	57.7	59.6	65.1	50.5	54.6
5月	110.0	62.7	57.8	63.9	46.0	54.8
6月	108.8	54.3	55.3	59.5	46.0	53.5
7月	109.0	51.0	55.1	56.1	49.0	53.7
8月	109.1	53.2	55.2	56.1	53.0	52.8
9月	109.9	48.6	55.3	54.1	56.0	53.9
10月	110.1	49.9	56.9	58.2	53.0	54.6
11月	111.4	54.3	58.2	58.3	54.0	56.0
12月	112.3	53.3	58.5	58.8	50.0	57.1
2011						
1月	112.5	64.8	59.2	63.2	52.0	59.4
2月	113.5	72.0	59.6	62.7	50.5	59.7
3月	114.3	63.8	59.3	62.7	49.0	57.3
4月	114.0	66.0	59.4	63.8	54.5	52.8
5月	114.8	61.7	53.5	52.4	48.5	54.6
6月	94.2	57.6	55.8	54.1	53.5	53.3
7月	94.4	59.2	52.3	51.3	48.0	52.7
8月	93.7	45.2	53.2	52.9	54.5	53.3
9月	93.2	46.4	53.2	51.6	52.0	53.0
10月	93.8	40.9	51.5	52.2	46.5	52.9
11月	94.0	55.2	52.3	54.8	46.5	52.0
12月	94.6	64.8	52.9	55.1	45.5	52.6
2012						
1月	94.7	61.5	53.7	56.5	49.5	56.0
2月	95.3	71.6	51.9	54.9	49.5	56.1
3月	95.6	69.5	53.3	56.8	50.0	55.0
4月	95.5	68.7	54.1	57.6	48.5	53.7
5月	95.8	64.4	52.5	57.2	46.0	54.1
6月	95.3	62.7	50.2	49.6	44.0	52.7
7月	95.7	65.4	50.5	47.5	49.0	52.9
8月	95.3	61.3	50.7	48.9	53.0	54.3
9月	95.7	68.4	51.6	51.7	50.5	55.2
10月	93.4	73.1	51.7	52.8	50.0	54.8
11月	93.4	71.5	49.9	51.1	45.0	54.8
12月	93.9	66.7	50.2	49.7	43.0	55.7

注：先行指标以 2004 年为 100，从 2011 年 10 月开始加入信贷指数。消费者信心指数以 1985 年为 100，采购经理人指数长期超过 50 预示着经济扩张期。

资料来源：世界大型企业联合会（Conference Board）及美国供应管理协会（ISM）。

2.1.11 美国财政指标

单位:亿美元

年份 月份	收入	同比增长(%)	支出	同比增长(%)	收入减支出
2005 财年	**21543.1**	**14.6**	**24729.2**	**7.9**	**-3186.1**
2006 财年	**24066.9**	**11.7**	**26548.6**	**7.4**	**-2481.8**
2007 财年	**25676.7**	**8.8**	**27292.0**	**4.7**	**-1615.3**
2008 财年	**25238.6**	**-1.7**	**29786.6**	**9.1**	**-4548.1**
2009 财年	**21043.6**	**-16.6**	**35200.8**	**18.2**	**-14157.2**
2010 财年	**21617.5**	**2.7**	**34559.5**	**-1.8**	**-12942.0**
2011 财年	**23025.0**	**6.5**	**35992.9**	**4.1**	**-12967.9**
10 月	1459.5	7.9	2863.8	-8.1	-1404.3
11 月	1489.7	11.5	2993.6	17.9	-1503.9
12 月	2368.8	8.2	3150.1	1.5	-781.3
1 月	2265.5	10.4	2763.5	11.5	-498.0
2 月	1106.6	2.9	3331.6	1.4	-2225.1
3 月	1508.9	-1.6	3390.5	55.0	-1881.5
4 月	2895.4	18.1	3299.3	0.6	-403.9
5 月	1749.4	19.2	2325.8	-17.7	-576.4
6 月	2496.6	-0.6	2927.4	-8.4	-430.8
7 月	1590.6	2.3	2884.4	-10.0	-1293.8
8 月	1692.5	3.2	3033.9	19.2	-1341.4
9 月	2401.5	-2.1	3029.1	8.3	-627.6
2012 财年	**24490.9**	**6.4**	**35384.5**	**-1.7**	**-10893.5**
10 月	1630.7	11.7	2615.4	-8.7	-984.7
11 月	1524.0	2.3	2897.0	-3.2	-1373.0
12 月	2399.6	1.3	3259.3	3.5	-859.7
1 月	2343.2	3.4	2617.3	-5.3	-274.1
2 月	1034.1	-6.5	3350.9	0.6	-2316.8
3 月	1712.2	13.5	3693.7	8.9	-1981.6
4 月	3188.1	10.1	2596.9	-21.3	591.2
5 月	1807.1	3.3	3053.5	31.3	-1246.4
6 月	2601.8	4.2	3199.2	9.3	-597.4
7 月	1845.9	16.0	2541.9	-11.9	-696.1
8 月	1788.6	5.7	3693.9	21.8	-1905.3
9 月	2615.7	8.9	1863.9	-38.5	751.8
2013 财年	**24490.9**	**0.0**	**35382.9**	**0.0**	**-10891.9**
10 月	1843.2	13.0	3043.1	16.4	-1200.0
11 月	1617.3	6.1	3338.4	15.2	-1721.1
12 月	2695.1	12.3	2707.0	-16.9	-11.9

注:美国财年是按上年 10 月至当年 9 月计算的,所列月份为日历月份。

资料来源:美国财政部。

2.1.12 美国联邦基金利率和贴现率

单位:%

年份 日期	联邦基金利率	贴现率
2001		
10 月 2 日	2.50	3.50
11 月 6 日	2.00	3.00
12 月 11 日	1.75	2.75
2002		
11 月 6 日	1.25	2.25
2003		
6 月 25 日	1.00	2.00
2004		
6 月 30 日	1.25	2.25
9 月 21 日	1.75	2.75
8 月 10 日	1.50	2.50
11 月 10 日	2.00	3.00
12 月 14 日	2.25	3.25
2005		
2 月 2 日	2.50	3.50
3 月 22 日	2.75	3.75
5 月 3 日	3.00	4.00
6 月 30 日	3.25	4.25
8 月 9 日	3.50	4.50
9 月 20 日	3.75	4.75
11 月 1 日	4.00	5.00
11 月 13 日	4.25	5.25
2006		
1 月 31 日	4.50	5.50
3 月 28 日	4.75	5.75
5 月 10 日	5.00	6.00
6 月 29 日	5.25	6.25
2007		
8 月 17 日	5.25	5.75
9 月 18 日	4.75	5.25
10 月 31 日	4.50	5.00
12 月 11 日	4.25	4.75
2008		
1 月 22 日	3.50	4.00
1 月 30 日	3.00	3.50
3 月 16 日	3.00	3.25
3 月 18 日	2.25	2.50
4 月 30 日	2.00	2.25
10 月 8 日	1.50	1.75
10 月 29 日	1.00	1.25
12 月 16 日	0-0.25	0.50
2010		
2 月 19 日	0-0.25	0.75

注:2013 年 1 月 29 日,美联储决定维持现有利率水平不变。

资料来源:美国联邦储备委员会。

2.2.01 欧元区国内生产总值及其构成增长率(环比)

单位:%

指 标	2011 年	2012 年	2011 年				2012 年			
			一季度	二季度	三季度	四季度	一季度	二季度	三季度	四季度
国内生产总值	**1.4**	**-0.6**	**0.6**	**0.2**	**0.1**	**-0.3**	**-0.1**	**-0.2**	**-0.1**	**-0.6**
按需求构成分类										
国内需求	0.5	-2.2	0.5	0.0	-0.3	-0.9	-0.5	-0.7	-0.5	-0.6
居民消费支出	0.1	-1.3	-0.1	-0.5	0.3	-0.7	-0.2	-0.5	-0.1	-0.4
政府支出	-0.1	0.0	-0.2	0.0	-0.1	0.0	0.2	-0.1	-0.1	-0.1
固定资本形成	1.5	-4.1	1.9	-0.2	-0.3	-0.5	-1.4	-1.7	-0.8	-1.1
国外需求										
出口	6.3	2.6	1.6	0.5	1.4	0.0	0.5	1.6	1.0	-0.9
进口	4.2	-1.0	1.3	0.1	0.5	-1.3	-0.4	0.6	0.1	-0.9
按产业构成分类										
农业、林业、渔业	2.2	-1.6	1.0	0.8	0.0	0.0	-0.4	-0.5	-1.6	0.1
工业(除建筑业)	3.3	-1.6	1.4	0.1	0.1	-1.5	0.2	-0.1	0.1	-1.7
制造业	4.5	-1.9	2.0	0.3	0.0	-1.4	0.0	-0.5	0.2	-1.7
建筑业	-0.8	-3.6	2.7	-1.1	-0.7	0.0	-1.3	-1.1	-0.9	-0.8
贸易零售、交通、旅馆、餐饮	1.7	-0.9	0.6	0.2	0.2	-0.3	-0.2	-0.4	-0.4	-0.4
信息、通信	1.4	-0.4	0.5	0.2	0.2	0.1	-0.3	-0.4	-0.1	0.2
金融不动产、租赁	0.1	-0.3	0.7	-0.3	0.4	-0.1	0.1	-0.2	-0.1	-0.6
公共管理、教育卫生及其他服务	0.7	0.5	-0.1	0.5	0.2	0.2	-0.2	0.4	0.0	0.1

注:本表为经季节调整后的数据。

资料来源:欧盟统计局。

2.2.02 欧元区国内生产总值及其构成增长率(同比)

单位:%

指　标	2011 年	2012 年	2011 年				2012 年			
			一季度	二季度	三季度	四季度	一季度	二季度	三季度	四季度
国内生产总值	**1.4**	**-0.6**	**2.4**	**1.6**	**1.3**	**0.6**	**-0.1**	**-0.5**	**-0.6**	**-0.9**
按需求构成分类										
国内需求	0.5	-2.2	1.6	0.9	0.4	-0.7	-1.7	-2.3	-2.5	-2.2
居民消费支出	0.1	-1.3	0.9	0.2	0.3	-0.9	-1.1	-1.1	-1.5	-1.2
政府支出	-0.1	0.0	0.1	0.0	-0.4	-0.3	0.1	-0.1	-0.1	-0.2
固定资本形成	1.5	-4.1	3.6	1.4	0.8	0.8	-2.5	-3.9	-4.4	-4.9
国外需求										
出口	6.3	2.6	10.5	6.3	5.7	3.6	2.5	3.6	3.2	2.2
进口	4.2	-1.0	8.8	4.6	3.6	0.6	-1.1	-0.7	-1.0	-0.6
按产业构成分类										
农业、林业、渔业	2.2	-1.6	0.8	2.4	2.4	1.9	0.4	-1.0	-2.5	-2.4
工业(除建筑业)	3.3	-1.6	6.6	4.2	3.2	0.0	-1.2	-1.4	-1.5	-1.6
制造业	4.5	-1.9	8.3	5.4	4.1	0.9	-1.1	-1.9	-1.7	-2.1
建筑业	-0.8	-3.6	-0.5	-1.9	-1.2	0.8	-3.1	-3.1	-3.3	-4.1
贸易零售、交通、旅馆、餐饮	1.7	-0.9	2.8	2.0	1.3	0.6	-0.2	-0.7	-1.3	-1.3
信息、通信	1.4	-0.4	1.8	1.6	1.4	0.9	0.2	-0.4	-0.7	-0.5
金融不动产、租赁	0.1	-0.3	-0.6	-0.7	1.0	0.7	0.1	0.2	-0.3	-0.8
公共管理、教育卫生及其他服务	0.7	0.5	0.5	0.8	0.8	0.9	0.8	0.6	0.4	0.3

注:本表为经季节调整后的数据。

资料来源:欧盟统计局。

2.2.03 欧元区国内生产总值及其构成对经济增长的贡献

单位:百分点

指　　标	2011 年	2012 年	2011 年				2012 年			
			一季度	二季度	三季度	四季度	一季度	二季度	三季度	四季度
国内生产总值	**1.4**	**-0.6**	**0.6**	**0.2**	**0.1**	**-0.3**	**-0.1**	**-0.2**	**-0.1**	**-0.6**
按需求构成分类										
国内需求	0.5	-2.2	0.5	0.0	-0.3	-0.8	-0.5	-0.7	-0.5	-0.6
私人消费支出	0.1	-0.7	0.0	-0.3	0.2	-0.4	-0.1	-0.3	-0.1	-0.2
政府消费支出	0.0	0.0	0.0	0.0	0.0	0.0	0.0	0.0	0.0	0.0
固定资本形成	0.3	-0.8	0.4	0.0	-0.1	-0.1	-0.3	-0.3	-0.1	-0.2
国外需求										
出口	2.6	1.2	0.7	0.2	0.6	0.0	0.2	0.7	0.5	-0.4
进口	-1.7	0.4	-0.5	0.0	-0.2	0.5	0.2	-0.2	-0.1	0.4
按产业构成分类										
农业、林业、渔业	0.0	0.0	0.0	0.0	0.0	0.0	0.0	0.0	0.0	0.0
工业(除建筑业)	0.6	-0.3	0.2	0.0	0.0	-0.3	0.0	0.0	0.0	-0.3
制造业	0.6	-0.3	0.3	0.1	0.0	-0.2	0.0	-0.1	0.0	-0.3
建筑业	0.0	-0.2	0.1	-0.1	0.0	0.0	-0.1	-0.1	-0.1	0.0
贸易零售、交通、旅馆、餐饮	0.3	-0.2	0.1	0.0	0.0	-0.1	0.0	-0.1	-0.1	-0.1
信息、通信	0.1	0.0	0.0	0.0	0.0	0.0	0.0	0.0	0.0	0.0
金融不动产、租赁	0.0	0.0	0.0	0.0	0.0	0.0	0.0	0.0	0.0	0.0
公共管理、教育卫生及其他服务	0.1	0.1	0.0	0.1	0.0	0.0	0.0	0.1	0.0	0.0

注:本表为按不变价格(1995=100)计算,季度数据为经季节调整后的环比增长率。

资料来源:欧盟统计局。

2.2.04 欧元区工业生产指标

单位:%

年份 月份	工业生产增长速度	制造业增长速度	制造业生产能力利用率
2006 年	**4.2**	**4.6**	**83.2**
2007 年	**3.9**	**4.3**	**84.8**
2008 年	**-1.8**	**-1.9**	**82.1**
2009 年	**-14.9**	**-15.9**	**70.8**
2010 年	**7.3**	**7.7**	**66.9**
2011 年	**3.3**	**4.5**	**80.5**
1 月	5.8	7.6	
2 月	7.5	9.3	
3 月	5.6	6.6	80.9
4 月	5.0	6.4	
5 月	3.9	5.5	
6 月	2.5	3.2	80.9
7 月	3.9	4.8	
8 月	5.6	6.6	
9 月	2.0	2.4	80.0
10 月	0.7	1.4	
11 月	-0.2	0.6	
12 月	-1.9	0.0	79.9
2012 年	**-2.4**	**-2.5**	**78.3**
1 月	-2.0	-0.9	
2 月	-1.9	-2.7	
3 月	-1.7	-1.0	79.9
4 月	-2.5	-3.3	
5 月	-2.7	-2.8	
6 月	-1.9	-2.2	78.9
7 月	-2.7	-2.6	
8 月	-1.3	-1.3	
9 月	-2.8	-3.0	77.5
10 月	-3.4	-3.6	
11 月	-4.0	-4.4	
12 月	-2.3	-2.9	77.0

注:工业生产增长速度按同比计算。

资料来源:欧盟统计局数据库和欧洲央行统计月报。

2.2.05 欧元区劳动力市场

单位：%

年份	月份	失业率	男	女	劳动生产率增长率
2006 年		**8.4**	**7.5**	**9.6**	**1.6**
2007 年		**7.6**	**6.7**	**8.6**	**1.2**
2008 年		**7.6**	**6.9**	**8.4**	**−0.4**
2009 年		**9.6**	**9.4**	**9.8**	**−2.6**
2010 年		**10.1**	**9.9**	**10.3**	**2.4**
2011 年		**10.2**	**9.9**	**10.5**	**1.3**
	1 月	10.0	9.7	10.3	
	2 月	9.9	9.7	10.3	
	3 月	9.9	9.7	10.2	2.1
	4 月	9.9	9.6	10.1	
	5 月	9.9	9.7	10.2	
	6 月	10.0	9.7	10.3	1.2
	7 月	10.1	9.8	10.4	
	8 月	10.2	9.9	10.5	
	9 月	10.3	10.1	10.7	1.1
	10 月	10.4	10.3	10.7	
	11 月	10.6	10.4	10.9	
	12 月	10.7	10.5	10.9	0.7
2012 年		**11.4**	**11.2**	**11.6**	
	1 月	10.8	10.6	11.0	
	2 月	10.9	10.7	11.2	
	3 月	11.0	10.8	11.3	0.4
	4 月	11.2	11.0	11.4	
	5 月	11.2	11.1	11.4	
	6 月	11.4	11.2	11.5	0.3
	7 月	11.4	11.3	11.6	
	8 月	11.5	11.3	11.6	
	9 月	11.6	11.4	11.7	0.1
	10 月	11.7	11.6	11.9	
	11 月	11.8	11.6	11.9	
	12 月	11.8	11.7	12.0	

注：除年度数据以外，劳动生产率增长率为该月份所在季度数据的同比增长率。

资料来源：欧盟统计局。

2.2.06 欧元区进出口贸易

单位:亿欧元

年度 月度	进出口额	进口额	出口额	出口额减进口额
2006 年	**27928**	**14072**	**13855**	**−217**
2007 年	**29995**	**14964**	**15031**	**66**
2008 年	**31715**	**16144**	**15571**	**−573**
2009 年	**25472**	**12674**	**12799**	**125**
2010 年	**30836**	**15506**	**15330**	**−175**
2011 年	**35040**	**17590**	**17451**	**−139**
1 月	2900	1469	1431	−38
2 月	2875	1447	1427	−20
3 月	2921	1473	1448	−25
4 月	2920	1482	1439	−43
5 月	3013	1507	1505	−2
6 月	2800	1422	1378	−44
7 月	2906	1473	1433	−40
8 月	2934	1478	1456	−22
9 月	2932	1467	1465	−3
10 月	2911	1455	1456	2
11 月	2929	1448	1481	34
12 月	3001	1469	1532	63
2012 年	**36567**	**17871**	**18696**	**824**
1 月	3033	1496	1537	41
2 月	3072	1530	1542	12
3 月	3077	1518	1559	41
4 月	3035	1496	1539	43
5 月	3035	1488	1547	59
6 月	3081	1497	1584	87
7 月	3039	1488	1551	63
8 月	3124	1522	1602	80
9 月	3053	1475	1578	102
10 月	3040	1485	1556	71
11 月	3025	1460	1565	105
12 月	2953	1417	1536	120

注:贸易额不包括欧元区各成员国相互之间的贸易额,为经季节调整后的数据。

资料来源:欧盟统计局数据库。

2.2.07 欧元区外国直接投资

单位:亿欧元

年度 月度	流入	流出	流入减流出
2006 年	**2584**	**4181**	**-1597**
2007 年	**4225**	**5129**	**-904**
2008 年	**1074**	**3383**	**-2309**
2009 年	**2859**	**3529**	**-670**
2010 年	**2617**	**3567**	**-950**
2011 年	**2531**	**4080**	**-1548**
1 月	415	59	356
2 月	288	509	-221
3 月	336	809	-473
4 月	203	564	-361
5 月	11	98	-87
6 月	-25	-9	-15
7 月	179	364	-185
8 月	55	164	-109
9 月	195	291	-95
10 月	359	320	39
11 月	26	531	-505
12 月	489	380	109
2012 年	**1618**	**2127**	**-509**
1 月	359	356	3
2 月	240	183	57
3 月	122	217	-94
4 月	230	265	-35
5 月	220	138	82
6 月	43	254	-210
7 月	80	137	-58
8 月	394	248	147
9 月	-118	228	-346
10 月	101	207	-106
11 月	77	-61	137
12 月	-131	-45	-86

注:欧元区绝对数指欧元区历年实有成员,2001 年至 2005 年为 11 个成员,2006 年为 12 个成员,2007 年为 13 个成员,2008 年为 15 个成员,2009 年为 16 个成员;外国直接投资额不包括欧元区各成员国相互之间的直接投资额。

资料来源:欧洲央行数据库。

2.2.08 欧元区价格涨跌率

单位:%

年度	月度	消费者价格涨跌率		核心 CPI		生产者价格涨跌率	
		环比	同比	环比	同比	环比	同比
2006 年			**2.2**		**1.5**		**5.1**
2007 年			**2.1**		**2.0**		**2.7**
2008 年			**3.3**		**2.4**		**6.1**
2009 年			**0.3**		**1.3**		**-5.1**
2010 年			**1.6**		**1.0**		**2.9**
2011 年			**2.7**		**1.7**		**5.9**
	1 月	-0.7	2.3	-1.3	1.2	1.3	5.9
	2 月	0.4	2.4	0.3	1.1	0.8	6.6
	3 月	1.4	2.7	1.3	1.5	0.8	6.8
	4 月	0.6	2.8	0.5	1.8	0.9	6.8
	5 月	0.0	2.7	0.0	1.7	-0.2	6.2
	6 月	0.0	2.7	0.1	1.8	0.0	5.9
	7 月	-0.6	2.6	-0.7	1.5	0.4	6.1
	8 月	0.2	2.5	0.3	1.5	-0.2	5.8
	9 月	0.7	3.0	0.8	2.0	0.3	5.8
	10 月	0.4	3.0	0.3	2.0	0.1	5.5
	11 月	0.1	3.0	0.0	2.0	0.3	5.4
	12 月	0.3	2.7	0.4	2.0	-0.2	4.3
2012 年			**2.5**		**1.8**		**2.6**
	1 月	-0.8	2.7	-1.4	1.9	0.9	3.9
	2 月	0.5	2.7	0.3	1.9	0.6	3.8
	3 月	1.3	2.7	1.3	1.9	0.5	3.5
	4 月	0.5	2.6	0.4	1.9	0.0	2.6
	5 月	-0.1	2.4	0.0	1.8	-0.5	2.3
	6 月	-0.1	2.4	0.1	1.8	-0.5	1.8
	7 月	-0.5	2.4	-0.7	1.9	0.3	1.7
	8 月	0.4	2.6	0.2	1.7	0.9	2.7
	9 月	0.7	2.6	0.7	1.6	0.2	2.7
	10 月	0.2	2.5	0.3	1.6	0.0	2.6
	11 月	-0.2	2.2	-0.1	1.6	-0.2	2.1
	12 月	0.4	2.2	0.5	1.6	-0.2	2.1

注:①为不包括未加工食品和能源的消费者价格。

资料来源:欧盟统计局数据库。

2.2.09 欧元区预警指标和景气指标

年份	月份	先行指标	消费者信心指数	企业家信心指数
2006 年			**−9.0**	**2.0**
2007 年			**−5.0**	**4.0**
2008 年			**−18.1**	**−9.3**
2009 年			**−24.7**	**−28.0**
2010 年			**−14.0**	**−4.5**
2011 年			**−14.3**	**0.3**
	1 月	101.7	−11.5	5.9
	2 月	101.7	−10.2	6.5
	3 月	101.7	−10.9	6.4
	4 月	101.6	−11.9	5.5
	5 月	101.4	−10.1	3.7
	6 月	101.2	−9.9	3.3
	7 月	100.9	−11.4	0.7
	8 月	100.6	−16.7	−2.7
	9 月	100.4	−19.2	−5.9
	10 月	100.2	−20.0	−6.5
	11 月	100.0	−20.4	−7.1
	12 月	100.0	−21.2	−7.1
2012 年			**−22.3**	**−12.1**
	1 月	99.9	−20.6	−6.8
	2 月	99.9	−20.1	−5.5
	3 月	99.9	−18.9	−7.0
	4 月	99.8	−19.7	−8.8
	5 月	99.7	−19.1	−11.2
	6 月	99.6	−19.6	−12.7
	7 月	99.5	−21.3	−15.0
	8 月	99.5	−24.4	−15.3
	9 月	99.4	−25.7	−15.9
	10 月	99.4	−25.5	−18.2
	11 月	99.5	−26.7	−14.9
	12 月	99.6	−26.3	−14.2

资料来源：OECD 数据库及欧盟统计局数据库。

2.2.10 欧元区货币供应量增长速度

单位:%

年度	月度	M1	M2	M3
2006 年		**7.9**	**9.3**	**9.4**
2007 年		**3.8**	**10.3**	**11.4**
2008 年		**3.4**	**9.0**	**8.4**
2009 年		**12.9**	**2.1**	**-0.4**
2010 年		**4.3**	**2.4**	**-0.6**
2011 年		**2.3**	**2.4**	**2.3**
	1 月	3.2	2.2	1.3
	2 月	2.8	2.3	1.5
	3 月	3.1	2.7	1.8
	4 月	2.1	2.6	1.7
	5 月	1.1	2.3	1.3
	6 月	1.4	2.4	1.3
	7 月	1.2	2.2	1.3
	8 月	1.6	2.3	1.7
	9 月	1.8	2.4	1.7
	10 月	1.9	1.9	1.3
	11 月	2.0	1.9	1.4
	12 月	2.2	2.0	1.7
2012 年		**6.4**	**4.4**	**2.8**
	1 月	2.1	2.2	1.9
	2 月	2.3	2.6	2.3
	3 月	2.9	3.1	3.0
	4 月	2.2	2.5	2.3
	5 月	3.3	2.8	2.9
	6 月	3.7	3.1	3.1
	7 月	4.6	3.3	3.4
	8 月	5.0	3.2	2.8
	9 月	5.6	3.4	2.9
	10 月	6.1	4.2	3.8
	11 月	6.5	4.5	3.8
	12 月	6.5	4.4	3.4

注:增长速度按同比计算。

资料来源:欧盟统计局数据库。

2.2.11 欧洲央行利率

单位:%

年份 日期	隔夜存款利率	欧洲央行基准利率	隔夜贷款利率
2006 年			
3 月 8 日	1.50	2.50	3.50
6 月 15 日	1.75	2.75	3.75
8 月 3 日	2.00	3.00	4.00
10 月 11 日	2.25	3.25	4.25
12 月 13 日	2.50	3.50	4.50
2007 年			
3 月 14 日	2.75	3.75	4.75
6 月 13 日	3.00	4.00	5.00
2008 年			
7 月 9 日	3.25	4.25	5.25
10 月 8 日	2.75	3.75	4.75
10 月 9 日	3.25	3.75	4.25
10 月 15 日	3.25	3.75	4.25
11 月 12 日	2.75	3.25	3.75
12 月 10 日	2.00	2.50	3.00
2009 年			
1 月 21 日	1.00	2.00	3.00
3 月 11 日	0.50	1.50	2.50
4 月 8 日	0.25	1.25	2.25
5 月 13 日	0.25	1.00	1.75
2011 年			
4 月 13 日	0.50	1.25	2.00
7 月 13 日	0.75	1.50	2.25
11 月 9 日	0.50	1.25	2.00
12 月 14 日	0.25	1.00	1.75
2012 年			
7 月 11 日	0.00	0.75	1.50

注:2013 年 1 月 10 日,欧洲央行决定维持现有利率水平不变。

资料来源:欧洲央行统计月报。

2.3.01 日本国内生产总值及其构成增长率(环比)

单位:%

指标	2011 年	2012 年	2011 年				2012 年			
			一季度	二季度	三季度	四季度	一季度	二季度	三季度	四季度
国内生产总值	**-0.6**	**2.0**	**-1.8**	**-0.9**	**2.5**	**0.1**	**1.5**	**-0.2**	**-0.9**	**0.0**
国内需求	0.3	2.9	-1.6	0.2	1.8	0.8	1.3	0.0	-0.2	0.2
民间需求	0.5	2.4	-1.9	0.0	2.3	1.2	0.9	-0.4	-0.6	0.0
民间消费	0.5	2.4	-1.4	0.8	1.4	0.5	1.2	0.0	-0.5	0.5
家庭消费	0.3	2.2	-1.4	0.8	1.3	0.5	1.2	0.0	-0.5	0.5
扣除估算租金	0.2	2.5	-1.8	0.9	1.5	0.5	1.4	-0.1	-0.7	0.5
民间住宅投资	5.5	2.9	1.6	-2.4	5.0	-0.9	-1.7	2.2	1.7	3.5
民间企业设备投资	3.3	2.1	0.2	-0.4	1.9	8.0	-2.5	-0.1	-3.3	-1.5
政府需求	-0.2	4.4	-0.6	0.6	0.1	-0.4	2.7	1.5	0.8	0.8
政府消费	1.5	2.7	0.1	0.3	0.3	0.3	1.5	0.4	0.4	0.7
政府投资	-7.5	12.5	-3.7	1.1	-1.0	-3.1	8.5	6.2	2.6	1.8
国外需求										
出口	-0.4	-0.3	-0.3	-7.1	8.7	-3.1	3.4	0.0	-5.1	-3.7
进口	5.9	5.3	1.4	-0.5	3.3	1.7	2.1	1.7	-0.5	-2.3
备注:										
贸易收益/损失	-57.2	-9.0	-24.2	-8.9	-11.6	-1.3	-7.3	3.8	7.3	-4.4
国内收入	-1.8	1.7	-2.4	-1.2	2.2	0.1	1.3	-0.1	-0.7	-0.1
收入	12.6	4.8	4.8	4.0	-0.5	-0.4	0.3	6.0	-2.1	2.8
支付	9.2	8.6	0.8	-0.6	9.2	-3.7	6.7	0.4	-2.6	3.3
国民收入	-1.4	1.8	-2.2	-1.0	2.0	0.1	1.2	0.2	-0.7	0.0
固定资本形成总额	1.1	4.5	-0.5	-0.3	1.7	4.4	-0.2	1.6	-1.3	0.0

资料来源:日本内阁府。

2.3.02 日本国内生产总值及其构成增长率(同比)

单位:%

指标	2011 年	2012 年	2011 年				2012 年			
			一季度	二季度	三季度	四季度	一季度	二季度	三季度	四季度
国内生产总值	**-0.6**	**2.0**	**0.0**	**-1.6**	**-0.5**	**-0.3**	**3.4**	**3.9**	**0.4**	**0.5**
国内需求	0.3	2.9	0.3	-0.2	0.1	1.0	4.3	3.9	2.0	1.4
民间需求	0.5	2.4	0.9	-0.6	0.1	1.5	4.7	4.0	1.1	-0.1
民间消费	0.5	2.4	-0.5	0.5	0.5	1.2	4.0	3.1	1.3	1.1
家庭消费	0.3	2.2	-0.6	0.3	0.3	1.1	3.8	3.1	1.2	1.1
扣除估算租金	0.2	2.5	-0.9	0.2	0.3	1.2	4.4	3.4	1.2	1.0
民间住宅投资	5.5	2.9	7.1	3.5	8.2	3.3	-0.1	4.6	1.4	5.7
民间企业设备投资	3.3	2.1	4.1	-0.5	-0.2	9.9	6.9	7.3	1.5	-7.0
政府需求	-0.2	4.4	-1.2	0.9	0.4	-0.6	3.0	3.8	4.7	6.2
政府消费	1.5	2.7	2.3	1.3	1.2	1.0	2.4	2.6	2.6	3.0
政府投资	-7.5	12.5	-12.6	-2.2	-4.7	-7.5	5.0	11.3	15.1	19.6
国外需求										
出口	-0.4	-0.3	6.3	-5.5	0.8	-2.6	0.9	9.2	-4.8	-5.7
进口	5.9	5.3	9.3	3.6	5.1	5.7	6.7	9.1	5.1	0.7
备注:										
贸易收益/损失	-57.2	-9.0	-55.7	-51.8	-64.0	-57.1	-33.1	-16.1	3.4	3.9
国内收入	-1.8	1.7	-1.0	-2.8	-2.0	-1.6	2.5	3.4	0.5	0.7
收入	12.6	4.8	9.3	19.9	13.7	7.4	3.7	5.5	3.4	6.9
支付	9.2	8.6	13.2	2.0	22.2	6.2	9.7	14.6	-2.3	9.7
国民收入	-1.4	1.8	-0.7	-2.1	-1.6	-1.4	2.5	3.3	0.7	0.8
固定资本形成总额	1.1	4.5	0.1	-0.3	0.0	4.6	5.6	7.7	4.2	0.8

资料来源:日本内阁府。

2.3.03 日本国内生产总值构成对经济增长的贡献

单位：百分点

指标	2011年	2012年	2011年				2012年			
			一季度	二季度	三季度	四季度	一季度	二季度	三季度	四季度
国内生产总值	**-0.6**	**2.0**	**-1.8**	**-0.9**	**2.5**	**0.1**	**1.5**	**-0.2**	**-0.9**	**0.0**
国内需求	0.3	2.9	-1.6	0.2	1.8	0.8	1.3	0.0	-0.2	0.2
民间需求	0.4	1.8	-1.4	0.0	1.7	0.9	0.7	-0.3	-0.4	0.0
民间消费	0.3	1.4	-0.8	0.5	0.8	0.3	0.7	0.0	-0.3	0.3
家庭消费	0.2	1.3	-0.8	0.4	0.8	0.3	0.7	0.0	-0.3	0.3
扣除估算租金	0.1	1.2	-0.8	0.5	0.8	0.2	0.7	-0.1	-0.3	0.2
民间住宅投资	0.1	0.1	0.0	-0.1	0.1	0.0	0.0	0.1	0.0	0.1
民间企业设备投资	0.4	0.3	0.0	0.0	0.2	1.0	-0.4	0.0	-0.4	-0.2
民间存货变化	-0.5	0.0	-0.7	-0.3	0.5	-0.4	0.3	-0.4	0.2	-0.2
政府需求	0.0	1.1	-0.1	0.1	0.0	-0.1	0.7	0.4	0.2	0.2
政府消费	0.3	0.5	0.0	0.1	0.1	0.1	0.3	0.1	0.1	0.1
政府投资	-0.3	0.6	-0.2	0.0	0.0	-0.1	0.4	0.3	0.1	0.1
政府存货变化	0.0	0.0	0.0	0.0	0.0	0.0	0.0	0.0	0.0	0.0
国外需求										
净出口	-0.9	-0.9	-0.2	-1.0	0.8	-0.7	0.2	-0.3	-0.7	-0.2
出口	-0.1	0.0	0.0	-1.1	1.3	-0.5	0.5	0.0	-0.8	-0.5
进口	-0.8	-0.9	-0.2	0.1	-0.5	-0.3	-0.3	-0.3	0.1	0.4
备注：										
贸易收益/损失	-1.2	-0.3	-0.6	-0.3	-0.4	0.0	-0.3	0.1	0.3	-0.2
国内收入	-1.8	1.7	-2.4	-1.2	2.2	0.1	1.3	-0.1	-0.7	-0.1
国外净收入	0.4	0.1	0.2	0.2	-0.1	0.0	-0.1	0.2	-0.1	0.1
收入	0.5	0.2	0.2	0.2	0.0	0.0	0.0	0.3	-0.1	0.1
支付	-0.1	-0.1	0.0	0.0	-0.1	0.0	-0.1	0.0	0.0	0.0
国民收入	-1.4	1.8	-2.2	-1.0	2.0	0.1	1.2	0.2	-0.7	0.0
固定资本形成总额	0.2	0.9	-0.1	-0.1	0.3	0.9	0.0	0.3	-0.3	0.0

注：为环比增长率及环比贡献。

资料来源：日本内阁府。

2.3.04 日本工业生产指标

单位:%

年份 月份	工业生产增长率	制造业增长率	制造业产能利用率指数(2005=100)	服务业活动指数(2000年=100)
2001年	**-6.8**	**-6.8**		**100.9**
2002年	**-1.3**	**-1.3**		**101.2**
2003年	**3.3**	**3.3**	**100.4**	**96.4**
2004年	**4.9**	**4.8**	**99.7**	**98.1**
2005年	**1.3**	**1.3**	**100.0**	**100.0**
2006年	**4.5**	**4.5**	**101.5**	**101.8**
2007年	**2.8**	**2.8**	**103.9**	**102.8**
2008年	**-3.4**	**-3.4**	**106.1**	**101.8**
2009年	**-21.9**	**-22.0**	**105.4**	**96.5**
2010年	**16.4**	**16.7**	**107.4**	**97.8**
2011年	**-2.3**	**-2.5**	**108.4**	**97.9**
1月	6.1	6.1	108.4	93.9
2月	4.5	4.5	108.3	93.1
3月	-12.4	-12.5	108.3	103.2
4月	-12.7	-12.8	108.3	94.7
5月	-4.6	-4.6	108.4	94.0
6月	-0.6	-0.7	108.3	98.5
7月	-1.7	-1.7	108.4	99.3
8月	1.6	1.6	108.5	98.3
9月	-2.4	-2.5	108.4	99.4
10月	0.9	0.8	108.8	97.8
11月	-2.9	-2.9	108.8	97.0
12月	-3.0	-3.0	108.3	105.4
2012年	**-0.3**	**-0.2**	**106.9**	**99.3**
1月	-1.6	-1.6	107.7	94.3
2月	1.5	1.5	107.8	95.3
3月	14.2	14.3	107.3	107.5
4月	12.9	13.1	107.1	97.2
5月	6.0	6.0	107.0	97.0
6月	-1.5	-1.5	106.9	99.3
7月	-0.8	-0.8	106.6	100.2
8月	-4.6	-4.6	106.4	98.9
9月	-8.1	-8.1	106.5	99.5
10月	-4.5	-4.5	106.6	99.2
11月	-5.5	-5.5	106.5	98.1
12月	-7.9	-7.9	106.5	105.6

注:工业生产和制造业增长率均为同比。

资料来源:日本经济产业省。

2.3.05 日本就业人数和失业率

年份 月份	劳动力总数（万人）	就业人数（万人）	失业人数（万人）	失业率（%）
2001 年	**6752**	**6412**	**340**	**5.0**
2002 年	**6689**	**6330**	**359**	**5.4**
2003 年	**6666**	**6316**	**350**	**5.3**
2004 年	**6642**	**6329**	**313**	**4.7**
2005 年	**6651**	**6356**	**294**	**4.4**
2006 年	**6664**	**6389**	**275**	**4.1**
2007 年	**6684**	**6427**	**257**	**3.9**
2008 年	**6674**	**6409**	**265**	**4.0**
2009 年	**6650**	**6314**	**336**	**5.1**
2010 年	**6632**	**6298**	**334**	**5.1**
2011 年	**6591**	**6289**	**302**	**4.6**
1 月	6569	6259	310	4.8
2 月	6570	6266	303	4.7
3 月	6560	6238	322	4.7
4 月	6630	6302	329	4.7
5 月	6641	6327	314	4.6
6 月	6624	6310	314	4.7
7 月	6600	6286	312	4.7
8 月	6576	6283	295	4.5
9 月	6598	6321	277	4.2
10 月	6598	6308	289	4.5
11 月	6584	6303	281	4.5
12 月	6542	6266	276	4.5
2012 年	**6555**	**6270**	**285**	**4.3**
1 月	6502	6211	291	4.5
2 月	6515	6226	289	4.5
3 月	6521	6215	307	4.5
4 月	6591	6275	315	4.5
5 月	6595	6297	297	4.4
6 月	6591	6304	288	4.3
7 月	6565	6277	288	4.3
8 月	6559	6281	277	4.2
9 月	6583	6308	275	4.3
10 月	6592	6321	271	4.2
11 月	6556	6297	260	4.2
12 月	6486	6228	259	4.3

资料来源：日本统计局。

2.3.06 日本消费价格涨跌率和生产价格涨跌率

单位:%

年份 月份	消费价格涨跌率		生产价格涨跌率	
	环比	同比	环比	同比
2001 年		**-0.6**		**-2.2**
2002 年		**-0.8**		**-2.0**
2003 年		**-0.2**		**-0.8**
2004 年		**0.0**		**1.3**
2005 年		**-0.3**		**1.7**
2006 年		**0.3**		**2.2**
2007 年		**0.0**		**1.7**
2008 年		**1.4**		**4.6**
2009 年		**-1.4**		**-5.3**
2010 年		**-0.7**		**-0.1**
2011 年		**-0.3**		**2.1**
1 月	-0.1	-0.6	0.4	0.6
2 月	0.0	-0.5	0.1	0.7
3 月	0.3	-0.5	0.6	1.3
4 月	0.1	-0.4	0.8	1.8
5 月	0.0	-0.4	-0.2	1.6
6 月	-0.2	-0.4	0.0	1.9
7 月	0.0	0.2	0.3	2.2
8 月	0.1	0.2	-0.1	2.2
9 月	0.0	0.0	-0.2	2.0
10 月	0.1	-0.2	-0.8	1.3
11 月	-0.6	-0.5	-0.1	1.3
12 月	0.0	-0.2	0.0	0.8
2012 年		**0.0**		
1 月	0.2	0.1	-0.1	0.3
2 月	0.2	0.3	0.2	0.4
3 月	0.5	0.5	0.5	0.3
4 月	0.1	0.4	-0.1	-0.6
5 月	-0.3	0.2	-0.4	-0.8
6 月	-0.5	-0.2	-0.7	-1.5
7 月	-0.3	-0.4	-0.4	-2.2
8 月	0.1	-0.4	0.2	-1.9
9 月	0.1	-0.3	0.2	-1.5
10 月	0.0	-0.4	-0.3	-1.0
11 月	-0.4	-0.2	0.0	-0.9
12 月	0.0	-0.1	0.2	-0.7

资料来源:日本统计局和日本央行。

2.3.07 日本进出口贸易和外国直接投资

单位:亿日元

年份　月份	进出口贸易			外国直接投资		
	出口额	进口额	出口减进口	流入	流出	流入减流出
2006 年	**752462**	**673443**	**79019**	**133635**	**199660**	**-66025**
2007 年	**839314**	**731359**	**107955**	**171231**	**231286**	**-60055**
2008 年	**810181**	**789547**	**20633**	**160437**	**267510**	**-107073**
2009 年	**541706**	**514994**	**26712**	**127994**	**186719**	**-58725**
2010 年	**673996**	**607650**	**66347**	**119360**	**169846**	**-50486**
2011 年	**655465**	**681112**	**-25647**	**127070**	**214345**	**-87275**
1 月	57669	54515	3154	6771	9418	-2647
2 月	58764	54512	4252	4575	10479	-5904
3 月	53074	54104	-1031	21335	22862	-1527
4 月	48872	55419	-6547	9070	15211	-6141
5 月	51452	55688	-4237	5081	11229	-6148
6 月	55626	57158	-1532	14964	21355	-6391
7 月	55837	57699	-1862	8165	17885	-9720
8 月	56233	59390	-3157	7399	12522	-5123
9 月	56957	57299	-342	17158	30439	-13281
10 月	55115	59925	-4811	8225	16539	-8314
11 月	53102	58961	-5859	14320	27535	-13215
12 月	53729	58242	-4513	10006	18871	-8865
2012 年	**637446**	**706720**	**-69273**	**114202**	**210273**	**-96071**
1 月	52995	57851	-4856	6443	13659	-7216
2 月	54335	57572	-3237	6769	14582	-7813
3 月	55013	61199	-6186	20391	23039	-2648
4 月	55099	59233	-4135	8433	17281	-8848
5 月	54540	59673	-5133	10763	21475	-10712
6 月	53761	57202	-3441	10270	23533	-13263
7 月	53115	57075	-3960	7538	12928	-5390
8 月	51995	57177	-5182	7820	14665	-6845
9 月	52282	62170	-9888	9216	17016	-7800
10 月	50737	56802	-6065	7961	18666	-10705
11 月	50750	59614	-8864	6869	11814	-4945
12 月	52500	60339	-7838	11729	21614	-9885

资料来源:日本财务省,月度贸易额为季节调整后数据。

2.3.08 日本景气指数

年份 月份	先行指数	同步指数	滞后指数	消费者信心指数	企业家信心指数
2011 年					
1 月	92.9	92.7	81.9	41.1	41.3
2 月	94.5	93.5	83.0	40.6	42.3
3 月	91.6	87.4	81.5	38.3	45.8
4 月	89.7	87.5	82.8	33.4	46.8
5 月	91.0	89.6	82.4	34.8	46.7
6 月	93.1	91.8	82.2	36.2	47.4
7 月	94.7	92.5	82.2	37.7	48.1
8 月	94.3	92.6	82.6	37.4	48.4
9 月	93.1	92.4	84.0	38.5	47.2
10 月	93.1	93.4	82.8	38.6	46.4
11 月	93.0	92.5	84.1	37.5	45.8
12 月	93.1	94.5	85.2	38.1	45.6
2012 年					
1 月	94.3	94.3	84.4	39.6	45.7
2 月	96.0	95.1	85.9	39.1	45.3
3 月	96.0	96.6	86.0	40.1	48.7
4 月	95.1	96.6	86.0	40.1	47.6
5 月	94.8	95.7	86.6	40.7	47.2
6 月	93.5	94.3	86.6	40.8	46.2
7 月	92.5	93.1	86.0	40.5	46.6
8 月	92.9	92.6	86.1	40.6	44.8
9 月	91.6	90.9	85.3	40.4	45.1
10 月	92.3	90.6	86.5	39.7	43.7
11 月	91.8	90.1	86.0	39.0	43.3
12 月	93.2	92.3	86.8	39.0	43.8

注：经济先行指数、同步指数和滞后指数以 2005 年为 100。消费者信心指数和企业家信心指数以 50 基点为的百分点差值。

资料来源：日本内阁府。

2.3.09 日本利率和汇率

年份 月份	利率			汇率(期末数)	
	官方利率	基本贷款利率	隔夜拆借利率	美元兑日元	欧元兑日元
2001年1月4日	**0.50**	**1.500**	**0.200**	**121.57**	**108.83**
2月13日	0.35	1.500	0.200		
3月1日	0.25	1.500	0.200		
9月19日	0.10	1.375	0.002		
2002年	**0.10**	**1.375**	**0.002**	**125.22**	**118.38**
2003年	**0.10**	**1.375**	**0.001**	**115.94**	**131.26**
2004年	**0.10**	**1.375**	**0.002**	**108.15**	**134.52**
2005年	**0.10**	**1.375**	**0.004**	**110.11**	**137.08**
2006年	**0.10**	**1.625**	**0.275**	**116.31**	**146.12**
7月14日	0.40	1.375	0.267		
2007年	**0.75**	**1.875**	**0.459**	**117.76**	**161.46**
2月21日	0.75	1.625	0.589		
2008年	**0.63**	**1.675**	**0.103**	**103.39**	**152.25**
10月31日	0.50	1.875	0.300		
12月19日	0.30	1.675	0.100		
2009年	**0.30**	**1.475**	**0.094**	**93.68**	**130.54**
2010年	**0.30**	**1.475**	**0.079**	**87.78**	**110.18**
2011年	**0.30**	**1.475**	**0.075**	**79.70**	**102.34**
2012年	**0.30**	**1.475**	**0.076**	**79.81**	**102.69**
1月	0.30	1.475	0.075	76.96	99.36
2月	0.30	1.475	0.081	78.47	103.88
3月	0.30	1.475	0.076	82.47	108.92
4月	0.30	1.475	0.080	81.25	106.93
5月	0.30	1.475	0.095	79.67	102.02
6月	0.30	1.475	0.076	79.32	99.47
7月	0.30	1.475	0.090	78.93	96.92
8月	0.30	1.475	0.093	78.69	97.62
9月	0.30	1.475	0.078	78.14	100.68
10月	0.30	1.475	0.089	79.01	102.51
11月	0.30	1.475	0.091	81.03	104.02
12月	0.30	1.475	0.076	83.79	109.92

资料来源：日本央行统计月报。

2.4.01 其他主要国家和地区国内生产总值同比增长率

单位:%

年度 季度	加拿大	英国	南非	巴西	印度	俄罗斯	韩国	墨西哥	中国香港	中国台湾	马来西亚	印度尼西亚
2003 年	**1.9**	**2.8**	**3.1**	**1.1**	**8.4**	**7.3**	**2.8**	**1.4**	**3.0**	**3.7**	**5.8**	**4.8**
2004 年	**3.1**	**3.0**	**4.6**	**5.7**	**8.3**	**7.2**	**4.6**	**4.2**	**8.5**	**6.2**	**6.8**	**5.0**
2005 年	**3.0**	**2.2**	**5.3**	**3.2**	**9.5**	**6.4**	**4.0**	**2.8**	**7.1**	**4.7**	**5.3**	**5.7**
2006 年	**2.8**	**2.9**	**5.6**	**4.0**	**9.7**	**7.7**	**5.2**	**4.9**	**7.0**	**5.4**	**5.8**	**5.5**
2007 年	**2.2**	**2.6**	**5.5**	**6.1**	**9.0**	**8.1**	**5.1**	**3.3**	**6.5**	**6.0**	**6.2**	**6.3**
2008 年	**0.7**	**0.5**	**3.6**	**5.1**	**7.1**	**5.9**	**2.3**	**1.5**	**2.3**	**0.7**	**4.7**	**6.1**
2009 年	**−2.8**	**−4.9**	**−1.5**	**−0.2**	**7.4**	**−7.8**	**0.2**	**−6.5**	**−2.6**	**−1.9**	**−1.7**	**4.5**
2010 年	**3.2**	**1.4**	**3.1**	**7.5**	**8.5**	**4.5**	**6.2**	**5.5**	**7.1**	**10.8**	**7.2**	**6.1**
2011 年	**2.6**	**0.9**	**3.1**	**2.8**	**6.5**	**4.3**	**3.6**	**4.0**	**4.9**	**4.1**	**4.9**	**6.5**
1 季度	2.5	1.4	3.4	4.3	9.2	4.0	4.2	4.3	7.6	7.4	5.0	6.4
2 季度	−0.8	0.8	3.3	3.3	7.5	3.4	3.5	2.9	5.1	4.6	4.3	6.5
3 季度	5.8	0.7	3.0	2.1	6.5	5.0	3.6	4.4	4.0	3.5	5.7	6.5
4 季度	2.1	0.9	2.9	1.4	6.0	4.8	3.3	3.9	3.0	1.2	5.2	6.5
2012 年	**1.8**	**0.3**	**2.5**	**0.9**	**4.8**	**3.4**	**2.0**	**4.0**	**1.4**	**1.0**	**5.6**	**6.2**
1 季度	1.2	0.3	2.4	0.7	5.3	4.9	2.8	4.9	0.8	0.6	5.1	6.3
2 季度	1.9	−0.2	3.1	0.5	5.5	4.0	2.3	4.5	1.0	−0.1	5.6	6.4
3 季度	0.7	0.2	2.3	0.9	5.3	2.9	1.5	3.2	1.4	0.7	5.3	6.2
4 季度	0.6	0.3	2.1	1.4	4.5	1.9	1.5	3.2	2.5	3.7	6.4	6.1

注:印度年度 GDP 增长率为财年增长率。

资料来源:各经济体官方统计网站。

2.4.02 其他主要国家和地区居民消费价格同比上涨率

单位:%

年度 月份	加拿大	英国	南非	巴西	印度	俄罗斯	韩国	墨西哥	中国香港	中国台湾	马来西亚	印度尼西亚
2004 年	**1.8**	**1.3**	**1.4**	**6.6**	**3.8**	**10.9**	**3.6**	**4.7**	**−0.4**	**1.6**	**1.4**	**6.1**
2005 年	**2.2**	**2.1**	**3.4**	**6.9**	**4.2**	**12.7**	**2.8**	**4.0**	**0.9**	**2.3**	**3.0**	**10.5**
2006 年	**2.0**	**2.3**	**4.7**	**4.2**	**5.1**	**9.7**	**2.2**	**3.6**	**2.0**	**0.6**	**3.6**	**13.1**
2007 年	**2.2**	**2.3**	**7.1**	**3.6**	**6.5**	**9.0**	**2.5**	**4.0**	**2.0**	**1.8**	**2.0**	**6.4**
2008 年	**2.3**	**3.6**	**11.5**	**5.7**	**8.1**	**13.3**	**4.7**	**6.5**	**4.3**	**3.5**	**5.4**	**11.1**
2009 年	**0.3**	**3.2**	**7.1**	**4.9**	**10.0**	**11.7**	**2.8**	**5.3**	**0.5**	**−0.9**	**0.6**	**4.9**
2010 年	**1.8**	**3.3**	**4.3**	**5.9**	**12.0**	**8.8**	**2.9**	**4.5**	**2.4**	**1.9**	**1.7**	**7.0**
2011 年	**2.9**	**4.5**	**5.0**	**6.7**	**8.9**	**8.5**	**4.0**	**3.4**	**5.3**	**1.4**	**3.2**	**5.4**
2012 年	**1.5**	**2.8**	**5.6**	**6.0**	**9.4**	**5.1**	**2.2**	**4.1**	**4.1**	**1.9**	**1.6**	**4.3**
1 月	2.5	3.6	6.3	6.2	5.3	4.2	3.4	4.0	6.1	2.4	2.7	3.7
2 月	2.6	3.4	6.1	5.3	7.6	3.7	3.1	3.9	4.7	0.3	2.2	3.6
3 月	1.9	3.5	6.0	5.2	8.6	3.7	2.6	3.7	4.9	1.2	2.1	4.0
4 月	2.0	3.0	6.1	5.1	10.2	3.6	2.5	3.4	4.7	1.4	1.9	4.5
5 月	1.2	2.8	5.7	5.0	10.2	3.6	2.5	3.9	4.3	1.7	1.7	4.5
6 月	1.5	2.4	5.5	4.9	10.1	4.3	2.2	4.3	3.7	1.8	1.6	4.5
7 月	1.2	2.6	4.9	5.2	10.3	5.6	1.5	4.4	1.6	2.5	1.4	4.6
8 月	1.2	2.5	4.9	5.2	10.0	5.9	1.2	4.6	3.7	3.4	1.4	4.6
9 月	1.2	2.2	5.4	5.5	9.7	6.6	2.0	4.8	3.8	3.0	1.3	4.3
10 月	1.2	2.7	5.6	5.5	9.8	6.5	2.1	4.6	3.8	2.4	1.3	4.6
11 月	0.8	2.6	5.6	5.4	9.9	6.5	1.6	4.2	3.7	1.6	1.3	4.3
12 月	0.8	2.7	5.7	5.8	10.6	6.6	1.4	3.6	3.7	1.6	1.2	4.3
2013 年												
1 月	0.5	2.7	5.4	6.2	10.8	7.1	1.5	3.3	3.0	1.2	1.3	4.6
2 月	1.2	2.8	5.9	6.3	10.9	7.3	1.4	3.6	4.4	3.0	1.5	5.3

资料来源:各经济体官方统计网站。

2.4.03 其他主要国家和地区失业率

单位:%

年度 月份	加拿大	英国	巴西	俄罗斯	南非	韩国	墨西哥	中国香港	中国台湾	马来西亚
2004 年	**7.2**	**4.7**	**11.5**	**7.8**	**27.1**	**3.7**	**3.5**	**6.8**	**4.4**	**3.6**
2005 年	**6.8**	**4.8**	**9.8**	**7.7**	**26.6**	**3.7**	**3.6**	**5.6**	**4.1**	**3.6**
2006 年	**6.3**	**5.4**	**10.0**	**7.3**	**25.6**	**3.5**	**4.0**	**4.8**	**3.9**	**3.3**
2007 年	**6.0**	**5.3**	**9.3**	**6.2**	**23.9**	**3.3**	**3.8**	**4.0**	**3.9**	**3.2**
2008 年	**6.2**	**5.7**	**7.9**	**6.3**	**22.8**	**3.2**	**4.0**	**3.6**	**4.1**	**3.3**
2009 年	**8.3**	**7.7**	**8.1**	**8.4**	**24.0**	**3.6**	**5.5**	**5.2**	**5.9**	**3.7**
2010 年	**8.0**	**7.8**	**6.7**	**7.5**	**24.7**	**3.7**	**5.4**	**4.4**	**5.2**	**3.3**
2011 年	**7.5**	**8.1**	**6.0**	**6.6**	**24.9**	**3.4**	**5.2**	**3.4**	**4.4**	**3.1**
2012 年	**7.3**	**8.0**	**5.5**	**5.5**	**25.1**	**3.2**	**4.9**	**3.3**	**4.2**	**3.0**
1 月	7.6	8.4	5.5	6.6		3.2	4.9	3.2	4.2	3.0
2 月	7.4	8.4	5.7	6.5		3.7	5.3	3.4	4.3	3.2
3 月	7.2	8.3	6.2	6.5	25.2	3.4	4.6	3.4	4.2	2.9
4 月	7.3	8.2	6.0	5.8		3.4	4.9	3.3	4.1	3.0
5 月	7.3	8.2	5.8	5.4		3.2	4.8	3.2	4.1	3.1
6 月	7.2	8.1	5.9	5.4	24.9	3.2	4.8	3.2	4.2	3.0
7 月	7.3	8.0	5.4	5.4		3.1	5.0	3.2	4.3	3.1
8 月	7.3	7.9	5.3	5.2		3.1	5.4	3.2	4.4	2.7
9 月	7.3	7.8	5.4	5.2	25.5	3.1	5.0	3.3	4.3	3.2
10 月	7.4	7.8	5.3	5.3		3.0	5.0	3.4	4.3	3.2
11 月	7.2	7.7	4.9	5.4		3.0	5.1	3.4	4.3	2.9
12 月	7.1	7.8	4.6	5.3	24.9	3.0	4.5	3.3	4.2	3.3
2013 年										
1 月	7.0	7.8	5.4	6.0		3.2	5.4	3.4	3.0	3.3
2 月	7.0	7.8	5.6	5.8		3.5	4.8	3.5		3.0

注:①南非失业率为所在月度的季度失业率。
②英国和中国香港月度数据为截至当月的 3 个月移动平均失业率。
③加拿大、英国、韩国和中国香港为经季节因素调整后的失业率。
资料来源:各经济体官方统计网站。

2.4.04 其他主要国家和地区进出口额

单位:亿美元

年份 月份	加拿大			英国			南非			巴西		
	出口额	进口额	出口减进口	出口额	进口额	出口减进口	出口额	进口额	出口减进口	出口额	进口额	出口减进口
2006 年	**3881.0**	**3498.0**	**383.0**	**4490.2**	**5896.6**	**-1406.4**	**580.0**	**678.0**	**-98.0**	**1373.0**	**911.0**	**462.0**
2007 年	**4204.0**	**3803.0**	**401.0**	**4422.0**	**6219.1**	**-1797.1**	**697.0**	**800.0**	**-103.0**	**1605.0**	**1202.0**	**403.0**
2008 年	**4839.5**	**4383.4**	**456.1**	**4657.4**	**6388.8**	**-1731.4**	**800.7**	**896.3**	**-95.6**	**1979.4**	**1732.0**	**247.5**
2009 年	**3306.9**	**3363.9**	**-57.0**	**3584.1**	**4843.5**	**-1259.4**	**641.2**	**658.1**	**-16.9**	**1522.5**	**1275.5**	**247.0**
2010 年	**3861.8**	**3905.4**	**-43.6**	**4024.9**	**5540.0**	**-1515.1**	**818.3**	**801.3**	**17.0**	**2019.2**	**1914.4**	**104.8**
2011 年	**4548.4**	**4512.5**	**35.9**	**5016.7**	**6732.1**	**-1715.4**	**980.5**	**1002.6**	**-22.1**	**2560.4**	**2369.6**	**190.8**
11 月	385.7	383.8	1.9	433.3	608.8	-175.5	83.9	95.1	-11.2	217.7	221.9	-4.2
12 月	387.9	356.8	31.1	402.3	527.7	-125.4	74.2	72.3	1.9	221.3	192.0	29.3
2012 年	**4548.5**	**4624.4**	**-75.9**	**4685.7**	**6802.3**	**-2116.6**	**872.7**	**1015.7**	**-143.0**	**2425.9**	**2332.8**	**93.1**
1 月	369.2	354.8	14.4	389.2	544.7	-155.5	66.4	85.9	-19.5	161.4	182.4	-21.0
2 月	365.9	373.0	-7.1	392.7	558.9	-166.2	73.5	83.2	-9.8	180.3	170.6	9.7
3 月	408.7	408.0	0.7	437.8	614.0	-176.2	80.6	87.8	-7.2	209.1	197.4	11.7
4 月	390.3	387.4	2.9	361.4	553.9	-192.5	66.6	79.2	-12.6	195.7	194.8	0.9
5 月	390.6	398.6	-8.0	420.4	536.8	-116.4	77.0	88.0	-11.0	232.2	211.9	20.3
6 月	380.0	394.5	-14.5	376.9	526.3	-149.4	73.6	80.4	-6.8	193.5	193.7	-0.2
7 月	356.0	376.4	-20.4	391.9	531.1	-139.2	77.0	85.1	-8.1	210.0	189.7	20.3
8 月	373.6	398.9	-25.3	364.1	566.5	-202.4	74.2	89.0	-14.7	223.8	200.4	23.4
9 月	369.6	380.4	-10.8	383.2	643.7	-260.5	68.5	85.2	-16.7	200.0	182.5	17.5
10 月	398.0	405.3	-7.3	404.2	635.3	-231.1	70.8	95.4	-24.6	217.6	210.3	7.3
11 月	381.4	394.5	-13.1	398.8	568.5	-169.7	75.4	84.4	-9.0	204.7	216.1	-11.4
12 月	365.2	352.6	12.6	369.3	522.8	-153.5	69.2	72.3	-3.1	197.5	183.1	14.4
2013 年												
1 月	378.6	357.8	7.8	412.6	531.0	-118.4	60.6	88.5	-27.9	159.7	209.3	-49.6
2 月	354.2	357.4	-3.2	399.6	517.6	-118.0	70.1	80.8	-10.7	155.5	176.1	-20.6

注:加拿大和英国数据经过季节因素调整。

资料来源:各经济体官方统计网站。

2.4.04 续表 1

年份 月份	印度			俄罗斯			韩国			墨西哥		
	出口额	进口额	出口减进口	出口额	进口额	出口减进口	出口额	进口额	出口减进口	出口额	进口额	出口减进口
2006 年	**1162.0**	**1683.0**	**−521.0**	**3031.0**	**1604.0**	**1427.0**	**3254.6**	**3093.8**	**160.8**	**2505.0**	**2565.0**	**−60.0**
2007 年	**1428.0**	**2151.0**	**−723.0**	**3531.0**	**2186.0**	**1345.0**	**3714.9**	**3568.5**	**146.4**	**2719.0**	**2817.0**	**−98.0**
2008 年	**1806.5**	**3013.7**	**−1207.1**	**4914.5**	**3022.9**	**1891.5**	**4222.4**	**4353.8**	**−131.4**	**2911.3**	**3079.9**	**−168.6**
2009 年	**1529.0**	**2350.7**	**−821.7**	**3064.7**	**1916.6**	**1148.1**	**3660.9**	**3227.3**	**433.6**	**2296.4**	**2344.8**	**−48.4**
2010 年	**2142.6**	**3249.7**	**−1107.1**	**4000.2**	**2484.0**	**1516.2**	**4672.1**	**4251.4**	**420.7**	**2983.6**	**3106.3**	**−122.7**
2011 年	**3029.1**	**4644.6**	**−1615.5**	**5219.7**	**3232.1**	**1987.6**	**5554.1**	**5243.5**	**310.6**	**3493.8**	**3610.7**	**−116.9**
11 月	232.7	391.0	−158.3	473.2	304.1	169.1	460.6	430.1	30.5	310.4	321.5	−11.1
12 月	253.7	400.4	−146.7	513.4	306.9	206.5	478.1	454.9	23.2	291.4	299.7	−8.3
2012 年	**2932.1**	**4893.7**	**−1961.6**	**5292.6**	**3354.5**	**1427.0**	**5478.7**	**5195.9**	**282.8**	**3709.2**	**3805.4**	**−96.2**
1 月	253.8	429.5	−175.7	397.3	193.4	203.9	412.0	435.2	−23.2	272.8	283.0	−10.2
2 月	251.9	401.2	−149.3	451.6	249.1	202.5	463.2	451.0	12.2	299.8	302.8	−3.0
3 月	282.5	423.3	−140.7	468.1	287.0	181.1	473.3	450.5	22.8	324.1	316.6	7.5
4 月	236.2	377.8	−141.6	451.1	269.0	182.1	461.0	439.6	21.3	310.4	312.7	−2.3
5 月	248.6	415.6	−167.1	457.1	281.9	175.2	468.7	444.8	23.9	331.7	336.7	−5.0
6 月	247.2	357.3	−110.2	409.4	270.0	139.4	471.6	419.9	51.7	302.6	304.4	−1.8
7 月	227.7	405.7	−178.0	412.7	297.5	115.2	446.7	419.8	26.9	302.8	315.2	−12.4
8 月	220.2	373.6	−153.4	413.1	300.2	112.9	430.5	411.2	19.3	316.6	335.0	−18.4
9 月	246.9	417.4	−170.5	431.6	275.7	156.0	454.1	425.6	28.5	293.0	298.4	−5.4
10 月	238.0	446.5	−208.5	460.5	315.5	145.0	470.9	433.8	37.1	339.2	365.0	−25.8
11 月	226.8	412.7	−185.9	454.5	300.9	153.6	478.1	433.8	44.3	314.5	335.6	−21.1
12 月	252.3	433.1	−180.8	485.7	314.4	171.3	448.8	430.7	18.1	301.7	300.0	1.7
2013 年												
1 月	248.3	456.5	−208.2	390.4	213.0	177.4	457.0	452.0	5.0	272.9	309.6	−36.7
2 月	262.6	411.8	−149.2	419.2	260.1	159.1	423.4	403.2	20.2	291.1	298.4	−7.3

2.4.04　续表 2

年份　月份	中国香港			中国台湾			马来西亚			印度尼西亚		
	出口额	进口额	出口减进口	出口额	进口额	出口减进口	出口额	进口额	出口减进口	出口额	进口额	出口减进口
2006 年	**3168.0**	**3346.8**	**−178.8**	**2240.2**	**2027.0**	**213.2**	**1606.8**	**1311.5**	**295.3**	**1008.0**	**610.7**	**397.3**
2007 年	**3447.4**	**3682.2**	**−234.8**	**2466.8**	**2192.5**	**274.3**	**1762.1**	**1469.8**	**292.3**	**1141.0**	**744.7**	**396.3**
2008 年	**3630.0**	**3888.9**	**−258.9**	**2556.6**	**2408.2**	**148.4**	**2016.8**	**1589.6**	**427.2**	**1380.3**	**1094.4**	**285.9**
2009 年	**3187.4**	**3476.5**	**−289.1**	**2037.4**	**1746.2**	**291.2**	**1596.1**	**1250.8**	**345.3**	**1165.3**	**960.2**	**205.1**
2010 年	**3907.2**	**4334.4**	**−427.2**	**2746.5**	**2514.0**	**232.4**	**1988.0**	**1647.3**	**340.7**	**1575.8**	**1294.5**	**281.3**
2011 年	**4292.2**	**4840.0**	**−547.8**	**3083.0**	**2816.1**	**266.9**	**2280.9**	**1874.7**	**406.2**	**2007.9**	**1762.0**	**245.9**
11 月	358.0	414.7	−56.7	246.7	214.6	32.1	180.2	150.2	30.0	166.1	155.1	11.0
12 月	349.5	412.4	−62.9	239.5	216.3	23.2	192.1	165.8	26.3	170.0	159.0	11.0
2012 年	**4431.6**	**5047.5**	**−615.9**	**3011.7**	**2704.9**	**306.8**	**2273.9**	**1966.2**	**307.7**	**1881.6**	**1902.4**	**−20.8**
1 月	334.0	345.4	−11.4	211.0	205.9	5.1	176.9	148.8	28.1	156.8	151.5	5.3
2 月	335.0	394.0	−59.0	234.3	205.6	28.7	188.1	153.1	35.0	157.0	158.1	−1.1
3 月	338.1	394.6	−56.5	263.6	239.7	23.9	203.0	168.6	34.3	169.7	162.2	7.5
4 月	343.1	398.3	−55.2	255.2	248.1	7.1	188.6	164.1	24.5	158.6	164.7	−6.1
5 月	379.4	425.2	−45.8	261.2	238.0	23.2	189.4	174.6	14.8	163.7	169.0	−5.3
6 月	358.6	416.3	−57.6	243.7	217.6	26.1	191.8	162.9	28.9	153.1	161.4	−8.3
7 月	356.2	407.9	−51.7	249.0	239.2	9.8	183.4	172.0	11.4	156.5	158.1	−1.6
8 月	401.8	448.3	−46.5	247.4	213.1	34.3	179.5	156.8	22.7	143.5	137.6	5.9
9 月	403.9	462.1	−58.2	271.6	230.7	40.9	195.3	174.3	21.0	155.5	152.3	3.2
10 月	383.2	438.3	−55.1	265.1	232.6	32.5	200.4	169.1	31.3	153.9	172.6	−18.7
11 月	397.1	454.0	−56.9	248.8	214.8	34.0	190.1	161.5	28.6	159.4	161.0	−1.6
12 月	401.2	463.1	−61.9	260.8	219.6	41.2	187.4	160.4	27.0	153.8	153.8	0.0
2013 年												
1 月	393.2	428.6	−35.4	256.7	252.0	4.7	187.5	176.8	10.7	152.4	157.6	−5.2
2 月	278.2	322.0	43.8	197.4	188.2	9.2	169.4	142.9	26.5	145.3	152.8	−7.5

资料来源：各经济体官方统计网站。